高校财务绩效评价体系研究

叶晓霖 朱雪娟 ◎ 著

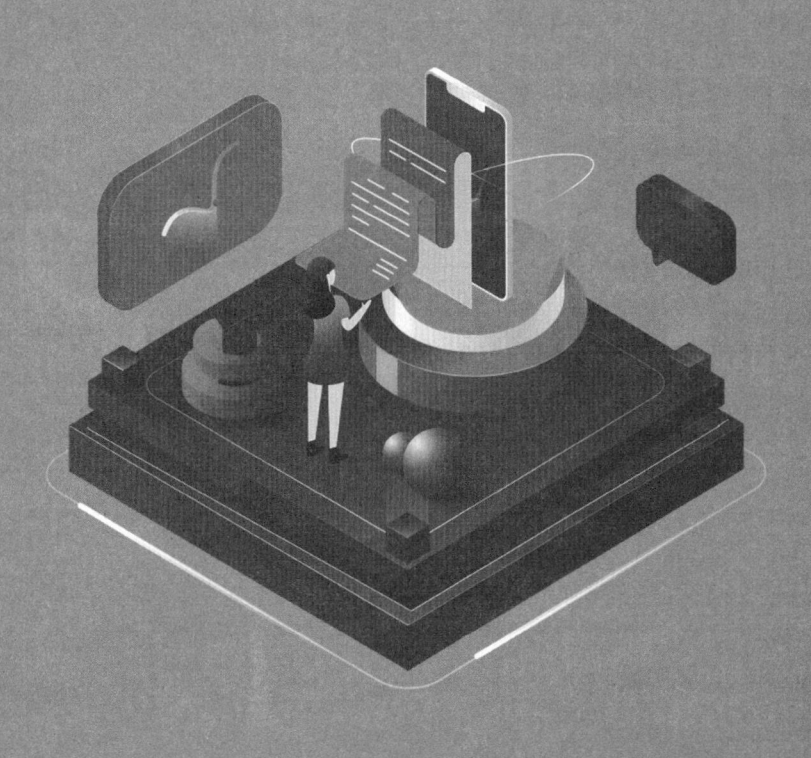

吉林出版集团股份有限公司
全国百佳图书出版单位

图书在版编目（CIP）数据

高校财务绩效评价体系研究 / 叶晓霖，朱雪娟著.
长春：吉林出版集团股份有限公司，2025.3. -- ISBN 978-7-5731-6247-2

Ⅰ．G647.5

中国国家版本馆CIP数据核字第20257V2X46号

GAOXIAO CAIWU JIXIAO PINGJIA TIXI YANJIU

高 校 财 务 绩 效 评 价 体 系 研 究

著　　者	叶晓霖　朱雪娟
责任编辑	张婷婷
装帧设计	朱秋丽
出　　版	吉林出版集团股份有限公司
发　　行	吉林出版集团青少年书刊发行有限公司
地　　址	吉林省长春市福祉大路5788号（130118）
电　　话	0431-81629808
印　　刷	吉林省信诚印刷有限公司
版　　次	2025年3月第1版
印　　次	2025年3月第1次印刷
开　　本	787 mm×1092 mm　1/16
印　　张	14
字　　数	310千字
书　　号	ISBN 978-7-5731-6247-2
定　　价	88.00元

版权所有·翻印必究

前　言

随着教育事业的快速发展和高等教育体制的不断深化,高校作为培养高素质人才、推动科技进步和文化传承的重要基地,其财务管理和绩效评价日益受到社会各界的广泛关注。高校财务绩效评价体系作为衡量高校财务管理效率和效果的重要工具,对优化资源配置、提高办学效益、促进高校可持续发展具有重要意义。本书旨在深入探讨高校财务绩效评价体系的构建与应用,以期为高校财务管理提供理论支持和实践指导。

近年来,我国高等教育事业取得了举世瞩目的成就,高校数量不断增加,办学规模持续扩大,教育质量稳步提升。然而,在高等教育快速发展的同时,高校财务管理面临着诸多挑战。一方面,随着高校办学经费来源的多元化和复杂化,如何科学合理地配置和使用资金,提高资金使用效益,成为高校财务管理的重要任务;另一方面,随着高校办学规模的扩大和内涵式发展的要求,如何客观公正地评价高校的财务绩效,为高校管理决策提供有力支持,成为高校财务管理的重要课题。

本书旨在构建一套科学、合理、有效的高校财务绩效评价体系,这对于促进高校财务管理规范化、科学化、精细化具有重要意义。首先,它有助于高校全面了解自身的财务状况和绩效水平,发现问题和不足,为改进财务管理提供方向;其次,它有助于高校优化资源配置,提高资金使用效益,为提升办学质量和效益提供有力保障;最后,它有助于高校加强内部管理,规范财务行为,防范财务风险,为高校可持续发展奠定基础。

同时,本书还将探讨高校财务绩效评价体系的持续改进与优化问题,为高校财务管理的未来发展提供方向和建议。未来,随着高等教育事业的不断发展和高校管理水平的不断提高,高校财务绩效评价体系的研究将不断深入和完善,为高校财务管理的科学化、规范化、精细化发展奠定坚实基础。

由于笔者水平有限,本书难免存在不妥,敬请广大学界同人与读者朋友批评指正。

目 录

第一章 财务绩效评价概述 ... 1
第一节 财务绩效评价的基本概念 ... 1
第二节 财务绩效评价的重要性 ... 10
第三节 财务绩效评价的发展历程 ... 18
第四节 财务绩效评价的挑战与机遇 ... 26

第二章 高校财务绩效的财务比率分析 ... 32
第一节 财务比率分析的基本概念 ... 32
第二节 高校财务绩效的盈利能力分析 ... 41
第三节 高校财务绩效的偿债能力分析 ... 52
第四节 高校财务绩效的运营效率分析 ... 61
第五节 财务比率分析的局限性及改进 ... 70

第三章 高校财务绩效评价方法研究 ... 79
第一节 绩效评价方法的分类与比较 ... 79
第二节 高校财务绩效评价的常用方法 ... 87
第三节 绩效评价方法的创新与发展 ... 96
第四节 高校财务绩效评价方法的实证检验 ... 104
第五节 方法选择与应用的注意事项 ... 113

第四章 高校财务绩效评价体系建设的理论基础 ... 122
第一节 绩效评价理论概述 ... 122
第二节 财务管理理论在高校绩效评价中的应用 ... 132

第三节　高校财务绩效评价体系建设的指导原则.................................141

　　第四节　理论基础对体系建设的启示...152

第五章　高校财务绩效评价体系现状...**161**

　　第一节　当前高校财务绩效评价体系的概况.....................................161

　　第二节　现有高校财务评价体系的特点与不足.................................169

　　第三节　现有体系对高校管理的实际影响...178

第六章　高校财务绩效评价体系框架构建...**187**

　　第一节　高校财务绩效评价体系框架构建的原则与目标.................187

　　第二节　高校财务绩效评价体系框架的基本结构与要素.................197

　　第三节　高校财务绩效评价体系框架构建的步骤与方法.................207

参考文献...**217**

第一章 财务绩效评价概述

第一节 财务绩效评价的基本概念

一、财务绩效评价的定义与内涵

(一) 引言

财务绩效评价作为企业管理体系的重要组成部分,对于企业的长期发展至关重要。通过对企业财务活动的全面评估,财务绩效评价旨在提供决策支持,优化资源配置,提升企业的竞争力和市场地位。以下将详细阐述财务绩效评价的定义与重要性、内容与步骤、意义与价值,以及实践中的挑战与应对措施。

(二) 财务绩效评价的定义与重要性

财务绩效评价是指对企业一定时期内财务活动效果和效率的全面评估。它涉及财务目标的设定、数据的收集与分析、评价标准的制定等环节,旨在为企业决策提供支持,优化资源配置,进而实现企业的战略目标。

1. 提高决策效率

财务绩效评价为企业提供全面、准确的财务信息,有助于企业做出更加科学合理的决策。

2. 优化资源配置

通过财务绩效评价,企业可以了解自身在各项财务活动中的投入和产出情况,优化资源配置,提高资源利用效率。

3. 增强企业竞争力

财务绩效评价有助于企业了解自身在市场中的位置和优劣势,制定更加精准的市场策略和发展规划,增强企业的竞争力。

（三）财务绩效评价的内容与步骤

1. 财务目标的设定

财务目标是财务绩效评价的基准。企业应根据自身战略规划和市场环境，设定具体、可衡量的财务目标。这些目标应与企业的长期发展目标相一致，同时还应考虑行业特点、市场环境以及企业自身情况。

2. 财务数据的收集与分析

财务数据的收集与分析是财务绩效评价的基础。企业应建立完善的财务数据收集系统，以确保数据的真实性和完整性。同时，运用专业的分析工具和方法，对数据进行深入的分析和解读，发现数据背后的经济含义和规律。

3. 评价标准的制定

评价标准是财务绩效评价的依据。企业应结合行业特点、市场环境以及企业自身情况，制定科学、合理的评价标准。这些标准应具有客观性、公正性和可比性，能够准确反映企业的财务状况和经营成果。

4. 评价结果的呈现与应用

评价结果的呈现应直观易懂，便于决策者理解和应用。企业应根据评价结果，及时发现问题，制定改进措施，推动企业的持续改进和发展。同时，将评价结果纳入企业的绩效考核体系，与员工的薪酬和晋升挂钩，激励员工积极参与财务绩效评价工作。

（四）财务绩效评价的意义与价值

1. 提升企业价值

财务绩效评价为企业提供了一个全面审视自身财务状况的窗口。通过财务绩效评价过程，企业能够准确把握在各项财务活动中的成效与短板。这促使企业迅速识别问题所在，并采取有效措施予以解决，从而全面提升企业的综合价值，稳固并提升其市场竞争力。

2. 推动企业持续改进

财务绩效评价是一个持续不断的过程。通过定期的财务绩效评价，企业可以不断发现自身存在的问题和不足，并制定相应的改进措施。这将有助于推动企业持续改进和发展，提高企业的竞争力和市场地位。

3. 为投资者提供决策依据

财务绩效评价的结果可以为投资者提供重要的决策依据。投资者可以通过了解企业的财务状况和经营成果，判断企业的投资价值和未来发展前景，从而做出更加明智的投资决策。

(五) 财务绩效评价在实践中的挑战与应对措施

1. 数据收集困难

实践中，财务数据的收集往往面临一定的困难。企业需要建立完善的财务数据收集系统，并加强员工的培训和管理，以确保数据的真实性和完整性。

2. 评价标准制定困难

评价标准的制定需要考虑多方面因素，如行业特点、市场环境以及企业自身情况等。企业需要充分调研和分析，结合实际情况制定科学、合理的评价标准。

3. 员工参与度不高

在实践中，员工对财务绩效评价的参与度往往不高。企业需要加强宣传和培训，提高员工对财务绩效评价的认识和重视程度，同时建立完善的激励机制和考核体系，激发员工的积极性。

二、财务绩效评价的范围

财务绩效评价是企业经营管理过程中不可或缺的一环，它通过对企业各项财务指标的综合分析，客观、公正地评价企业的财务状况和经营成果，为企业决策层提供重要的参考依据。财务绩效评价的范围广泛，涵盖了盈利能力、偿债能力、运营效率以及长期与短期财务表现等方面。以下将从四个方面对财务绩效评价进行详细阐述。

(一) 盈利能力评价

盈利能力是企业生存和发展的基础，也是财务绩效评价的核心内容之一。盈利能力评价主要关注企业的收入、利润以及利润率等财务指标。其中，收入指标反映了企业销售产品或提供服务的规模和水平；利润指标则直接体现了企业的盈利能力，包括毛利润、净利润等；而利润率则是对企业盈利能力的进一步衡量，包括毛利率、净利率等。针对这些指标的分析，可以使人们了解企业的盈利状况、盈利水平以及盈利结构的合理性，为企业的经营决策提供有力支持。

在盈利能力评价中，还需要注意一些特殊情况。例如，企业在某些时期可能因为市场拓展、技术研发等原因而投入大量资金，导致短期利润下滑。此时，仅凭利润指标来评价企业的盈利能力可能不够全面。因此，还需要结合其他财务指标，如收入增长率、研发费用占比等，来综合评价企业的盈利潜力和未来发展前景。

（二）偿债能力评价

偿债能力是企业财务安全的重要保障，也是财务绩效评价的重要内容之一。偿债能力评价主要关注企业的资产、负债以及现金流等财务指标。其中，资产指标反映了企业的资源规模和配置情况；负债指标则体现了企业的债务负担和偿债压力；而现金流指标则是对企业偿债能力的直接衡量，包括经营活动现金流、投资活动现金流以及筹资活动现金流等。通过对这些指标的分析，人们可以了解企业的资产结构、负债结构以及现金流状况，从而评估企业的偿债能力和财务风险。

在偿债能力评价中，人们还需要关注企业的债务期限结构、债务成本以及债务担保等因素。这些因素会影响企业的偿债能力和财务风险，需要综合考虑。同时，还需要结合市场环境、行业特点以及企业自身情况等因素，制定合适的偿债策略和风险防范措施。

（三）运营效率评价

运营效率是企业经营管理水平的重要体现，也是财务绩效评价的重要内容之一。运营效率评价主要关注企业的资产管理、成本控制以及资金利用等财务指标。其中，资产管理指标反映了企业资产的利用效率和管理水平，包括存货周转率、应收账款周转率等；成本控制指标则体现了企业对成本的控制和管理能力，包括销售费用率、管理费用率等；而资金利用指标则是对企业资金利用效率的衡量，包括总资产周转率、净资产收益率等。针对这些指标的分析，可以使人们了解企业的运营效率和管理水平，为企业优化资源配置、提高经营效率提供有力支持。

在运营效率评价中，还需要注意一些细节问题。例如，存货周转率虽然反映了企业的存货管理效率，但也可能受到市场需求波动、产品更新换代等因素的影响。因此，在分析存货周转率时，需要结合企业的实际情况和市场环境进行综合判断。同时，还需要关注成本控制的合理性和有效性问题，避免过度压缩成本而影响产品质量和企业声誉。

（四）长期与短期财务表现评价

长期与短期财务表现评价是财务绩效评价的重要组成部分。长期财务表现主要关注企业的持续盈利能力、增长潜力以及市场地位等因素，而短期财务表现则更侧重于企业的流动性、偿债能力以及现金流状况等方面。针对长期与短期财务表现的综合评价，可以使人们全面了解企业的财务状况和经营成果，为企业战略规划和经营决策提供重要参考。

在长期与短期财务表现评价中，需要注意综合考虑各项财务指标。长期财务指标虽然能够反映企业的持续盈利能力和增长潜力，但可能受市场环境、政策变化等因素的影响而波动较大。因此，在分析长期财务指标时，需要结合市场趋势和政策走向进行综合判断。同时，也需要关注短期财务指标的变化情况，及时发现并应对潜在的财务风险和危机。

财务绩效评价是企业经营管理中不可或缺的一环。针对盈利能力、偿债能力、运营效率以及长期与短期财务表现等方面的综合评价，可以使人们全面了解企业的财务状况和经营成果，为企业的战略规划和经营决策提供有力支持。同时，还需要注意平衡考虑各项财务指标，避免过度追求短期利益而忽视长期发展。

三、财务绩效评价的方法

财务绩效评价是企业管理中至关重要的环节，它通过对企业财务活动的分析、比较和评估，为企业的战略决策、资源配置和风险管理提供重要依据。

（一）财务比率分析

财务比率分析是财务绩效评价的基础方法，它通过将企业的财务数据转化为各种比率，能更直观地反映企业的财务状况和经营成果。财务比率分析的优势就在于其直观性和可比性，通过对比不同时间或不同企业的财务比率，可以清晰地看出企业财务状况的变化趋势和优劣势。然而，财务比率分析也存在一定的局限性，如受到会计政策和会计估计的影响，可能导致比率失真。

（二）经济附加值（EVA）分析

经济附加值是一种基于企业经济利润的财务绩效评价方法，它考虑了企业的资本成本，评估企业是否真正为股东创造了价值。EVA 的计算公式为：

经济附加值=税后净营业利润-资本成本

EVA 分析的优势在于其能够真实地反映企业的经济利润，避免了传统会计利润中忽略资本成本的问题。通过计算 EVA，企业可以更加准确地了解自身的盈利能力和价值创造能力，从而做出更加科学的决策。然而，EVA 的计算过程相对复杂，需要准确估计企业的资本成本和税后净营业利润。

（三）现金流量分析

现金流量分析是通过对企业现金流量的分析，评估企业的财务状况和经营成果的方法。现金流量表反映了企业在一定时期内现金的流入和流出情况，以及现金余额的变动情况。现金流量分析的优势在于其能够真实反映企业的资金流动情况，避免了传统利润表中可能存在的虚假利润问题。通过现金流量分析，企业可以了解自身的资金来源和运用情况，从而做出更加合理的资金安排和风险管理决策。然而，现金流量分析也存在一定的局限性，如受企业经营策略、市场环境等因素的影响，可能导致现金流量的波动较大。

（四）投资回报率分析

投资回报率分析是通过对企业投资项目的收益与投资额的比较，评估企业投资效果的方法。常用的投资回报率指标包括资本回报率、投入产出比率等。投资回报率分析的优势在于其能够直接反映企业投资项目的盈利能力，有助于企业优化资源配置和制定投资策略。通过比较不同投资项目的投资回报率，企业可以选择具有更高回报率的投资项目，提升整体盈利能力。然而，投资回报率分析也存在一定的局限性，如受到市场环境、项目风险等因素的影响，可能导致投资回报率的波动较大。

（五）杜邦分解法

杜邦分解法是一种将企业的综合财务绩效分解为不同因素，从而更深入地了解企业财务状况和经营成果的方法。杜邦分解法通常将净资产收益率分解为销售净利率、总资产周转率和权益乘数三个因素。杜邦分解法的优势在于其能够揭示企业财务绩效背后的驱动因素，有助于企业找出影响财务绩效的关键因素，并制定相应的改进策略。通过杜邦分解法，企业可以了解不同因素对企业财务绩效的贡献程度，从而更加精准地把握企业的财务状况和经营成果。然而，杜邦分解法也存在一定的局限性，如需要准确计算各个因素的数值，并且需要具备一定的财务分析能力。

（六）综合财务绩效评价方法

除了以上几种常用的财务绩效评价方法外，还有一些综合财务绩效评价方法，如平衡计分卡（BSC）、关键绩效指标（KPI）等。这些方法将企业的战略目标与财务绩效评价指标相结合，形成一套完整的绩效评价体系。综合财务绩效评价方法的优势在于其能够全面、系统地评估企业的财务状况和经营成果，同时考虑了企业的战略目标和非财务指标。通过综合财务绩效评价方法，企业可以更加全面地了解自身的财务状况和经营成果，并找出影响绩效的关键因素，从而制订更加科学的战略决策和资源配置方案。然而，综合财务绩效评价方法也需要企业具备一定的管理水平和财务分析能力，以确保评价结果的准确性和有效性。

财务绩效评价方法是企业管理中不可或缺的工具，它能够帮助企业全面了解自身的财务状况和经营成果，并为企业的战略决策、资源配置和风险管理提供重要依据。企业应根据自身情况和需求选择合适的财务绩效评价方法，并结合实际情况进行灵活应用和调整。例如：在投资决策中，财务绩效评价可以通过计算投资回报率、资本成本等指标，评估投资项目的盈利潜力和风险水平；在融资决策中，财务绩效评价可以通过分析企业的资本结构、融资成本等，为企业选择合适的融资方式提供依据；在经营决策中，财务绩效评价可以通过分析销售数据、成本数据等，为企业优化产品组合、控制成本等提供决策支持。

四、财务绩效评价的目的

财务绩效评价作为企业管理体系中的核心组成部分，其重要性不言而喻。它不仅为企业内部管理者提供了关键的决策支持，也为外部利益相关者提供了了解企业财务状况的重要窗口。

（一）全面揭示企业或组织的财务健康状况

财务绩效评价的首要目的是全面、准确地揭示企业或组织的财务健康状况。通过对企业财务报表、财务指标以及资金流动情况的综合分析，可以形成对企业财务状况的全面认识。这些分析不仅涵盖了企业的盈利能力、偿债能力、运营效率等关键方面，还深入资产管理、成本控制等细节层面。这种全面性的评价有助于企业发现潜在的风险点，从而提前采取措施进行防范。具体而言，财务绩效评价通过计算和分析各种财务指标，如资产负债率、流动比率、速动比率、存货周转率、应收账款周转率等，来评估企业的偿债能力、流动性以及运营效率。同时，结合利润表、现金流量表等财务报表的信息，可以进一步了解企业的盈利能力、现金流入流出情况等。这些分析结果能够为企业管理者提供关于企业财务状况的直观、量化的认识，从而为企业决策提供有力的支持。

（二）为企业决策制定提供财务依据

财务绩效评价的另一个重要目的是为企业决策制定提供财务依据。在企业的日常运营中，各种决策都需要考虑财务因素，如投资决策、融资决策、经营决策等。财务绩效评价通过提供详细的财务数据和分析结果，为这些决策提供了可靠的依据。在投资决策中，财务绩效评价可以通过计算投资回报率、资本成本等指标，评估投资项目的盈利潜力和风险水平；在融资决策中，财务绩效评价可以通过分析企业的资本结构、融资成本等，为企业选择合适的融资方式提供依据；在经营决策中，财务绩效评价可以通过分析销售数据、成本数据等，为企业优化产品组合、控制成本等提供决策支持。

（三）支持企业战略规划与实施

财务绩效评价还对企业的战略规划与实施具有重要的指导意义。战略规划是企业长期发展的指导性文件，它涉及企业的目标、定位、竞争策略等方面。财务绩效评价可以通过对企业财务状况的深入分析，为战略规划的制定提供有力支持。在战略规划的制定过程中，财务绩效评价可以帮助企业明确自身的财务优势和劣势，从而设定合适的发展目标和定位。同时，针对历史财务数据的分析，可以使人们预测未来的市场趋势和竞争态势，为战略规划的制定提供前瞻性的思考。在战略规划的实施过程中，财务绩效评价可以监控各项财务指标的完成情况，及时发现问题并进行调整，确保战略规划的顺利实施。

（四）促进企业管理水平的提升

财务绩效评价还有助于促进企业管理水平的提升，通过对企业财务状况的评价和分析，可以发现企业在财务管理、内部控制、风险管理等方面存在的问题和不足。这些问题和不足正是企业需要改进和提升的方面。通过财务绩效评价，企业可以明确自身在财务管理方面的薄弱环节，从而有针对性地制定改进措施。例如：针对成本控制方面的问题和不足，企业可以加强成本核算和控制机制的建设；针对内部控制方面的问题，企业可以完善内部控制流程和制度；针对风险管理方面的问题和不足，企业可以建立风险预警和应对机制等。这些改进措施的实施将有助于提升企业的财务管理水平，降低企业的财务风险，提高企业的整体运营效率。

（五）增强企业的透明度和公信力

财务绩效评价还有助于增强企业的透明度和公信力。随着市场经济的不断发展，企业的利益相关者越来越关注企业的财务状况和运营成果。通过财务绩效评价，企业可以向外界展示其真实的财务状况和运营成果，增强企业的透明度和公信力。具体而言，财务绩效评价可以通过定期发布财务报告、公布财务指标和数据等方式，向投资者、债权人、政府监管机构等利益相关者提供关于企业财务状况的信息。这些信息将有助于利益相关者了解企业的运营情况和财务状况，从而做出更加明智的决策。同时，通过财务绩效评价的透明度和公信力提升，企业可以吸引更多的投资者和合作伙伴，为企业的发展提供有力支持。

财务绩效评价在企业或组织管理中具有重要的作用和意义。它不仅可以全面揭示企业或组织的财务健康状况，为企业决策制定提供财务依据，支持企业战略规划与实施，还可以促进企业管理水平的提升，增强企业的透明度和公信力。因此，企业应该高度重视财务绩效评价工作，建立完善的财务绩效评价体系和机制，不断提高财务绩效评价的质量和水平。

五、财务绩效评价的主体

财务绩效评价是企业管理中至关重要的一个环节,它不仅关乎企业的内部运营效率和效果,也影响着外部利益相关者对企业的认知和判断。财务绩效评价的主体涉及多个层面,包括外部投资者、债权人、政府监管机构等外部利益相关者,以及内部管理层、财务部门等内部参与者。

(一)外部投资者

外部投资者是企业财务绩效评价的重要主体之一。他们通过购买企业的股票或债券等金融工具,成为企业的股东或债权人,从而与企业的财务状况和经营成果紧密相关。外部投资者进行财务绩效评价的目的是了解企业的盈利能力、偿债能力、成长潜力等关键财务指标,以评估其投资的价值和风险。在财务绩效评价过程中,外部投资者通常会关注企业的财务报表、审计报告、盈利预测等信息,以获取关于企业财务状况和经营成果的全面、准确的数据。同时,他们还会运用各种财务分析工具和方法,如财务比率分析、经济附加值分析、现金流量分析等,来深入挖掘企业财务数据的内在含义,并据此做出投资决策。

(二)债权人

债权人是企业财务绩效评价的另一重要主体,他们通过向企业提供贷款、债券融资等方式,为企业提供资金支持,从而成为企业的债权人。与投资者类似,债权人进行财务绩效评价的目的也是了解企业的偿债能力、资金安全性等关键性财务指标,以评估其债权的风险和收益。在财务绩效评价过程中,债权人通常会关注企业的流动比率、速动比率、资产负债率等反映偿债能力的财务指标,以及现金流量表等反映企业资金流动情况的信息。通过对这些指标的分析和评估,债权人可以了解企业的资金状况和风险水平,从而做出是否继续提供资金支持或调整债权结构的决策。

(三)政府监管机构

政府监管机构在财务绩效评价中也扮演着重要角色。作为市场秩序的维护者和监管者,政府监管机构需要对企业的财务状况和经营成果进行监督和评价,以确保企业遵守相关法律法规和会计准则,维护市场秩序和公平竞争。政府监管机构通常会要求企业定期报送财务报表、审计报告等信息,并对其进行审核和检查。通过对企业财务报表进行审核和检查,政府监管机构可以了解企业的财务状况和经营成果是否符合法律法规和会计准则的要求,以及是否存在违法违规行为。同时,政府监管机构还可以根据企业的财务绩效评价结果，采取相应的监管措施，如处罚、整改等，以维护市场秩序和公平竞争。

（四）内部管理层

内部管理层是企业财务绩效评价的直接参与者和执行者。他们负责企业的日常运营和管理决策，对企业的财务状况和经营成果负有直接责任。因此，内部管理层进行财务绩效评价的目的主要是了解企业的运营效率和效果，以便及时发现和解决存在的问题，优化资源配置，提升企业的竞争力和盈利能力。在财务绩效评价过程中，内部管理层通常会运用各种财务分析工具和方法，如杜邦分解法、关键绩效指标等，对企业的财务数据进行深入分析和挖掘。通过对财务数据的分析和挖掘，内部管理层可以了解企业的盈利能力、偿债能力、营运能力等方面的表现，并找出影响绩效的关键因素。同时，他们还可以根据财务绩效评价结果，制定相应的改进措施和战略规划，提升企业的财务绩效和市场竞争力。

（五）财务部门

财务部门在企业财务绩效评价中发挥着关键作用。它作为企业财务数据的收集、整理和分析部门，负责提供准确、完整的财务数据和信息，为企业财务绩效评价提供数据支持。在财务绩效评价过程中，财务部门需要与企业其他部门紧密合作，确保财务数据的准确性和完整性。同时，财务部门还需要运用各种财务分析工具和方法，对企业的财务数据进行深入分析和挖掘，为内部管理层和外部利益相关者提供有价值的财务信息和建议。

这些主体在财务绩效评价中各自扮演着不同的角色和担负着不同的职责，共同推动着企业财务绩效评价的深入发展和不断完善。

第二节 财务绩效评价的重要性

一、财务绩效评价的决策支持

（一）财务信息全面呈现

财务绩效评价的首要任务是全面呈现企业的财务信息，这包括其对企业资产的负债表、利润表、现金流量表等财务报表的深入分析，以及对企业财务数据的详细解读。通过财务绩效评价，管理层能够清晰地了解企业的资产状况、负债水平、盈利能力、营运效率以及现金流状况。这些信息的全面呈现，为管理层的决策制定提供了坚实的财务数据支持。

在资产方面，财务绩效评价可以揭示企业的资产结构、资产规模以及资产质量。通过对比不同时间段的资产数据，管理层可以了解企业资产的增减变动情况，从而判断企业的投资方向是否合理，以及资产的使用效率是否高。在负债方面，财务绩效评价可以分析企业的负债结构、负债规模以及负债成本。这有助于管理层了解企业的债务风险，制订合理的还款计划，确保企业的财务状况稳健。

在盈利能力方面，财务绩效评价可以通过分析企业的销售收入、成本、利润等指标，评估企业的盈利水平。这有助于管理层了解企业的市场竞争力、成本控制能力以及经营效率。在营运效率方面，财务绩效评价可以通过计算存货周转率、应收账款周转率、总资产周转率等指标，评估企业的营运效率。这有助于管理层发现企业在运营过程中存在的问题，及时采取措施并加以改进。

（二）企业战略决策支持

财务绩效评价不仅为管理层提供了全面的财务信息，还能够辅助管理层制定和调整企业战略。通过对历史财务数据的分析，管理层可以了解企业的发展趋势、市场地位以及行业趋势等信息，这些信息为管理层制定和调整企业战略提供了有力支持。

在制定企业战略时，财务绩效评价可以帮助管理层评估不同战略方案对财务的影响。通过计算不同方案下的财务指标，如投资回报率、内部收益率等，管理层可以比较不同方案的优劣，选择最符合企业实际和市场需求的战略方案。在调整企业战略时，财务绩效评价可以揭示企业在执行战略过程中存在的问题和风险。通过对比实际财务指标与预期财务指标，管理层可以及时发现战略执行过程中的偏差和不足，并及时采取措施加以纠正。此外，财务绩效评价还可以帮助企业识别新的增长机会。通过对市场趋势和行业发展的分析，管理层可以发现新的市场需求和增长点。结合企业的实际情况，管理层可以制订新的战略方案，抓住这些新的增长机会，推动企业的持续发展。

（三）风险管理与预警

财务绩效评价在风险管理和预警方面也发挥着重要作用。通过对财务数据的深入分析，管理层可以及时发现潜在的风险点，并采取措施进行防范和应对。在风险管理方面，财务绩效评价可以揭示企业的财务风险、市场风险、信用风险等潜在风险。通过计算相关财务指标，如资产负债率、流动比率、速动比率等，管理层可以评估企业的财务风险水平。同时，结合市场环境和行业发展趋势分析，管理层还可以评估企业的市场风险和信用风险。这些风险的揭示和评估有助于管理层及时采取措施进行防范和应对，降低企业的风险水平。在预警方面，财务绩效评价可以设定一些预警指标，如财务比率阈值、财务指标变化趋势等。当这些指标出现异常时，财务绩效评价系统会及时发出预警信号，提醒管理层关注并采取相应的措施。这种预警机制有助于管理层及时发现并解决问题，避免问题进一步恶化。

（四）资源配置优化

财务绩效评价还有助于优化企业的资源配置。通过对不同部门、不同产品线的财务数据进行对比分析，管理层可以了解哪些部门或产品线的盈利能力较强，哪些部门或产品线的成本较高。这种对比分析有助于管理层重新分配资源，将资源投向盈利能力较强的部门或产品线，同时削减成本较高的部门或产品线的投入。这种资源配置的优化可以提升企业的整体业绩和市场竞争力。

（五）绩效评估与激励

财务绩效评价还可以用于对企业内部各部门和员工的绩效评估。通过设定明确的财务目标和指标，管理层可以评估各部门和员工的绩效表现。这种绩效评估有助于管理层了解各部门和员工的工作成果和贡献程度，为制定激励措施提供依据。同时，这种绩效评估还可以激发员工的工作积极性和创造力，促进企业可持续发展。

（六）持续改进与提升

财务绩效评价是一个持续改进和提升的过程。通过对财务数据的持续监控和分析，管理层可以及时发现企业在运营过程中存在的问题和不足，并采取相应的措施进行改进和提升。这有助于提高企业的管理水平和经营效率，增强企业的竞争力和市场地位。同时，也有助于推动企业不断适应市场变化和发展趋势，保持持续稳定的发展态势。

二、财务绩效评价的资源优化

财务绩效评价在企业管理中占据核心地位，它不仅反映了企业的财务状况和经营成果，更为关键的是，它能够识别财务资源的配置效率，进而推动资源的优化配置，提高企业的经济效益和运营效率。

（一）识别财务资源配置效率

财务绩效评价的首要任务是准确识别财务资源的配置效率。通过深入分析企业的财务报表、财务数据以及相关的经营信息，财务绩效评价能够揭示企业在资金筹集、使用、分配和回收等环节中的效率表现。这包括资金的周转速度、资产的使用效率、负债的结构合理性等方面。通过对这些指标的评估，企业可以清晰地了解财务资源在各个环节中的配置效率,进而为优化资源配置提供有力支持。具体而言,财务绩效评价可以通过财务比率分析、趋势分析、结构分析等方法,对企业的财务状况进行全面、深入的分析。例如:企业通过计算流动比率、速动比率等指标,可以评估自身的短期偿债能力;企业通过计算资产周转率、存货周转率等指标,可以评估自身的资产运营效率;企业通过分析负债结构、资本成本等指标,可以评估自身的筹资效率和风险水平。这些分析结果为优化财务资源配置提供了重要的参考依据。

(二) 推动资源优化配置

在识别出财务资源配置效率的基础上,财务绩效评价能够进一步推动资源的优化配置。通过对财务绩效的评价和分析,企业可以发现资源配置中存在的问题和不足,进而采取相应的措施进行调整和优化。这包括优化资金结构、提高资金使用效率、降低资金成本等方面。例如:在资金筹集方面,企业可以根据财务绩效评价的结果,合理确定筹资方式和筹资规模,降低筹资成本并控制财务风险;在资金使用方面,企业可以通过对财务数据的分析,找出资金使用的瓶颈和浪费环节,进而优化资金的使用结构,提高使用效率;在资金分配方面,企业可以根据各业务板块的绩效表现和发展前景,合理分配资金资源,以实现资源的优化配置和高效利用。

(三) 提高经济效益

财务绩效评价通过优化资源配置,能够直接提高企业的经济效益。通过提高财务资源的配置效率和使用效率,企业可以降低经营成本、提升盈利能力、增强市场竞争力。具体而言,财务绩效评价可以引导企业关注经济效益的提升,促进企业在生产经营过程中更加注重成本控制、效率提升和风险防范等方面的工作。同时,财务绩效评价可以激励企业不断创新和改进,通过引入新技术、开发新产品、拓展新市场等方式,进一步提高企业的经济效益和市场竞争力。此外,财务绩效评价还可以帮助企业制定合理的经营策略和战略规划。通过对企业财务绩效的深入分析,企业可以了解自身的优势和不足,进而制定符合自身实际情况的经营策略和战略规划,这有助于企业更好地把握市场机遇、应对市场挑战、实现可持续发展。

(四) 提高运营效率

财务绩效评价在提高运营效率方面发挥着重要作用。通过对财务绩效的评价和分析,企业可以发现运营过程中存在的问题和不足,进而采取相应的措施进行改进和优化。这包括优化业务流程、提高生产效率、加强成本控制等方面。例如:在业务流程方面,企业可以通过对财务数据的分析,找出流程中的问题环节,进而优化业务流程,提高运营效率；在生产效率方面，企业可以通过引入先进的生产技术和设备、优化生产流程等方式，提高生产效率并降低生产成本；在成本控制方面，企业可以通过对成本数据的分析和挖掘，找出成本控制的关键点和潜力点，进而加强成本控制，提升盈利能力。此外，财务绩效评价还可以帮助企业建立科学的绩效考核体系。通过将财务绩效指标与员工的绩效考核相结合，可以激发员工的工作积极性和创造力，促进员工之间的协作和沟通，从而进一步提高企业的运营效率和市场竞争力。

财务绩效评价在资源优化中发挥着至关重要的作用。它不仅能够识别财务资源的配置效率，推动企业资源优化配置，还能提高企业的经济效益和运营效率。因此，在企业管理中应高度重视财务绩效评价工作，加强对财务绩效评价的研究和应用，进而推动企业的持续健康发展。

三、财务绩效评价的风险控制

（一）财务风险的识别与评估

财务绩效评价在风险控制中的首要任务是识别与评估潜在的财务风险。企业的财务风险可能来源于多个方面，如市场环境的变化、经营策略的调整、内部控制的疏漏等。为了准确识别这些风险，财务绩效评价需要综合运用多种财务指标和分析方法，对企业的财务状况进行全面而深入的分析。

在识别财务风险时，财务绩效评价可以关注企业的偿债能力、营运能力、盈利能力以及发展能力等方面。企业通过对这些方面的分析，可以揭示出可能面临的财务风险，如流动性风险、信用风险、市场风险等。同时，财务绩效评价还可以结合行业特点和市场环境，对企业的财务风险进行更加精准的评估。

在评估财务风险时，财务绩效评价需要运用定性和定量相结合的方法。定性方法主要包括对企业内部和外部环境的分析，以及对企业经营策略和内部控制的评估。定量方法则主要通过计算相关财务指标和建立财务模型来实现。这些方法可以帮助财务绩效评价更加准确地评估企业的财务风险水平，为制定风险控制措施提供有力支持。

（二）风险预警机制的建立

为了及时发现并应对潜在的财务风险，财务绩效评价需要建立有效的风险预警机制。这一机制可以通过设定预警指标和阈值来实现，当企业的财务指标达到或超过这些阈值时，系统就会自动发出预警信号。

在建立风险预警机制时，财务绩效评价需要综合考虑企业的财务状况、市场环境以及行业特点等因素。预警指标既可以包括资产负债率、流动比率、速动比率、存货周转率、应收账款周转率等财务指标，也可以包括市场份额、客户满意度等非财务指标。这些指标有助于管理层全面了解企业的风险状况。

除了设定预警指标和阈值外，财务绩效评价还需要建立相应的预警处理流程。当系统发出预警信号时，管理层需要及时关注并采取相应的措施来应对风险。这些措施可以包括调整经营策略、加强内部控制、优化资源配置等。通过有效的预警处理流程，企业可以及时发现并应对潜在的财务风险，保障企业的稳健经营和可持续发展。

（三）风险控制的持续改进

财务绩效评价还需要关注风险控制中的持续改进的问题。由于市场环境和企业经营状况的不断变化，企业的财务风险也会不断发生变化。因此，财务绩效评价需要不断地对企业的财务风险进行评估和应对，确保企业的风险控制能力能够持续提升。

为了实现风险控制的持续改进，财务绩效评价需要建立定期评估和调整机制。定期对企业的财务风险进行评估和分析，及时发现并应对潜在的风险点。此外，财务绩效评价还需要加强与其他部门的沟通和协作。其他部门可能掌握着与财务风险相关的信息和数据，这些信息对于财务绩效评价的准确性和有效性至关重要。

财务绩效评价在风险控制中发挥着重要作用。通过识别与评估财务风险、建立风险预警机制、制定风险应对措施以及持续改进风险控制等方面的工作，企业从而确保能够有效应对潜在的财务风险，维护其稳健经营并实现可持续发展。

四、财务绩效评价的激励与约束

财务绩效评价在企业管理中扮演着至关重要的角色，它不仅是评估企业经济状况和发展潜力的重要工具，更是激励员工积极工作、约束不当行为、保障企业利益的关键手段。

（一）明确目标导向，激发员工工作动力

财务绩效评价通过设定明确的财务指标和绩效目标，为员工提供了清晰的工作方向。这些目标不仅与企业整体战略紧密相连，也直接关系到员工的个人利益。当员工明白自己的工作成果将直接影响到企业的财务绩效和个人的薪酬待遇时，他们会更加积极地投入工作，努力提升自己的工作绩效。这种目标导向的激励机制，有助于激发员工的工作动力，提高整体的工作效率。同时，财务绩效评价还通过定期评估和反馈，帮助员工了解自己的工作进展和存在的问题。员工可以根据评估结果及时调整自己的工作策略和方法，以更好地实现个人和企业的目标。这种持续性的评估和反馈，有助于员工保持高昂的工作热情，不断追求更高的绩效目标。

（二）建立公平竞争机制，促进员工成长

财务绩效评价通过设定客观的评估标准和公正的评估流程，为企业内部建立了一个公平的竞争机制。在这个机制下，员工的工作成果将得到公正的评价和认可，优秀的员工将获得更多的机会和资源。这种竞争机制有助于激发员工的进取心和竞争意识，促使他们不断提升自己的能力和素质。

财务绩效评价还为员工提供了一个明确的成长路径。员工可以通过了解财务绩效评价标准，明确自己在哪些方面需要提升和改进。他们可以通过学习新知识、掌握新技能、参与新项目等方式，不断提升自己的综合素质和能力水平。这种成长路径的明确性，有助于员工更加清晰地规划自己的职业生涯，实现个人和企业的共同发展。

（三）约束不当行为，保障企业利益

财务绩效评价不仅是一种激励机制，更是一种约束机制。通过设定严格的财务指标和评估标准，财务绩效评价可以约束员工的不当行为，保障企业的利益不受损害。当员工的行为与企业的财务绩效目标相悖时，他们将面临相应的惩罚和后果。这种约束机制有助于维护企业的正常运营秩序，保障企业的长期发展。财务绩效评价还可以通过对企业内部各个部门和环节的评估和监督，及时发现和解决企业存在的问题和风险。当企业面临财务风险或经营困难时，财务绩效评价可以为企业提供及时、准确的信息支持，帮助企业做出正确的决策和应对措施。这种监督和预警机制有助于企业更好地应对市场变化和风险挑战，保障企业的稳定发展和利益最大化。

（四）强化团队协作，提升整体绩效

财务绩效评价不仅关注个人的工作成果和绩效表现，还注重团队协作和整体绩效的提升。通过设定团队绩效目标和评估标准，财务绩效评价可以激励团队成员共同努力、协作配合，实现企业的整体目标。当团队成员的工作成果得到公正的评价和认可时，他们会更加珍惜团队的荣誉和利益，更加积极地为团队的发展贡献自己的力量。

财务绩效评价还可以通过定期的团队评估和反馈，帮助团队成员了解团队的工作进展和存在的问题。他们可以根据评估结果及时调整团队的工作策略和方法，以更好地实现团队的目标。这种团队协作和整体绩效的提升，有助于企业更好地应对市场变化和风险挑战，进而提升整体的市场竞争力和盈利能力。

（五）持续优化管理，推动企业健康发展

财务绩效评价不仅是对员工和团队的工作成果进行评估和监督，更是对企业管理水平的检验和提升。通过对财务绩效的深入分析和评估，企业可以发现自身在财务管理、

运营管理、风险管理等方面存在的问题和不足。针对这些问题和不足，企业可以采取相应的措施进行改进和优化，提高企业的管理水平和运营效率。财务绩效评价还可以为企业制定更加科学合理的经营策略和战略规划提供有力支持。通过对企业财务绩效的深入分析，企业可以了解自身的优势和不足，明确未来的发展方向和重点，这有助于企业更好地把握市场机遇、应对市场挑战、实现可持续发展。

财务绩效评价在激励与约束方面发挥重要作用。它不仅可以激发员工的工作动力、促进员工成长、约束不当行为、保障企业利益，还可以强化团队协作、提升整体绩效、持续优化管理。因此，在企业管理中应高度重视财务绩效评价工作，加强对其研究和应用，以推动企业的持续健康发展。

五、财务绩效评价的信息透明

在当今商业环境中，信息透明度是企业能否成功吸引投资、融资以及合作伙伴的关键因素之一。财务绩效评价的信息透明化不仅能够提升企业的外部信任度，还有助于企业建立稳健的财务形象，从而为企业的发展提供有力支持。

（一）公开透明的财务报表

财务绩效评价的首要任务是确保企业的财务报表公开透明，这意味着企业需要按照会计准则和相关法规，准确、完整地披露其财务状况、经营成果和现金流量等信息。通过定期发布财务报表，企业可以向外部利益相关者展示其真实的财务状况和经营成果，从而提高企业的信息透明度。公开透明的财务报表不仅有助于投资者和债权人了解企业的盈利能力、偿债能力和营运效率等关键财务指标，还有助于他们评估企业的投资价值和信用风险。因此，企业应该注重财务报表的准确性和完整性，确保所有信息都经过严格审核和验证。

（二）详细的财务数据分析

除了基本的财务报表外，企业还可以通过提供详细的财务数据分析来增强信息的透明度。这些分析包括财务比率分析、趋势分析、比较分析等方法，以揭示企业的财务状况和经营成果背后的深层次原因。

通过详细的财务数据分析，企业可以向外部利益相关者展示其财务状况的稳健性和可持续性。同时，这些分析还可以帮助企业发现潜在的问题和风险点，为制定改进措施提供依据。因此，企业应该注重财务数据分析的深入性和全面性，确保所有分析都基于真实、准确的数据。

(三) 及时的信息披露

在财务绩效评价中,及时的信息披露同样至关重要。企业应该按照相关法规和监管要求,及时、准确地披露其重大财务信息和经营信息。这些信息可能包括重大投资、并购、重组等交易事项,以及可能对企业财务状况和经营成果产生重大影响的其他事项。及时的信息披露有助于外部利益相关者及时了解企业的最新动态和财务状况。同时,它还可以帮助企业建立诚信、透明的形象,提高外部信任度。因此,企业应该注重信息披露的及时性和准确性,确保所有信息都能够在规定的时间内得到披露。

(四) 加强与利益相关者的沟通

在增强财务绩效评价信息透明度的过程中,加强与利益相关者的沟通同样重要。企业应该积极与投资者、债权人、供应商、客户等利益相关者保持联系,及时向他们传达企业的财务状况和经营成果。通过与利益相关者的沟通,企业可以了解他们的需求和关注点,从而更加精准地提供相关信息。同时,这种沟通还可以帮助企业建立与利益相关者之间的良好关系,增强企业的外部信任度和影响力。因此,企业应该注重与利益相关者的沟通方式和频率,确保信息能够得到有效传递和接收。

(五) 建立信息透明度的长效机制

为了持续提高财务绩效评价的信息透明度,企业需要建立信息透明度的长效机制。这包括制定完善的信息披露政策和程序、加强内部控制和审计监督、增强员工的信息披露意识和能力等方面。通过建立信息透明度的长效机制,企业可以确保财务信息的真实、准确和完整得到持续保障。同时,这种机制还可以帮助企业及时发现并纠正信息披露中的错误和疏漏,确保企业的信息透明度始终保持在较高水平。因此,企业应该注重信息透明度长效机制的建立和完善,进而为企业的发展提供有力支持。

第三节 财务绩效评价的发展历程

一、财务绩效评价的初期阶段

财务绩效评价是企业经营管理中的重要组成部分,通过对企业财务数据的分析和评估,为企业提供决策依据,推动企业健康发展。在财务绩效评价的初期阶段,由于评价方法和手段的限制,以单一财务指标的简单评价为主,重点关注企业的短期盈利能力和偿债能力。

（一）单一财务指标的主导地位

在财务绩效评价的初期阶段，由于评价方法和技术的限制，评价指标以单一的财务指标为主。这些指标通常包括营业收入、净利润、资产负债率、流动比率等，它们能够直观地反映企业的财务状况和经营成果。这些单一财务指标具有简单易懂、易于计算的特点，因此在初期阶段被广泛采用。

然而，单一财务指标也存在一定的局限性。首先，它们只能反映企业某一方面的财务状况，不能全面评价企业的整体绩效。其次，这些指标容易受到会计政策和人为因素的影响，存在一定的失真风险。因此，在财务绩效评价的初期阶段，虽然单一财务指标占据主导地位，但随着评价方法和技术的不断进步，其局限性也逐渐显现出来。

（二）短期盈利能力的关注

在财务绩效评价的初期阶段，企业往往更加关注短期盈利能力。这是因为短期盈利能力是企业生存和发展的基础，也是投资者和债权人关注的焦点。短期盈利能力指标主要包括营业收入、净利润、毛利率等，它们能够反映企业在短期内获取利润的能力。过度关注短期盈利能力也可能导致企业忽视长期发展。在追求短期利润的过程中，企业可能会采取一些短视的行为，如削减研发投入、降低产品质量等，这些行为虽然能够在短期内提高利润，但长期来看将会损害企业的竞争力和市场地位。因此，在关注短期盈利能力的同时，企业也需要关注长期发展，实现可持续发展。

（三）偿债能力的重视

除了短期盈利能力外，偿债能力也是财务绩效评价初期阶段关注的重点。偿债能力是指企业偿还债务的能力，它反映了企业的财务稳健性和风险水平。偿债能力指标主要包括资产负债率、流动比率、速动比率等，它们能够反映企业的负债结构和偿债能力。

在财务绩效评价的初期阶段，企业通常会将偿债能力作为重要的评价指标之一。通过评估企业的偿债能力，投资者和债权人可以了解企业的财务稳健性和风险水平，从而做出更加明智的投资和融资决策。然而，偿债能力也并非绝对的安全指标，高负债率可能意味着企业具有较高的财务杠杆效应和盈利能力，但同时也增加了企业的财务风险。因此，在评估偿债能力时，需要综合考虑企业的实际情况和市场环境。

（四）简单评价方法的局限性

在财务绩效评价的初期阶段，由于评价方法和技术的限制，通常采用简单的评价方法对企业进行财务绩效评价。这些简单的评价方法主要包括比率分析、趋势分析等，它们通过对企业财务数据的计算和比较，得出一些财务指标来评价企业的财务状况和经营成果。简单评价方法也存在一定的局限性。首先，它们只能反映企业过去和现在的情况，不能预测未来的发展趋势。其次，简单评价方法容易受到会计政策和人为因素的影响，存在一定的失真风险。此外，简单评价方法也难以全面评价企业的整体绩效和长期发展趋势。

因此，在财务绩效评价的初期阶段，虽然简单评价方法具有一定的实用性和可操作性，但随着评价方法和技术的不断进步，企业需要探索出更加全面、科学、准确的评价方法，以更好地反映企业的财务状况和经营成果，为企业的健康发展提供有力支持。

二、财务绩效评价的发展阶段

财务绩效评价作为企业管理的核心环节之一，随着经济的发展和企业管理理论的进步，其评价方法和体系也经历了从单一指标到综合评价体系的发展过程。

(一) 单一财务指标阶段

财务绩效评价的初期阶段，主要关注企业的盈利能力和偿债能力，采用单一的财务指标进行评价。例如，净利润、营业收入、资产负债率等是这一时期常用的财务指标。这些指标能够直观地反映企业的盈利水平和债务状况，为企业的短期决策提供重要依据。然而，单一财务指标的评价方法存在明显的局限性。一方面，这些指标往往只关注企业的短期绩效，而忽视了企业的长期发展潜力和运营效率；另一方面，单一指标容易受到企业经营策略、市场环境等因素的影响，导致评价结果的片面性和不准确性。

(二) 多财务指标综合评价阶段

随着企业管理理论的深入发展，人们开始认识到单一财务指标评价方法的局限性，并逐渐引入多个财务指标进而形成综合评价体系。这一阶段的财务绩效评价不仅关注企业的盈利能力和偿债能力，还开始关注企业的运营效率、资产质量、增长潜力等方面。

多财务指标综合评价体系的建立，使得财务绩效评价更加全面和客观。通过综合考虑多方面的财务指标，可以更加准确地反映企业的整体财务状况和经营成果。同时，这种评价方法还能够发现企业存在的潜在问题和风险点，为企业的长期发展提供有力支持。

(三) 引入非财务指标阶段

随着市场竞争的加剧和企业经营环境的复杂化，人们开始意识到非财务指标在财务绩效评价中的重要性。非财务指标主要关注企业的战略执行、客户满意度、员工满意度、创新能力等方面，这些方面对于企业的长期发展同样具有重要影响。在引入非财务指标后，财务绩效评价变得更加全面和深入。财务指标和非财务指标可以更加全面地反映企业的整体绩效和竞争力。同时，这种评价方法还能够揭示出企业的竞争优势和劣势，为企业的战略决策提供重要参考。

（四）财务绩效评价的持续优化与创新

财务绩效评价是一个持续优化的过程。随着经济的发展和企业管理理论的进步，财务绩效评价方法也在不断创新和完善。在这一阶段，人们开始注重财务绩效评价的持续优化和创新，以更好地适应企业的发展需求和市场环境的变化。一方面，人们开始探索更加先进的财务绩效评价方法和技术。例如，运用大数据、人工智能等先进技术对财务数据进行深度挖掘和分析，以发现更多的价值信息和潜在风险点。另一方面，人们也开始注重财务绩效评价与企业战略目标的紧密结合。企业通过制定与企业战略目标相一致的财务绩效评价体系，可以确保企业的财务绩效与战略目标保持一致，为自身的长期发展提供有力支持。

此外，人们还开始注重财务绩效评价的国际化趋势。随着经济全球化的加速推进，企业的财务绩效评价需要与国际接轨。企业通过学习和借鉴国际先进的财务绩效评价方法和经验，可以提高自身的财务管理水平和竞争力。

财务绩效评价的发展阶段经历了从单一指标到综合评价体系、从财务指标到非财务指标，再到持续优化与创新的过程。这一过程不仅反映了企业管理理论的进步和经济的发展趋势，也为企业的发展提供了有力支持。未来随着技术和环境的变化，财务绩效评价还将继续发展和完善。

三、财务绩效评价的成熟阶段

随着企业经营环境的不断变化和市场竞争的日益激烈，财务绩效评价逐渐从简单的财务指标分析过渡到更为全面和复杂的评价体系。在财务绩效评价的成熟阶段，企业不仅要关注传统的财务指标，还要结合非财务指标进行综合分析，强调企业社会责任、环境保护等可持续发展因素，形成了更为全面的评价体系。

（一）财务指标与非财务指标的融合

在财务绩效评价的成熟阶段，企业意识到单一的财务指标无法全面反映企业的真实状况，因此，企业开始将财务指标与非财务指标相结合，形成一个更为全面的评价体系。非财务指标包括客户满意度、员工满意度、市场份额、创新能力、产品质量等，它们能够反映企业在市场、客户、员工、创新等方面的表现。通过将财务指标与非财务指标相结合，企业可以更加全面地了解自身的经营状况和发展潜力。这种综合评价体系不仅能够反映企业的短期盈利能力和偿债能力，还能揭示企业的长期发展潜力和市场竞争力。

（二）强调企业社会责任

随着社会对企业社会责任的关注度不断提高，企业在财务绩效评价中也逐渐强调社会责任因素。企业社会责任包括企业在环境、社会、经济等方面的表现和贡献，如环保投入、公益捐赠、员工福利等。强调企业社会责任的财务绩效评价有助于引导企业关注自身行为对社会和环境的影响，推动企业积极履行社会责任。同时，这种评价体系也能够提高企业在社会上的形象和声誉，提升企业的品牌价值和市场竞争力。

（三）关注环境保护

在财务绩效评价的成熟阶段，企业开始关注环境保护因素。随着环境污染和生态破坏问题的日益严重，保护环境已经成为全球共识。因此，在财务绩效评价中纳入环境保护因素，有助于引导企业关注自身行为对环境的影响，推动企业采取环保措施，降低环境污染和生态破坏的风险。关注环境保护的财务绩效评价能够反映企业在环保方面的投入和成果，如环保设施的建设、废弃物的处理、节能减排的成效等。这种评价体系不仅能够增强企业的环保意识和责任感，还能够推动企业在环保方面取得更好的成果，实现可持续发展。

（四）注重长期发展潜力

在财务绩效评价的成熟阶段，企业开始注重长期发展潜力。传统的财务指标往往只关注短期盈利能力和偿债能力，而忽视了企业的长期发展潜力。然而，在竞争激烈的市场环境中，企业的长期发展潜力往往比短期盈利能力更为重要。在财务绩效评价中注重长期发展潜力，有助于引导企业关注自身在技术创新、人才培养、市场拓展等方面的投入和成果。这种评价体系能够反映企业的创新能力、人才储备和市场竞争力等关键因素，为企业的长期发展提供有力支持。

（五）采用先进的评价技术和方法

在财务绩效评价的成熟阶段，企业开始采用先进的评价技术和方法。随着信息技术的不断发展和应用，企业可以利用大数据、云计算、人工智能等先进技术进行财务绩效评价。这些先进技术能够提高评价的准确性和效率，减少人为因素的干扰和误差。先进的评价技术和方法还能够为企业提供更加全面和深入的分析结果。通过对海量数据的挖掘和分析，企业可以了解自身的经营状况、市场趋势和竞争对手情况等信息，为企业的决策提供有力支持。

财务绩效评价的成熟阶段是一个全面、复杂和深入的过程。通过财务指标与非财务指标的结合，强调企业社会责任、关注环境保护、注重长期发展潜力和采用先进的评价技术和方法，企业可以形成更为全面和系统的评价体系，为自身的健康发展和可持续发展提供有力支持。

四、财务绩效评价的创新阶段

随着科技的飞速发展，财务绩效评价迎来了创新阶段。在这一阶段，大数据、人工智能等新技术被广泛应用于财务绩效评价中，推动了评价方法的优化和新型评价方式的产生。

（一）大数据驱动的财务绩效评价

大数据技术的崛起为财务绩效评价带来了革命性的变化。传统的财务绩效评价往往依赖于有限的财务数据，难以全面反映企业的真实情况；而大数据技术可以收集、存储和分析海量的数据，包括财务数据、市场数据、客户数据等，为财务绩效评价提供了更为丰富的信息来源。通过大数据技术的应用，企业可以建立更为全面、精细的财务绩效评价体系。首先，大数据可以帮助企业发现隐藏在数据中的规律和趋势，为财务绩效评价提供更为准确的预测和判断。例如，通过分析销售数据，企业可以预测未来的市场趋势，并据此调整生产计划和营销策略。其次，大数据可以实现对企业财务状况的实时监控和预警。通过对数据的实时监测和分析，企业可以及时发现财务风险和异常情况，并采取相应的措施加以解决。

大数据还可以帮助企业实现跨部门和跨公司的财务绩效评价。通过将不同部门和公司的财务数据整合在一起进行分析，企业可以更加全面地了解整个组织的财务状况和经营成果，为企业战略决策提供更为准确的依据。

（二）人工智能在财务绩效评价中的应用

人工智能技术的发展为财务绩效评价提供了新的工具和手段。通过应用人工智能技术，企业可以实现财务数据的自动化处理和分析，提高财务绩效评价的效率和准确性。一方面，人工智能技术可以辅助企业完成财务数据的收集、整理和分析工作。通过构建智能财务系统，企业可以自动从各个数据源中收集财务数据，并自动清洗、转换和存储。这不仅可以减轻财务人员的工作负担，还可以提高数据的准确性和一致性。另一方面，人工智能技术还可以帮助企业进行财务预测和决策分析。通过运用机器学习等算法，人工智能可以对历史财务数据进行学习和建模，预测未来的财务状况和经营成果。同时，人工智能还可以根据企业的战略目标和市场环境等因素，为企业提供最优的财务决策方案。

人工智能技术还可以帮助企业实现财务绩效评价的智能化和个性化。通过运用自然语言处理、图像识别等技术，人工智能可以理解和分析人类的语言和图像信息，为企业提供更加智能化和个性化的财务绩效评价服务。

（三）新型评价方式的出现

在财务绩效评价的创新阶段，新型评价方式逐渐崭露头角。这些新型评价方式强调动态评价、实时评价等概念，为企业的财务管理提供了更为灵活和高效的手段。动态评价是指对企业的财务状况和经营成果进行实时跟踪和评估。与传统的静态评价方式相比，动态评价更加注重对企业财务状况的实时监控和预警。通过运用大数据和人工智能等技术手段，企业可以实时收集和分析财务数据，了解企业的财务状况和经营成果，并根据实际情况进行及时调整和决策。这种评价方式可以帮助企业及时发现和解决财务问题，降低财务风险，提升企业的核心竞争力。

实时评价则是指对企业的财务状况和经营成果进行即时反馈和评估。通过运用实时数据处理和分析技术，企业可以即时了解企业的财务状况和经营成果，并对其进行即时评估和反馈。这种评价方式可以帮助企业更快地掌握市场变化和业务进展情况，从而及时做出调整和决策，提高企业的灵活性和应变能力。

财务绩效评价的创新阶段为企业的财务管理带来了新的机遇和挑战。通过运用大数据、人工智能等新技术手段，企业可以建立更为全面、精细的财务绩效评价体系，进而提高财务绩效评价的效率和准确性。同时，新型评价方式的出现也为企业的财务管理提供了更为灵活和高效的手段。在未来，随着技术的不断发展和完善，财务绩效评价将继续创新和优化，为企业的持续发展提供有力支持。

五、财务绩效评价的未来趋势

在全球化和数字化浪潮的推动下，财务绩效评价正面临着前所未有的挑战与机遇。随着企业间合作与共赢理念的日益深入人心，财务绩效评价的未来趋势将更加注重全球化视角、数字化技术、企业间合作以及综合绩效的考量。

（一）全球化视角下的财务绩效评价

在全球化背景下，企业的经营范围日益扩大，跨国经营成为常态。因此，财务绩效评价需要具备全球化视角，充分考虑不同国家和地区的经济、法律、文化等因素。这要求企业在制定财务绩效评价指标时，要考虑到国际会计准则的差异，以及不同国家和地区的市场环境和竞争格局。

全球化还带来了汇率风险、税收差异等挑战。因此，财务绩效评价需要更加关注汇率变动对企业财务状况的影响，以及跨国税收筹划的合理性。通过全球化视角的财务绩效评价，企业可以更加准确地了解自身在全球市场中的竞争地位和盈利能力，为制定全球化战略提供有力支持。

（二）数字化技术驱动下的财务绩效评价创新

数字化技术的快速发展为财务绩效评价带来了革命性的变化。大数据、云计算、人工智能等技术的应用，使得企业可以更加高效地收集、存储和分析财务数据，提高评价的准确性和效率。在数字化技术的驱动下，财务绩效评价可以实现实时化、动态化。企业可以通过实时监控财务数据，及时发现经营中的问题和风险，并采取相应的措施进行调整和优化。此外，数字化技术还可以帮助企业进行数据挖掘和分析，发现潜在的商业机会和价值点，为企业的战略决策提供有力支持。

（三）强调企业间合作与共赢的财务绩效评价理念

在全球化和数字化背景下，企业间的合作与共赢成为一种重要的商业模式。传统的竞争观念逐渐被合作与共赢取代，企业更加注重通过合作实现资源共享、优势互补和互利共赢。因此，财务绩效评价也需要强调企业间合作与共赢的理念。在评价过程中，不仅要关注企业自身的财务绩效，还要关注合作伙伴的财务状况和经营成果。通过共同制定财务绩效评价指标和评价体系，实现企业与合作伙伴之间的财务绩效共享和共赢。这种财务绩效评价理念有助于加强企业间的合作与信任，推动产业链和供应链的协同发展。

（四）综合绩效考量下的财务绩效评价

在全球化、数字化的背景下，企业的经营模式和管理方式也在不断变化。传统的财务指标已经无法满足企业全面评价自身绩效的需求。因此，财务绩效评价需要向综合绩效考量转变。综合绩效考量下的财务绩效评价不仅关注财务指标，还关注非财务指标，如客户满意度、员工满意度、创新能力、社会责任等。这些非财务指标能够反映企业在市场、客户、员工、社会等方面的表现，为企业的全面评价提供有力支持。综合绩效考量下的财务绩效评价还需要注重长期性和可持续性。企业不仅要关注短期内的盈利能力和偿债能力，还要关注长期发展潜力和可持续发展能力。这种综合绩效考量下的财务绩效评价有助于企业实现长期稳健的发展，为股东、员工和社会创造更大的价值。

此外，企业只有具备全球化视角、充分利用数字化技术、强调企业间合作与共赢的理念以及注重综合绩效考量，才能制定更加科学、合理和有效的财务绩效评价体系，为企业的健康发展和可持续发展提供有力支持。

第四节 财务绩效评价的挑战与机遇

一、财务绩效评价的挑战

财务绩效评价作为企业管理的重要环节，面临着多方面的挑战。这些挑战主要来源于数据获取与处理的难度增加、评价标准与方法的多样性导致的评价结果差异、外部环境变化对企业财务绩效的显著影响等方面。

（一）数据获取与处理难度的增加

在财务绩效评价过程中，数据是评价的基础。然而，随着企业规模的扩大和业务的复杂化，数据获取与处理的难度逐渐增加。首先，企业需要收集来自不同部门、不同渠道的数据，如财务部门、销售部门、生产部门等，这些数据往往存在格式不一、质量参差不齐等问题。其次，数据的处理和分析需要运用复杂的财务知识和技术工具，如财务报表分析、财务比率计算、数据挖掘等，这对企业的财务人员提出了更高的要求。此外，随着全球化和数字化的发展，企业需要关注更广泛的数据源，包括国际市场、竞争对手、供应链等。这些数据的获取和处理需要更高的技术水平和更复杂的流程，进一步增加了数据获取与处理的难度。

（二）评价标准与方法的多样性导致的评价结果差异

财务绩效评价涉及多个方面和维度，包括盈利能力、偿债能力、运营效率、增长潜力等。不同的评价标准和方法可能会导致评价结果的差异。例如：有的企业可能更注重盈利能力，以净利润、营业收入等作为核心指标；而有的企业可能更关注运营效率，以资产周转率、存货周转率等作为重要指标。这种差异不仅存在于不同企业之间，也存在于同一企业不同部门或不同项目之间。

不同的评价标准和方法还可能受到行业特点、市场环境、企业规模等因素的影响。例如，在不同行业中，同一财务指标可能具有不同的含义和重要性。这种差异使得财务绩效评价结果难以直接比较和评估，增加了评价的难度和复杂性。

（三）外部环境变化对企业财务绩效的显著影响

企业的财务绩效不仅受其内部因素的影响，还受到外部环境变化的显著影响。这些外部环境因素包括宏观经济形势、政策环境、市场环境等。宏观经济形势的变化可能导致市场需求和价格波动,从而影响企业的销售和盈利能力;政策环境的变化可能导致税收、汇率等政策调整,从而影响企业的成本和资金流动;市场环境的变化可能导致竞争格局和客户需求的变化,从而影响企业的市场份额和盈利能力。

这些外部环境因素的变化具有不确定性和难以预测性,使得企业的财务绩效难以保持稳定和持续增长。企业需要密切关注外部环境的变化,并灵活调整财务绩效评价标准和方法,以适应外部环境的变化。

(四)企业内部因素对财务绩效评价的影响

除了外部环境因素,企业内部因素也对财务绩效评价产生重要影响。这些内部因素包括企业战略、组织结构、内部控制等。企业战略决定了企业的发展方向和资源配置方式,直接影响企业的财务绩效。组织结构的合理性和灵活性、内部控制的有效性和规范性等因素也会影响企业的财务绩效。企业需要加强内部管理和控制,以确保企业战略的顺利实施和财务绩效的稳定增长。同时,企业还需要加强与其他部门的沟通和协作,确保财务绩效评价结果的准确性和可靠性。

(五)财务绩效评价的时效性和前瞻性要求

财务绩效评价不仅需要反映企业的历史财务绩效,还需要具备时效性和前瞻性。时效性要求财务绩效评价能够及时反映企业的财务状况和经营成果,为企业的决策提供及时的信息支持。前瞻性则要求财务绩效评价能够预测企业的未来发展和潜在风险,为企业的战略规划提供指导。

然而,在实际操作中,财务绩效评价往往难以同时满足时效性和前瞻性的要求。一方面,财务数据的收集和处理需要一定的时间,导致财务绩效评价结果具有一定的滞后性;另一方面,财务绩效评价受到多种因素的影响,难以准确预测企业的未来发展趋势和潜在风险。因此,企业需要不断探索和创新财务绩效评价方法和技术手段,从而提高财务绩效评价的时效性和前瞻性。

二、财务绩效评价的机遇

随着技术的不断革新和全球经济的深度融合,财务绩效评价正迎来前所未有的机遇。新技术为财务绩效评价提供了新的工具和方法,全球化、数字化背景下企业财务绩效评价展现出新的可能性,同时强调可持续发展和长期价值的财务绩效评价理念也逐渐普及。

（一）新技术为财务绩效评价带来的新工具和新方法

信息技术的飞速发展，尤其是大数据、云计算、人工智能等技术的广泛应用，为财务绩效评价提供了强大的技术支撑。这些新技术不仅极大地提高了数据处理的效率和准确性，还使得财务绩效评价的方法更加多样化和灵活。例如，大数据技术可以帮助企业收集和分析海量的财务数据，发现隐藏在数据背后的规律和趋势。云计算技术则为企业提供了强大的计算能力，使得复杂的财务模型能够在短时间内得到处理和分析。人工智能技术则可以通过机器学习等方法，自动识别和预测财务风险，为企业的财务决策提供有力支持。这些新技术的应用，使得财务绩效评价能够更加全面、准确地反映企业的财务状况和经营成果，为企业的发展提供有力的数据支持。

（二）全球化、数字化背景下企业财务绩效评价的新机遇

全球化和数字化不仅是当前世界经济的重要特征，还为企业财务绩效评价带来了新的机遇。在全球化背景下，企业的经营范围日益扩大，跨国经营成为常态。这要求企业在制定财务绩效评价指标时，要充分考虑不同国家和地区的经济、法律、文化等因素，实现全球统一的财务绩效评价标准。同时，全球化也为企业提供了更多的市场机会和合作伙伴，企业可以通过跨国合作实现资源共享、优势互补和互利共赢。

在数字化背景下，企业的经营模式和管理方式正在发生深刻变革。数字化技术不仅提高了企业的运营效率和管理水平，还为企业提供了更多的商业机会和价值点。因此，企业在制定财务绩效评价指标时，要充分考虑数字化技术对企业经营的影响，如电子商务收入、在线用户数量等数字化指标，以全面反映企业的数字化经营成果。

（三）可持续发展和长期价值逐渐成为财务绩效评价的重要考量

随着全球对可持续发展的重视和环境保护意识的提高，越来越多的企业开始将可持续发展和长期价值作为财务绩效评价的重要考量。这就要求企业在制定财务绩效评价指标时，不仅要关注短期的盈利能力和偿债能力，还要关注企业的长期发展潜力和对社会的贡献。例如，企业可以将环境保护投入、节能减排成果等环保指标纳入财务绩效评价体系，以反映企业在环保方面的努力和成果。同时，企业还可以将员工培训、研发投入等长期价值指标纳入评价体系，以反映企业在人才培养和创新能力方面的投入和成果。这种强调可持续发展和长期价值的财务绩效评价理念，有助于引导企业更加注重长期发展和社会责任，实现经济效益和社会效益的双赢。

（四）财务绩效评价与其他管理活动的深度融合

随着企业管理理念和方法的不断创新，财务绩效评价正逐渐与其他管理活动深度

融合。这种融合使得财务绩效评价能够更加全面、准确地反映企业的整体运营情况和管理水平。例如，企业可以将财务绩效评价与战略管理相结合，通过制定与战略目标相一致的财务绩效评价指标，确保企业的经营活动始终围绕战略目标展开。同时，企业还可以将财务绩效评价与人力资源管理相结合，通过制定与员工绩效相挂钩的财务绩效评价指标，激励员工积极参与企业的经营活动，提高员工的工作积极性和创造力。这种财务绩效评价与其他管理活动的深度融合，有助于企业实现整体优化和协同发展。

（五）财务绩效评价的透明度和公信力不断提高

随着监管机构的加强监管和投资者的日益成熟，财务绩效评价的透明度和公信力不断提高。这要求企业在制定财务绩效评价指标和披露财务信息时，须遵循相关的法律法规和会计准则，确保财务信息的真实、准确、完整和及时。企业还可以通过引入第三方审计机构对财务信息进行审计和验证，提高财务信息的公信力和可信度。这种提高透明度和公信力的做法，有助于企业树立诚信形象，增强投资者的信心，促进企业的健康发展。

随着技术的不断革新和全球经济的深度融合，财务绩效评价正迎来前所未有的机遇。同时，财务绩效评价与其他管理活动的深度融合以及透明度和公信力的不断提升，也为企业的健康发展提供了有力支持。

三、应对策略

在财务绩效评价的过程中，面对数据收集与处理难度增加、评价标准与方法多样性导致的差异，以及外部环境变化带来的挑战，企业需要采取一系列有效的应对策略来确保评价的准确性和及时性。

（一）加强数据收集与处理能力的提升

数据是财务绩效评价的基础，因此，加强数据收集与处理能力的提升是首要任务。企业应投入更多的资源来建立和维护一个高效的数据收集系统，确保其能够全面、准确地收集到各个部门和业务线的数据。这包括优化数据收集流程、提升数据录入准确性、加强数据校验和清洗等方面。企业需要引进先进的数据处理技术，如大数据、人工智能等技术手段，以提高数据处理的效率和准确性。通过运用这些技术，企业可以自动化地完成数据清洗、转换、整合等任务，减少人工操作，降低错误率。同时，这些技术还可以帮助企业发现数据中的规律和趋势，为财务绩效评价提供更有价值的信息。此外，企业还应加强对财务人员的培训和教育，增强他们的数据意识和数据处理能力。企业通过定期的培训和学习，使财务人员能够熟练掌握数据处理技术，提高他们的工作效率和质量。

(二) 建立统一、科学的评价标准与方法体系

针对评价标准与方法多样性导致的评价结果差异问题，企业应建立统一、科学的评价标准与方法体系。首先，企业应明确财务绩效评价的目标和原则，确保评价工作的方向性和针对性。同时，企业还应根据自身特点和业务需求，制定符合实际情况的评价标准和方法。在评价标准方面，企业应综合考虑盈利能力、偿债能力、运营效率、增长潜力等方面，确保评价结果的全面性和客观性。同时，企业还应根据行业特点和市场环境等因素，对评价标准进行适当调整和优化。在评价方法方面，企业应结合定量分析和定性分析等方法，确保评价结果的准确性和可靠性。例如：可以采用财务指标分析、杜邦分析、平衡计分卡等方法进行定量评价；同时，结合市场调研、专家咨询等方式进行定性评价。此外，企业还应建立评价结果的反馈机制，及时收集和分析评价结果反馈的信息，以便对评价标准和方法进行持续改进和优化。

(三) 关注外部环境变化，及时调整评价策略

外部环境的变化对企业财务绩效具有显著影响，因此，企业需要关注外部环境变化，及时调整评价策略。首先，企业应密切关注宏观经济形势、政策环境、市场环境等外部因素的变化情况，了解这些变化对企业财务绩效的潜在影响。企业还应根据外部环境的变化情况，及时调整财务绩效评价标准和方法。例如：在宏观经济形势不佳时，企业应更加注重成本控制和风险管理等方面的评价；在市场竞争激烈时，企业应更加注重市场份额和盈利能力等方面的评价。

企业还应加强与外部机构的合作与交流，了解行业趋势和最佳实践，以便更好地应对外部环境变化所带来的挑战。同时，企业还应建立应急响应机制，以便在外部环境发生突变时能够迅速做出反应和调整。

(四) 加强内部控制与风险管理

在财务绩效评价的过程中，加强内部控制与风险管理是确保评价准确性和及时性的重要保障。企业应建立健全内部控制体系，确保企业各项业务的合规性和规范性。通过加强内部控制，企业可以及时发现和纠正业务中的错误和漏洞，降低财务风险。企业应加强对财务风险的识别、评估和管理。通过定期的风险评估和分析，企业可以了解自身面临的财务风险类型和程度；通过制定相应的风险管理策略和措施，企业可以降低财务风险对企业财务绩效的负面影响。此外，企业还应加强对财务人员的监督和管理，确保他们遵守职业道德和法律法规要求。同时，企业还应建立健全的激励机制和约束机制，激发财务人员的积极性和创造性，提高他们的工作效率和质量。

面对财务绩效评价过程中的挑战,企业应加强数据收集与处理能力、建立统一科学的评价标准与方法体系、关注外部环境变化及时调整评价策略以及加强内部控制与风险管理等方面的应对策略。这些策略的实施将有助于企业更好地应对财务绩效评价中的挑战,确保评价结果的准确性和及时性。

第二章 高校财务绩效的财务比率分析

第一节 财务比率分析的基本概念

一、财务比率分析的定义与目的

财务比率分析作为一种深入解析企业财务状况和经营成果的重要工具,在现代企业管理和决策中发挥着不可或缺的作用。它通过对企业财务数据的计算和比较,以比率的形式直观地展示企业的盈利能力、偿债能力、运营效率以及发展潜力等关键信息,为高校管理者、投资者、债权人等提供决策依据。

(一)财务比率分析的定义

财务比率分析,简言之就是通过计算和比较一系列财务比率来评估企业财务状况和经营成果的一种分析方法。这些财务比率通常包括盈利能力比率、偿债能力比率、运营效率比率以及发展潜力比率等。盈利能力比率主要反映企业的盈利能力和收益水平,如净利润率、总资产报酬率等;偿债能力比率则用于评估企业的债务偿还能力和风险水平,如流动比率、速动比率等;运营效率比率则揭示企业资产和资源的利用效率,如存货周转率、应收账款周转率等;而发展潜力比率则预测企业未来的增长潜力和投资价值,如销售增长率、净利润增长率等。

财务比率分析的核心在于通过比较不同时期的财务比率,或者将企业的财务比率与行业平均水平或竞争对手进行比较,从而揭示企业的财务特点和变化趋势。这种分析方法不仅有助于揭示企业财务的优势和劣势,还能为企业的未来发展提供有价值的参考。

(二)财务比率分析的目的

1. 为高校管理者提供决策依据

在高校管理中,财务比率分析有助于管理者全面了解学校的财务状况和经营成果。

通过计算和分析各项财务比率，管理者可以清晰地看到学校的盈利能力、偿债能力、运营效率以及发展潜力等方面的表现。这些信息对于制定学校的发展战略、优化资源配置、提高运营效率等方面都具有重要的指导意义。

2.为投资者提供投资决策参考

对投资者而言，财务比率分析是评估企业投资价值的重要工具。通过对企业的盈利能力、偿债能力、运营效率以及发展潜力等方面的分析，投资者可以判断企业的盈利能力和发展潜力，从而做出理性的投资决策。此外，财务比率分析还有助于投资者识别潜在的投资风险，避免盲目投资所带来的损失。

3.为债权人提供贷款决策支持

对债权人而言，财务比率分析是评估企业偿债能力的重要依据。通过对企业的流动比率、速动比率等偿债能力比率的计算和分析，债权人可以了解企业的债务偿还能力和风险水平，从而做出是否提供贷款的决策。同时，财务比率分析还有助于债权人了解企业的资产结构和运营效率，为贷款的风险控制提供有力的支持。

4.揭示企业财务特点和变化趋势

财务比率分析通过计算和比较不同时期的财务比率，可以揭示企业的财务特点和变化趋势。这些特点和趋势有助于管理者和投资者全面了解企业的运营状况和发展前景，从而制定更加合理的决策。例如：通过分析企业的盈利能力比率，可以了解企业的收益水平和盈利能力是否稳定或有所提高；通过分析偿债能力比率，可以了解企业的债务偿还能力和风险水平是否可控等。

5.辅助企业进行财务规划和预测

财务比率分析不仅有助于揭示企业的财务特点和变化趋势，还能为企业的财务规划和预测提供有力支持。通过对历史财务数据的分析，企业可以预测未来的财务状况和经营成果，从而制订更加合理的财务计划和战略。同时，财务比率分析还有助于企业发现潜在的财务风险和问题，及时采取措施进行防范和应对。

财务比率分析作为一种重要的财务分析工具，在现代企业管理和决策中发挥着不可或缺的作用，通过计算和比较各项财务比率，可以为高校管理者、投资者、债权人等提供全面、准确、实用的财务信息，为他们的决策提供有力支持。

二、财务比率的分类

财务比率作为分析高校财务状况的重要工具，能够揭示高校在盈利能力、偿债能力、运营效率等方面的表现。

（一）盈利能力比率

盈利能力比率是衡量高校收入与支出之间关系的财务比率，它反映了高校在运营过程中获取利润的能力。盈利能力比率的高低直接关系到高校的可持续发展和资金积累。

在盈利能力比率的分类中，常用的指标包括收入净利率、资产净利率和净资产收益率等。收入净利率是净利润与营业收入的比率，它反映了高校每一元营业收入所带来的净利润。资产净利率是净利润与总资产的比率，其衡量了高校利用全部资产获取利润的能力。净资产收益率是净利润与净资产的比率，它反映了高校股东权益的收益水平。

对高校而言，盈利能力比率的分析具有重要意义。通过计算和分析这些比率，高校可以了解自身的盈利能力和盈利水平，为制定合理的经营策略和预算提供依据。同时，盈利能力比率还可以作为高校之间比较和评估的依据，帮助高校了解自身在行业中的竞争地位。

（二）偿债能力比率

偿债能力比率是用于评估高校偿还债务能力的财务比率，它反映了高校在债务到期时能否按时偿还本金和利息。偿债能力比率的高低直接影响到高校的信用评级和融资成本。

在偿债能力比率的分类中，常用的指标包括流动比率、速动比率和资产负债率等。流动比率是流动资产与流动负债的比率，其衡量了高校短期债务的偿还能力。速动比率是速动资产与流动负债的比率，剔除了存货等流动性较差的资产，更准确地反映了高校的短期偿债能力。资产负债率是总负债与总资产的比率，它反映了高校负债在总资产中所占的比重，是衡量高校长期偿债能力的重要指标。对高校而言，偿债能力比率的分析至关重要。高校需要根据自身的实际情况和资金需求，制订合理的债务规模和还款计划，确保在债务到期时能够按时偿还本金和利息。同时，高校还需要关注自身的偿债能力比率，及时采取措施调整债务结构，降低负债率，提高自身的信用评级和降低融资成本。

（三）运营效率比率

运营效率比率是用于反映高校资产管理效率和运营效率的财务比率，其揭示了高校在资源利用和运营效率方面的表现。运营效率比率的高低直接影响到高校的资源配置效率和经营效益。

在运营效率比率的分类中，常用的指标包括总资产周转率、存货周转率和应收账款周转率等。总资产周转率是营业收入与总资产的比率，其衡量了高校资产的利用效率。存货周转率是销售成本与存货平均余额的比率，它反映了高校存货的周转速度和资金占用情况。应收账款周转率是营业收入与应收账款平均余额的比率，其衡量了高校应收账款的回收速度和资金使用效率。

运营效率比率的分析具有实际意义。高校可以通过计算和分析这些比率，了解自身在资产管理和运营效率方面的表现，发现存在的不足和问题，并采取相应的措施加以改进。例如：高校可以优化资产配置，提高资产利用效率；加强存货管理，降低存货占用资金；加强应收账款管理、提高资金回收效率等。这些措施将有助于提高高校的运营效率和经营效益，促进高校的可持续发展。

（四）其他财务比率

除了上述三类财务比率外，还有一些其他财务比率在高校财务管理中具有一定的应用价值。例如，现金流量比率、现金债务比率和财务杠杆比率等。现金流量比率是经营活动现金流量净额与负债总额的比率，其衡量了高校现金流量对债务的保障程度。现金债务比率是经营活动现金流量净额与债务总额的比率，它反映了高校偿还债务的能力。财务杠杆比率是负债总额与股东权益的比率，它衡量了高校利用债务融资的程度和财务风险水平。这些财务比率在高校财务管理中同样有重要作用。高校可以根据自身的实际情况和需求，选择适合的财务比率进行分析和评估，为决策提供更为全面和准确的财务信息支持。

三、财务比率的计算

（一）财务比率计算的重要性

财务比率是财务分析的核心工具，它通过对财务报表中的数据进行计算和比较，揭示了企业的财务状况、经营成果和现金流量等方面的信息。这些比率不仅有助于企业内部的经营决策，也是外部投资者、债权人等利益相关者评估企业价值、预测企业未来发展的重要依据。因此，准确计算和解读财务比率对于企业的健康发展和利益相关者的决策都具有重要意义。

（二）常见的财务比率及其计算公式

1. 盈利能力比率

盈利能力比率反映了企业赚取利润的能力。

（1）净利润率

净利润与营业收入的比值，用于衡量企业每销售一元所获得的净利润。计算公式为：

$$净利润率 = 净利润 / 营业收入 \times 100\%$$

（2）总资产报酬率

净利润与平均总资产的比值，它反映了企业利用全部资产获取利润的能力。计算公式为：

$$总资产报酬率 = 净利润 / 平均总资产 \times 100\%$$

（3）股东权益报酬率

净利润与平均股东权益的比值，其衡量了股东投入资本的盈利能力。计算公式为：

$$股东权益报酬率 = 净利润 / 平均股东权益 \times 100\%$$

2. 偿债能力比率

偿债能力比率反映了企业偿还债务的能力。常见的偿债能力比率包括以下三点：

（1）流动比率

流动资产与流动负债的比值，用于衡量企业短期偿债能力。计算公式为：

$$流动比率 = 流动资产 / 流动负债 \times 100\%$$

（2）速动比率

速动资产（流动资产减去存货）与流动负债的比值，进一步反映了企业的短期偿债能力。计算公式为：

$$速动比率 = (流动资产 - 存货) / 流动负债 \times 100\%$$

（3）资产负债率

总负债与总资产的比值，它反映了企业的长期偿债能力。计算公式为：

$$资产负债率 = 总负债 / 总资产 \times 100\%$$

3. 运营效率比率

运营效率比率反映了企业运用资产获取收入的能力。常见的运营效率比率包括以下三点：

第二章 高校财务绩效的财务比率分析

（1）存货周转率

营业成本与平均存货的比值，用于衡量企业存货的周转速度。计算公式为：

存货周转率 = 营业成本 / 平均存货

（2）应收账款周转率

营业收入与平均应收账款的比值，它反映了企业应收账款的回收速度。计算公式为：

应收账款周转率 = 营业收入 / 平均应收账款

（3）总资产周转率

营业收入与平均总资产的比值，其衡量了企业全部资产的利用效率。计算公式为：

总资产周转率 = 营业收入 / 平均总资产

（三）所需财务数据及来源

为了计算上述财务比率，需要收集并整理相关的财务数据。这些数据主要来源于企业的财务报表，包括资产负债表、利润表和现金流量表。

1. 资产负债表

资产负债表提供了企业资产、负债和股东权益的详细信息。从资产负债表中可以获取到总资产、总负债、股东权益、流动资产、流动负债、存货、应收账款等关键数据。这些数据是计算盈利能力比率、偿债能力比率和运营效率比率的基础。

2. 利润表

利润表反映了企业在一定时期内的经营成果。从利润表中可以获取到营业收入、营业成本、净利润等关键数据。这些数据是计算盈利能力比率的重要依据。

3. 现金流量表

现金流量表反映了企业在一定时期内现金及现金等价物的流入和流出情况。虽然现金流量表的数据不直接用于计算上述财务比率，但了解企业的现金流量状况对于评估企业的偿债能力和经营风险具有重要意义。

（四）如何从财务报表中获取必要的数据

在获取财务数据时，需要仔细阅读财务报表，并理解报表中各项数据的含义和计算方法。

1. 了解报表结构和内容

首先，需要了解财务报表的基本结构和内容，包括资产负债表、利润表和现金流量表的主要项目和计算方法，这将有助于企业快速定位所需数据。

2.关注报表注释和附注

财务报表中通常包含注释和附注部分，这些部分提供了关于报表中特定项目或交易的额外信息。在阅读报表时，需要关注这些注释和附注，以确保对报表数据的正确理解。

3.核对数据的一致性

在获取数据后，需要核对数据的一致性，以确保不同报表之间相同项目的数据保持一致。如果发现数据不一致的情况，需要进一步核实和修正。

4.注意数据的时效性

财务数据通常具有时效性，因此需要确保所获取的数据是最新的、最能反映企业当前财务状况的数据。在获取数据时，需要关注报表的日期和期间，以确保数据的时效性。

通过遵循以上步骤，企业可以确保从财务报表中准确获取所需的财务数据，为财务比率的计算提供坚实的基础。

四、财务比率分析的原则

在进行高校或其他组织的财务比率分析时，为确保分析的准确性和有效性，需要遵循一系列基本原则。这些原则包括客观性原则、相关性原则和综合性原则。

(一) 客观性原则

客观性原则是财务比率分析的首要原则，它要求分析过程中所使用的数据必须真实、可靠，能够客观反映高校的财务状况和经营成果。这一原则的重要性在于，只有基于真实可靠的数据，才能得出准确的财务比率分析结果，为高校的决策提供有力支持。

为确保数据的客观性，需要采取一系列措施。首先，高校应建立健全的财务管理制度和内部控制制度，以确保财务数据的采集、记录和报告等环节的规范性和准确性。其次，对于来自外部的数据源，如审计报告、市场调查数据等，需要进行严格的审核和验证，以确保其真实性和可靠性。最后，在数据分析和处理过程中，应采用科学的方法和手段，避免主观臆断和误差的产生。

(二) 相关性原则

相关性原则要求财务比率分析所选取的比率必须与高校的决策相关，能够反映高校在特定方面的财务状况和经营成果。这一原则的重要性在于，只有与决策相关的财务比率才能为高校的决策提供有针对性的指导。

为实现相关性原则，需要在选择财务比率时考虑以下三个方面。首先，要根据高校的实际情况和业务特点,选择能够反映其财务状况和经营成果的关键比率。例如,对高校而言,盈利能力比率、偿债能力比率和运营效率比率等都是非常重要的指标。其次,要考虑比率的时效性和前瞻性,选择能够反映高校未来发展趋势的比率。最后,要确保所选取的比率之间具有一定的关联性和互补性,以便更全面地了解高校的财务状况和经营成果。

(三) 综合性原则

综合性原则要求在进行财务比率分析时,要综合考虑多个比率,从多个角度全面分析高校的财务状况和经营成果。这一原则的重要性在于,单一的比率往往只能反映高校在某一方面的表现,而综合多个比率则能够更全面地了解高校的财务状况和经营成果。

为实现综合性原则,需要采取以下措施。首先,要选择合适的财务比率组合,确保这些比率能够全面反映高校的财务状况和经营成果。例如,可以结合盈利能力比率、偿债能力比率和运营效率比率等指标进行分析。其次,要对这些比率进行横向和纵向的比较分析,了解高校在不同时间点和不同高校之间的表现差异。最后,要将财务比率分析与高校的实际情况相结合,分析比率变化的原因和趋势,为高校的决策提供更为全面和准确的支持。

在财务比率分析过程中,除了遵循上述三个基本原则外,还需要注意以下几点。首先,要保持分析的连续性和一致性,确保不同时间点和不同分析人员之间的分析结果具有可比性和一致性。其次,要关注财务比率分析的局限性,如数据的滞后性、比率的相对性等,避免过度依赖财务比率分析结果而忽略其他重要因素。最后,要将财务比率分析与高校的战略目标和经营计划相结合,为高校的长期发展提供有力支持。

财务比率分析是了解高校财务状况和经营成果的重要手段之一。在进行财务比率分析时,需要遵循客观性、相关性和综合性等基本原则,确保分析的准确性和有效性。同时,还需要注意保持分析的连续性和一致性,关注分析的局限性以及将分析结果与高校的实际情况相结合等方面的问题。

五、财务比率分析的作用

(一) 全面揭示高校财务状况和经营成果

财务比率分析是理解和评价高校财务状况和经营成果的重要手段,通过对高校财务报表中各项数据的计算和比较,可以全面揭示高校的财务状况和经营成果,从而为利益相关方提供有价值的财务信息。

在揭示高校财务状况方面,财务比率分析可以展示高校的资产规模、负债结构、股东权益以及现金流状况等。例如，资产负债率反映了高校的长期偿债能力，而流动资产比率则体现了高校的短期偿债能力。这些比率有助于外部投资者、债权人等了解高校的债务风险水平，从而做出更加明智的投资决策。

在揭示高校经营成果方面，财务比率分析可以展示高校的盈利能力、运营效率以及发展潜力等。例如，净利润率反映了高校每销售一元所获得的净利润，而总资产报酬率则衡量了高校利用全部资产获取利润的能力。这些比率有助于高校管理层了解自身的经营效率和市场竞争力，从而制定更加科学的发展战略。

（二）及时发现潜在问题，预测发展趋势

财务比率分析不仅有助于揭示高校的财务状况和经营成果，还能够及时发现潜在问题，预测发展趋势。财务比率和分析可以发现高校在经营过程中存在的问题和隐患，如资产利用率下降、负债水平过高等。这些问题如果不能及时被发现和解决，可能会对高校的未来发展产生不利影响。

同时，财务比率分析还可以预测高校未来的发展趋势，通过对历史数据的分析和趋势预测，可以预测高校未来的盈利能力、偿债能力等关键指标的变化趋势。这些预测信息有助于高校管理层提前做好准备，应对可能出现的挑战和机遇。

（三）为决策提供支持，优化资源配置

财务比率分析可以为高校的决策提供有力支持，帮助高校管理层做出更加科学、合理的决策，可以发现高校在资源配置方面存在的问题和不足，如某些部门或项目占用过多资源而产出较低等。这些问题可以通过优化资源配置来解决，从而提高高校的整体经营效率和效益。

1. 投资决策

高校通过对不同投资项目的财务比率进行比较和分析，可以选出最具有投资价值的项目，降低投资风险，提高投资收益。

2. 融资决策

高校通过对负债水平和偿债能力进行分析，可以制订出合理的融资计划，降低融资成本，确保高校的债务安全。

3. 运营决策

高校通过对运营效率比率的分析，可以发现运营过程中的瓶颈和问题，从而制定改进措施，提高运营效率。

4.战略规划

高校通过对盈利能力和发展潜力的分析,可以制定符合高校实际的发展战略,为高校的长期发展奠定基础。

财务比率分析在高校财务管理中具有重要作用。它不仅可以全面揭示高校的财务状况和经营成果,还可以及时发现潜在问题、预测发展趋势,并为高校的决策提供有力支持。因此,高校应该重视财务比率分析的应用,加强财务管理和决策的科学性、合理性和有效性。

第二节　高校财务绩效的盈利能力分析

一、盈利能力比率指标

在高校的财务分析中,盈利能力比率是评估其经济效益和财务实力的重要工具。这些比率通过量化高校的收入和支出之间的关系,揭示了高校在运营过程中获取利润的能力。以下将详细阐述两个关键的盈利能力比率指标:收入净利率和总资产报酬率。

(一)收入净利率

收入净利率是反映高校盈利能力最直接、最基础的指标之一。它计算的是高校在一定时期内(如一个会计年度)的净利润与营业收入之比,通常以百分比形式表示。收入净利率的高低反映了高校在运营过程中每一元营业收入能够转化为净利润的能力。具体来说,收入净利率的计算公式为:

$$收入净利率 = 净利润 / 营业收入 \times 100\%$$

其中,净利润是高校在扣除所有费用、税费后的实际收益,营业收入则是高校在运营过程中通过提供服务、销售商品等方式所获得的全部收入。

对高校而言,收入净利率的提高意味着其盈利能力的增强。这可能是由于高校在招生、教学、科研等方面取得了更好的成绩,吸引了更多的学生和科研项目,从而增加了营业收入;或者是高校在成本控制、费用管理等方面取得了成效,降低了运营成本,提高了净利润。然而,需要注意的是,收入净利率并不是唯一的盈利能力指标。在实际应用中,还需要结合其他指标(如总资产报酬率、净资产收益率等)来全面评估高校的盈利能力。

（二）总资产报酬率

总资产报酬率是另一个重要的盈利能力比率指标。它计算的是高校在一定时期内（如一个会计年度）的净利润与总资产之比，通常以百分比形式表示。总资产报酬率的高低反映了高校在利用全部资产获取利润方面的能力。

具体来说，总资产报酬率的计算公式为：

$$总资产报酬率 = 净利润 / 总资产 \times 100\%$$

其中，总资产是高校所拥有的全部资产，包括流动资产、固定资产、无形资产等。

总资产报酬率的高低对高校来说具有重要意义。一方面，它反映了高校在资产管理方面的效率。高校通过优化资产配置、提高资产利用率，可以降低运营成本，提高盈利能力。另一方面，总资产报酬率也反映了高校在投资决策方面的水平。高校通过审慎选择投资项目、控制投资风险，可以提高投资回报率，进而提高总资产报酬率。

在实际应用中，总资产报酬率还可以与其他指标（如收入净利率、净资产收益率等）进行横向和纵向的比较分析。通过对比不同高校之间的总资产报酬率水平，可以了解高校在行业中的竞争地位；或者通过对比高校在不同时间点的总资产报酬率变化，可以了解高校的发展趋势和潜力。

盈利能力比率是评估高校财务状况和经营成果的重要工具之一。通过计算和分析收入净利率、总资产报酬率等盈利能力比率指标，可以全面了解高校的盈利能力及其在行业中的竞争地位。同时，这些指标还可以为高校的决策提供有力支持，帮助高校制定更为科学和合理的经营策略和发展规划。

二、指标计算方法

（一）盈利能力指标

盈利能力指标是衡量企业赚取利润能力的关键指标，它们通过比较企业的收入、成本和利润，揭示了企业的盈利状况和效率。

1. 净利润率

净利润率是净利润与营业收入的比值。它反映了企业每销售一元所获得的净利润。计算公式为：

$$净利润率 = 净利润 / 营业收入 \times 100\%$$

计算步骤：

（1）从利润表中获取净利润和营业收入的数据。

（2）将净利润除以营业收入，得到净利润率。

净利润率的高低直接反映了企业的盈利能力。如果净利润率较高，说明企业具有较强的盈利能力；反之，则说明企业的盈利能力较弱。

2. 总资产报酬率

总资产报酬率是净利润与平均总资产的比值，反映了企业利用全部资产获取利润的能力。计算公式为：

$$总资产报酬率 = 净利润 / 平均总资产 \times 100\%$$

计算步骤：

（1）从利润表中获取净利润的数据。

（2）从资产负债表中获取期初总资产和期末总资产的数据，计算平均总资产［（期初总资产＋期末总资产）/2］。

（3）将净利润除以平均总资产，得到总资产报酬率。

总资产报酬率的高低反映了企业资产的利用效率。如果总资产报酬率较高，说明企业资产的利用效率高，盈利能力强；反之，则说明企业资产的利用效率低，盈利能力弱。

3. 股东权益报酬率

股东权益报酬率是净利润与平均股东权益的比值，其衡量了股东投入资本的盈利能力，计算公式为：

$$股东权益报酬率 = 净利润 / 平均股东权益 \times 100\%$$

计算步骤：

（1）从利润表中获取净利润的数据。

（2）从资产负债表中获取期初股东权益和期末股东权益的数据，计算平均股东权益［（期初股东权益＋期末股东权益）/2］。

（3）将净利润除以平均股东权益，得到股东权益报酬率。

股东权益报酬率的高低反映了股东投入资本的盈利能力。如果股东权益报酬率较高，说明股东投入资本的回报率高，企业盈利能力强；反之，则说明股东投入资本的回报率低，企业盈利能力弱。

（二）偿债能力指标

偿债能力指标反映了企业偿还债务的能力。它们通过比较企业的资产和负债，揭示了企业的债务风险水平。

1. 流动比率

流动比率是流动资产与流动负债的比值,用于衡量企业短期偿债能力。计算公式为:

$$流动比率 = 流动资产 / 流动负债$$

计算步骤:

(1)从资产负债表中获取流动资产和流动负债的数据。

(2)将流动资产除以流动负债,得到流动比率。

流动比率的高低反映了企业短期偿债能力的强弱。如果流动比率较高,说明企业短期偿债能力较强,债务风险较低;反之,则说明企业短期偿债能力较弱,债务风险较高。

2. 速动比率

速动比率是速动资产(流动资产减去存货)与流动负债的比值,进一步反映了企业的短期偿债能力。计算公式为:

$$速动比率 = (流动资产 - 存货) / 流动负债$$

计算步骤:

(1)从资产负债表中获取流动资产、存货和流动负债的数据。

(2)计算速动资产(流动资产减去存货)。

(3)将速动资产除以流动负债,得到速动比率。

速动比率的高低比流动比率更直接地反映了企业的短期偿债能力。如果速动比率较高,说明企业短期偿债能力较强,债务风险较低;反之,则说明企业短期偿债能力较弱,债务风险较高。

3. 资产负债率

资产负债率是总负债与总资产的比值,它反映了企业的长期偿债能力。计算公式为:

$$资产负债率 = 总负债 / 总资产 \times 100\%$$

计算步骤:

(1)从资产负债表中获取总负债和总资产的数据。

(2)将总负债除以总资产,得到资产负债率。

资产负债率的高低反映了企业长期偿债能力的强弱。如果资产负债率较高,说明企业长期偿债能力较弱,债务风险较高;反之,则说明企业长期偿债能力较强,债务风险较低。但需要注意的是,适度的资产负债率也可以帮助企业充分利用财务杠杆效应,提升盈利能力。

（三）运营效率指标

运营效率指标反映了企业运用资产获取收入的能力。它们通过比较企业的收入和资产，揭示了企业的运营效率。

1. 存货周转率

存货周转率是营业成本与平均存货的比值，用于衡量企业存货的周转速度。计算公式为：

存货周转率＝营业成本／平均存货

计算步骤：

（1）从利润表中获取营业成本的数据。

（2）从资产负债表中获取期初存货和期末存货的数据，计算平均存货［（期初存货＋期末存货）／2］。

（3）将营业成本除以平均存货，得到存货周转率。

存货周转率的高低反映了企业存货管理的效率和运营效率。如果存货周转率较高，说明企业存货管理效率高，存货周转速度快，资金占用少，运营效率高；反之，则说明企业存货管理效率较低，存货周转速度慢，资金占用多，运营效率较低。

2. 应收账款周转率

应收账款周转率是营业收入与平均应收账款的比值。它反映了企业应收账款的回收速度和效率。计算公式为：

应收账款周转率＝营业收入／平均应收账款

计算步骤：

（1）从利润表中获取营业收入的数据。

（2）从资产负债表中获取期初应收账款和期末应收账款的数据，计算平均应收账款［（期初应收账款＋期末应收账款）／2］。

（3）将营业收入除以平均应收账款，得到应收账款周转率。

应收账款周转率的高低反映了企业应收账款的回收速度和效率。如果应收账款周转率较高，说明企业应收账款的回收速度快，资金回笼迅速，运营效率较高；反之，则说明企业应收账款的回收速度慢，资金占用时间长，运营效率较低。

3. 总资产周转率

总资产周转率是营业收入与平均总资产的比值，其衡量了企业利用全部资产获取收入的能力。计算公式为：

总资产周转率 = 营业收入 / 平均总资产

计算步骤：

（1）从利润表中获取营业收入的数据。

（2）从资产负债表中获取期初总资产和期末总资产的数据，计算平均总资产[（期初总资产＋期末总资产）/2]。

（3）将营业收入除以平均总资产，得到总资产周转率。

总资产周转率的高低反映了企业利用资产获取收入的能力。如果总资产周转率较高，说明企业资产的使用效率高，资产周转速度快，盈利能力较强；反之，则说明企业资产的使用效率低，资产周转速度慢，盈利能力较弱。

通过以上指标的计算和分析，企业可以全面了解自身的财务状况和经营成果，发现潜在问题，预测发展趋势，为决策提供有力支持。同时，这些指标也可以作为评估企业运营效率和盈利能力的重要工具，帮助企业实现可持续发展。

三、盈利能力分析的重要性

在高校的日常运营和管理中，盈利能力分析占据至关重要的地位。它不仅是高校财务健康状况的直接体现，更是高校制定发展策略、优化资源配置和确保持续发展的基石。

（一）揭示高校经营成果与效率

通过一系列财务指标的计算和对比，盈利能力分析能够直观地展现高校在特定时间段内的经营成果和盈利能力。这些财务指标如收入净利率、总资产报酬率等，从多个角度反映了高校在招生、教学、科研等核心业务领域的经济效益。通过盈利能力分析，高校管理层可以清晰地了解自身的收入结构、成本控制以及资产利用情况，进而对高校的运营效率和经营成果有一个全面的认识。

盈利能力分析的结果对高校来说具有重要的参考价值。它可以帮助高校明确自身在市场竞争中的地位和优势，发现潜在的改进空间。同时，盈利能力分析还能够揭示高校在运营过程中可能存在的问题和风险，为高校制定针对性的改进措施提供依据。

（二）为高校制定发展策略提供决策支持

盈利能力分析在高校制定发展策略过程中发挥着重要的决策支持作用。通过对高校盈利能力的深入分析，管理层可以明确高校的盈利模式和盈利来源，从而制定出符合自身实际情况的发展策略。具体而言，盈利能力分析可以帮助高校识别出具有发展潜力的业务领域和重点项目。通过对不同业务领域的盈利能力进行比较和分析，高校可以发现哪些领域具有较高的利润率和增长潜力，从而将其作为未来的重点发展方向。同时，盈利能力分析还可以帮助高校识别出潜在的风险和挑战，为高校制定风险应对策略提供参考依据。

盈利能力分析还有助于高校优化资源配置。通过对总资产报酬率等指标的分析，高校可以了解自身在资产配置和利用方面的效率如何，进而找到优化资源配置的途径。例如，高校可以通过加强内部管理、提高资产周转率等方式来提高总资产报酬率；同时，高校还可以根据业务发展需要，适时调整资产结构，确保资产的合理配置和高效利用。

（三）促进高校财务管理水平的提升

盈利能力分析对于提升高校财务管理水平具有积极的推动作用。通过对盈利能力的深入分析，高校管理层可以更加全面地了解自身的财务状况和经营成果，从而制定出更加科学合理的财务管理策略。

首先，盈利能力分析有助于高校加强成本控制和费用管理。通过对各项成本和费用的分析，高校可以找出成本控制的关键点和薄弱环节，进而采取有效的措施，减少不必要的支出和浪费。同时，盈利能力分析还可以帮助高校制订合理的预算和财务计划，确保财务收支的平衡和稳定。

其次，盈利能力分析有助于高校提高资金利用率。通过对资金流量和资金结构的分析，高校可以了解自身在资金使用方面的效率和效益如何，进而找到提高资金利用效率的途径。例如，高校可以通过优化贷款结构、降低财务费用等方式来降低资金成本；同时，高校还可以加强对闲置资金的管理和运用，实现资金的保值增值。

最后，盈利能力分析还有助于高校加强风险管理。通过对潜在风险的识别和分析，高校可以制定风险应对策略和措施，确保自身的财务安全和稳定。同时，盈利能力分析还可以帮助高校建立健全内部控制制度和风险管理机制，为高校的长期发展提供坚实的保障。

（四）推动高校可持续发展

盈利能力分析对于推动高校的可持续发展具有重要意义。通过对盈利能力的深入分析，高校可以明确自身的优势和劣势，找到未来发展的方向和动力。

盈利能力分析有助于高校树立正确的经营理念和发展思路。通过对盈利模式和盈利来源的分析，高校可以了解到哪些业务领域是自身的核心竞争力，从而将其作为未来发展的重点方向。同时，盈利能力分析还可以帮助高校认识到自身在运营过程中可能存在的问题和不足，进而采取针对性的改进措施并加以解决。

盈利能力分析有助于高校加强与其他组织的合作与交流。通过对不同高校之间的盈利能力进行比较和分析，高校可以了解到自身在行业中的地位和水平如何，从而找到与其他高校或组织合作的契机和方式。通过合作与交流，高校可以共享资源、互补优势、提高竞争力，实现共同发展。

盈利能力分析还有助于高校增强自身的社会责任感和使命感。通过对盈利能力的深入分析，高校可以了解到自身在为社会培养优秀人才、推动科技进步等方面所做出的贡献和成果如何，进而增强自身的社会责任感和使命感。这将有助于高校在追求经济效益的同时注重社会效益的提升，为社会的繁荣和发展做出更大的贡献。

四、高校盈利能力的影响因素

（一）教育质量与科研实力

教育质量和科研实力是高校盈利能力的核心要素。高质量的教育能够吸引更多的学生报考，进而带来稳定的学费收入；而强大的科研实力则能带来科研项目经费、科研成果转化收入等方面的经济收益。

教育质量直接影响学校的声誉和吸引力。在竞争激烈的教育市场中，只有提供高质量的教育服务，才能赢得学生和家长的信任，进而吸引更多学生报考。同时，高质量的教育还能提升毕业生的就业竞争力，为学校树立良好的口碑，进一步增加学校的吸引力。科研实力是高校盈利能力的重要支撑。科研项目经费是高校收入的重要来源之一，而科研项目的数量和质量则直接反映了学校的科研实力。此外，科研成果的转化和应用也为学校带来可观的收益。因此，高校需要注重科研投入和科研团队建设，提高科研水平和创新能力，增强自身的盈利能力。

（二）招生规模与学费水平

招生规模和学费水平是影响高校盈利能力的直接因素。招生规模的扩大能够带来学费收入的增加，而学费水平的提高则能进一步增加学校的收入。招生规模的扩大能够带来稳定的学费收入。随着招生规模的扩大，学校的学生人数增加，学费收入也相应增加。然而，招生规模的扩大也需要考虑学校的师资力量、教学设施等资源的承载能力，以确保教育质量的稳定和提高。学费水平的提高能够进一步增加学校的收入。然而,学费水平的提高也需要考虑学生和家庭的承受能力，以及与其他高校的竞争关系。因此，高校需要制定合理的学费政策，从而确保学费水平的合理性和公正性。

（三）运营成本与资源利用效率

运营成本与资源利用效率是影响高校盈利能力的关键因素。高效的运营管理和资源利用能够降低学校的运营成本，提升盈利能力。运营成本的控制是高校盈利能力的重要保障。高校需要合理规划和管理各项费用支出，减少浪费和损耗，提高资源的利用效率。例如，优化教学设施的使用和管理，降低维修和更新成本；加强财务管理和审计监督，防止财务漏洞和浪费现象的发生。资源利用效率的提高能够进一步降低运营成本。高校需要注重资源的合理配置和有效利用，提高教学、科研和行政等方面的效率。例如，加强教师队伍建设，提高教师的教学水平和科研能力；优化课程设置和教学计划，提高学生的学习效果和满意度；加强行政管理和信息化建设，提高行政效率和服务水平。

（四）政策环境与资金支持

政策环境和资金支持是影响高校盈利能力的外部因素。有利的政策环境和充足的资金支持能够为高校提供良好的发展条件，提升其盈利能力。政策环境对高校盈利能力的影响不容忽视。政府对高校的财政拨款、税收优惠等政策能够直接增加学校的收入；同时，政府对高校的管理和监管也能规范学校的行为，促进其健康发展。因此，高校需要密切关注政策动向，积极争取政策支持，为自身发展创造有利条件。资金支持是高校发展的重要保障。高校需要积极争取政府、企业和社会各界的资金支持，拓宽资金来源渠道，提高资金利用效率。例如，加强与企业合作，共同开展科研项目和人才培养；积极争取社会捐赠和赞助，为学校的发展提供资金支持。同时，高校也需要注重自身资金的管理和使用，确保资金的安全和合规性。

高校的盈利能力受到多种因素的影响。为了提升盈利能力，高校需要注重教育质量和科研实力的提升；合理控制招生规模和学费水平；加强运营管理，提高资源利用效率；同时，积极争取政策支持和资金支持。只有这样，高校才能在竞争激烈的市场中立于不败之地，实现可持续发展。

五、提升高校盈利能力的措施

在高校的运营与发展过程中，提升高校盈利能力是一个至关重要的任务。这不仅有助于保障高校的持续运营，还能为高校提供更多资源用于教育、科研和社会服务等方面。

（一）加强财务管理，提高资金使用效率

财务管理是高校运营的核心环节，加强财务管理对于提升盈利能力具有重要意义。

高校应建立科学完善的财务管理制度,规范财务流程,确保财务数据的准确性和真实性。

1. 精确预算与核算

高校应制定详细的年度预算,并根据实际情况进行动态调整。同时,加强成本核算的准确度,确保各项支出与收入准确匹配。

2. 提高资金周转率

高校应优化资金使用结构,降低资金占用成本,提高资金周转率。例如,加强对应收账款的管理,及时催收款项;优化库存物资管理,减少库存积压。

3. 加强风险管理

高校应建立健全的财务风险管理制度,对可能出现的财务风险进行预测、评估和控制。例如,加强债务管理,控制债务规模;加强内部审计和监督,防止财务舞弊和违规行为的发生。

(二)优化收入来源结构,增加非学费收入

高校的收入来源主要包括学费、政府拨款和科研项目经费等。为了提升盈利能力,高校需要优化收入来源结构,增加非学费收入。

1. 拓展非学费收入渠道

高校可以通过提供培训、咨询、出版等服务来增加非学费收入。这些服务不仅可以为高校带来经济收益,还能提升高校的社会声誉和影响力。

2. 加强产学研合作

高校可以与企业、科研机构等开展产学研合作,共同研发新技术、新产品,通过技术转让、成果转化等方式,实现经济效益和社会效益的双赢。

3. 挖掘校友资源

校友是高校的重要资源之一。高校可以加强与校友的联系和合作,通过校友捐赠、设立奖学金等方式增加收入来源。

(三)加强科研创新,提升核心竞争力

科研创新是高校提升盈利能力的重要途径之一。通过加强科研创新,高校可以提升自身的教学质量和科研实力,增强自身的核心竞争力。

1. 加大科研投入

高校应增加对科研的投入,提高科研人员的待遇和福利,吸引更多优秀人才加入科研团队。同时,加强科研基础设施建设,为科研人员提供良好的科研环境和条件。

2. 推动科技成果转化

高校应加强与企业的合作与交流，推动科技成果的转化和应用。通过与企业合作开展科研项目、共建实验室等方式，将科研成果转化为实际生产力，实现经济效益和社会效益的双赢。

3. 加强国际合作与交流

高校应积极参与国际学术交流与合作，引进国际先进的教育理念、教学方法和科研成果。通过与国外高校和科研机构的合作与交流，提升高校的国际影响力和竞争力。

（四）提高教育服务质量，满足学生需求

1. 关注学生需求

高校应关注学生的学习和生活需求，提供个性化、多样化的教育服务。通过加强课程建设和教学改革，提高教学质量和效果；同时，加强学生管理和服务工作，为学生提供良好的学习和生活环境。

2. 加强师资队伍建设

高校应重视师资队伍建设，提高教师的教学水平和综合素质。通过加强教师培训和教育，提升教师的教学能力和专业素养；同时，引进优秀人才加入教师队伍，提升整体师资水平。

3. 加强品牌建设

高校应加强品牌建设，提高自身的知名度和美誉度。通过加强对外宣传和推广工作，提升高校的社会影响力；同时，加强内部管理和文化建设，提升高校的凝聚力和向心力。

（五）推进信息化建设，提高管理效率

信息化建设是提高高校管理效率的重要手段之一。通过推进信息化建设，高校可以优化管理流程，提高管理效率和服务水平。

1. 建立完善的信息系统

高校应建立完善的信息系统，包括教务管理系统、学生管理系统、财务管理系统等。通过信息系统实现数据的共享和交换，进而提高管理效率和服务水平。

2. 加强数据分析和应用

高校应加强对数据的分析和应用工作，通过数据挖掘和分析，发现潜在的问题和机会。同时，利用数据驱动决策制定和管理优化工作。

3.推广数字化服务

高校应推广数字化服务方式,如在线教学、远程咨询等。这些数字化服务方式不仅可以提高服务效率和质量,还可以降低运营成本和服务成本。

提升高校盈利能力需要从多个方面入手,包括加强财务管理、优化收入来源结构、加强科研创新、提高教育服务质量和推进信息化建设等。这些措施的实施将有助于提升高校的盈利能力,为高校的持续发展提供有力保障。

第三节 高校财务绩效的偿债能力分析

一、高校财务绩效的偿债能力比率指标

高校的财务绩效是衡量其运营状况和经济实力的重要指标之一,其中偿债能力比率指标是评估高校财务稳定性和风险承受能力的重要依据。

(一)资产负债率

资产负债率是高校负债总额与资产总额的比率,它反映了高校资产中债务所占的比例。这一指标是衡量高校长期偿债能力的重要参考。通常情况下,资产负债率越低,说明高校的资产结构越稳健,偿债能力越强。然而,过低的资产负债率也可能意味着高校未能充分利用财务杠杆效应,错失了扩大规模和提高效益的机会。因此,高校需要根据自身实际情况,合理控制资产负债率水平。

在计算资产负债率时,需要注意负债总额和资产总额的具体内容。负债总额包括高校的所有负债,如银行贷款、应付账款、长期借款等;而资产总额则是高校所有资产的总和,包括流动资产、固定资产、无形资产等。通过计算资产负债率,可以清晰地了解高校资产与负债之间的比例关系,进而评估其长期偿债能力。

(二)流动比率

流动比率是高校流动资产与流动负债的比率,它反映了高校短期偿债能力的大小。流动资产主要包括现金、短期投资、应收账款等,能够在短期内变现以偿还债务;而流动负债则是高校在短期内需要偿还的债务,如短期借款、应付账款等。流动比率越高,说明高校短期偿债能力越强,能够在短期内偿还债务并维持正常运营。然而,流动比率过高也可能意味着高校的资金利用率不高,滞留在流动资产上的资金过多,影响了高校的资金周转和盈利能力。因此,高校需要在保证短期偿债能力的前提下,合理控

制流动比率水平，提高资金利用效率。

（三）速动比率

速动比率是高校速动资产与流动负债的比率，是衡量高校短期偿债能力的重要指标之一。速动资产是指能够迅速变现以偿还债务的资产，如现金、短期投资、应收账款（扣除坏账准备）等。速动比率越高，说明高校在短期内偿还债务的能力越强，流动性风险越低。

在计算速动比率时，需要注意扣除坏账准备后的应收账款金额。坏账准备是为了应对可能出现的坏账而提取的准备金，需要从应收账款中扣除，这样可以更准确地反映高校实际可用于偿还债务的速动资产金额。

（四）现金比率

现金比率是高校现金及现金等价物与流动负债的比率，它反映了高校直接偿付流动负债的能力。现金及现金等价物包括现金、银行存款、短期投资等能够迅速变现的资产。现金比率越高，说明高校直接偿付流动负债的能力越强，能够迅速应对可能出现的财务风险。过高的现金比率也可能意味着高校的资金利用率不高，过多的现金类资产未得到有效利用，可能导致资源浪费和成本增加。因此，高校需要在保证直接偿付能力的前提下，合理控制现金比率，提高资金利用率。

（五）利息保障倍数

利息保障倍数是高校税息前利润与利息支出的比率，它反映了高校利润对利息支出的保障程度。这一指标是衡量高校长期偿债能力的重要指标之一。利息保障倍数越高，说明高校的利润对利息支出的保障程度越高，长期偿债能力越强。在计算利息保障倍数时，需要注意税息前利润和利息支出的具体计算方法。税息前利润是指高校在扣除利息支出和所得税之前的利润，反映了高校的实际盈利能力；而利息支出则是高校因借款而产生的利息费用。通过计算利息保障倍数，可以了解高校利润对利息支出的保障程度，进而评估其长期偿债能力。

高校的偿债能力比率指标是评估其财务绩效的重要依据。高校需要根据自身实际情况，合理控制各项比率指标水平，确保财务稳定性和风险承受能力。同时，高校还需要加强财务管理和风险控制，提高资金的利用效率和盈利能力，为学校的可持续发展提供有力保障。

二、高校财务绩效的指标计算方法

高校财务绩效的评估是衡量其财务状况、运营效率和资源利用情况的重要手段。通过科学、合理的指标计算方法，可以全面、客观地反映高校的财务绩效，为高校的决策提供有力支持。以下将详细阐述高校财务绩效的各项指标及其计算方法。

（一）收入指标

收入是高校财务绩效的重要组成部分，它反映了高校的经费来源和规模。

1. 总收入

总收入是指高校在一定时期内通过各种渠道获得的全部收入，包括学费收入、政府拨款、科研项目经费、捐赠收入等。总收入的计算公式为：

$$总收入 = 学费收入 + 政府拨款 + 科研项目经费 + 捐赠收入$$

2. 学费收入

学费收入是指高校向学生收取的学费，是高校的主要收入来源之一。学费收入的计算公式为：

$$学费收入 = 学生人数 \times 学费标准$$

3. 政府拨款

政府拨款是指政府给予高校的财政拨款，用于支持高校的教学、科研和基础设施建设等。政府拨款的计算公式为：

$$政府拨款 = 拨款总额 / 拨款项目数$$

（二）支出指标

支出是高校财务绩效的另一个重要方面，它反映了高校在运营过程中的成本投入和资源配置情况。

1. 总支出

总支出是指高校在一定时期内用于教学、科研、行政管理、基础设施建设等方面的全部支出。总支出的计算公式为：

$$总支出 = 教学支出 + 科研支出 + 行政管理支出 + 基础设施建设支出$$

2. 教学支出

教学支出是指高校用于教学方面的支出，包括教师工资、教学设备购置、教学材料购买等。教学支出的计算公式为：

$$教学支出 = 教师工资 + 教学设备购置费 + 教学材料购买费$$

3. 科研支出

科研支出是指高校用于科研方面的支出，包括科研人员工资、科研设备购置、科研材料购买等。科研支出的计算公式为：

$$科研支出 = 科研人员工资 + 科研设备购置费 + 科研材料购买费$$

（三）财务效率指标

财务效率指标反映了高校在财务管理和资源配置方面的效率和效果。

1. 净资产增长率

净资产增长率反映了高校的发展能力和资产保值增值的情况。净资产增长率的计算公式为：

$$净资产增长率 = 本年度净资产增加额 / 年初净资产总额 \times 100\%$$

2. 生均成本

生均成本反映了高校培养一名学生需要发生的成本。生均成本的计算公式为：

$$生均成本 = 年度支出总额 / 标准学生人数$$

3. 师生比

师生比反映了高校人力资源利用情况。师生比的计算公式为：

$$师生比 = 标准年学生人数 / 教师年平均数$$

4. 毕业生就业率

毕业生就业率反映了高校培养的学生质量及被社会认可的程度。毕业生就业率的计算公式为：

$$毕业生就业率 = 年度毕业已就业的学生人数 / 年度毕业生人数 \times 100\%$$

（四）财务发展潜力指标

财务发展潜力指标反映了高校在未来发展中的负债状况和财务风险承受能力。

1. 资产负债率

资产负债率反映了高校负债占总资产的比例。资产负债率的计算公式为：

$$资产负债率 = 负债总额 / 资产总额 \times 100\%$$

2. 年度收支比

年度收支比反映了高校年度收入和支出的比例关系。年度收支比的计算公式为：

$$年度收支比 = 年度收入总额 / 年度支出总额$$

3. 借入款占学校总经费比重

借入款占学校总经费比重反映了高校借入款项在总经费中的占比。借入款占学校总经费比重的计算公式为：

$$借入款占学校总经费比重 = 借入款总额 / 学校总经费 \times 100\%$$

（五）其他财务指标

除了上述指标外，还有一些其他财务指标可以用于评估高校的财务绩效，如：

1. 教师人均科研费

教师人均科研费反映了高校对科研的支持能力。教师人均科研费的计算公式为：

$$教师人均科研费 = 年度科研费 / 教师年平均数$$

2. 万元资金投入培养学生人数

万元资金投入培养学生人数反映了高校在培养学生方面的资金利用效率。万元资金投入培养学生人数的计算公式为：

$$万元资金投入培养学生人数 = 培养学生人数 \times 10000 \div 部门投入用于培养学生的金额$$

高校财务绩效的指标计算方法涉及多个方面，包括收入指标、支出指标、财务效率指标、财务发展潜力指标和其他财务指标等。这些指标的计算方法各有特点，但都是基于高校的财务数据和实际情况进行计算的。通过科学、合理的指标计算方法，可以全面、客观地反映高校的财务绩效，为高校的决策提供有力支持。

三、高校财务绩效的偿债能力分析的意义

在高校的财务管理中，偿债能力分析占据着举足轻重的地位。它不仅有助于高校管理层全面了解学校的财务状况，还能为学校的战略决策和风险管理提供有力支持。

（一）评估财务稳健性

偿债能力分析是评估高校财务稳健性的重要手段。通过对高校的资产负债率、流动比率、速动比率、现金比率以及利息保障倍数等指标的深入分析，可以全面了解高校的资产结构、负债水平以及利润对利息支出的保障程度。这些指标能够客观地反映

高校的偿债能力，帮助管理层判断学校是否具备足够的资金实力来应对潜在的财务风险。一个偿债能力较强的高校，其财务结构通常较为稳健，能够更好地抵御外部经济环境的冲击，确保学校的持续稳定发展。

(二) 指导筹资策略

偿债能力分析对高校筹资策略的制定具有重要指导意义。通过了解学校的偿债能力，管理层可以更加准确地判断学校的筹资需求和筹资能力，从而制定出更加合理的筹资策略。例如，在偿债能力较强的情况下，高校可以考虑适当扩大筹资规模，通过增加贷款、发行债券等方式筹集更多的资金，以支持学校的建设和发展；而在偿债能力较弱的情况下，高校则需要更加注重控制筹资规模，降低筹资成本，确保资金使用的效益和安全性。

(三) 优化资源配置

偿债能力分析有助于高校优化资源配置。通过对偿债能力指标的分析，管理层可以了解学校各项资产和负债的构成情况，发现资源配置中存在的问题和不足。例如，如果高校的流动比率过高，可能意味着学校的流动资产过多，资金利用效率不高。此时，管理层可以通过调整资产结构，优化资源配置，以提高资金利用效率。又如，如果高校的利息保障倍数较低，可能说明学校的利润对利息支出的保障程度不足。此时，管理层可以加强成本控制，提升盈利能力，以改善利息保障倍数指标。

(四) 提升风险管理水平

偿债能力分析对于提升高校的风险管理水平具有重要意义。通过对偿债能力的深入分析，管理层可以及时发现潜在的财务风险和隐患，从而制定出更加有效的风险应对策略。例如，在发现资产负债率过高的情况下，管理层可以采取降低负债水平、提高资产质量等措施来降低财务风险。又如，在发现流动比率或速动比率过低的情况下，管理层可以加强现金流管理，提高资金流动性，以应对可能出现的短期偿债压力。通过加强风险管理，高校可以确保财务的稳健性，为学校的长期发展提供有力保障。

(五) 促进学校健康发展

偿债能力分析是促进学校健康发展的重要保障。通过对偿债能力的深入分析，管理层可以全面了解学校的财务状况和风险状况，为学校的战略决策和长期发展提供有力支持。例如，在制定学校的发展规划时，管理层需要充分考虑学校的偿债能力，从而确保发展规划的可行性和可持续性。又如，在评估学校的投资项目时，管理层需要分析投资项目的盈利能力以及对偿债能力的影响，以确保投资项目的效益和安全性。

通过加强偿债能力分析,高校可以确保财务的稳健性,为学校的健康发展提供有力保障。

高校财务绩效的偿债能力分析具有重要意义。它有助于评估高校的财务稳健性、指导筹资策略、优化资源配置、提升风险管理水平以及促进学校健康发展。因此,高校应该加强偿债能力分析工作,提高财务管理水平,为学校的长期发展提供有力支持。

四、高校财务绩效影响偿债能力的因素

高校作为独立的经济实体,其财务绩效直接关系到偿债能力的高低。偿债能力是高校稳健运行、可持续发展的基础。影响高校偿债能力的因素众多,其中财务绩效是核心因素之一。

(一)收入结构与稳定性

高校的收入结构直接影响其偿债能力。收入结构的稳定性越高,高校的偿债能力就越强。一般来说,高校的收入来源主要包括学费收入、政府拨款、科研项目经费、捐赠收入等。其中,学费收入和政府拨款是高校的主要收入来源,也是影响偿债能力的重要因素。

1. 学费收入

学费收入的稳定性和增长性对高校的偿债能力具有重要影响。如果学费收入能够保持稳定增长,那么高校的偿债能力就会增强,如果学费收入下降或波动较大,那么高校的偿债能力就会受到削弱。

2. 政府拨款

政府拨款对高校的偿债能力也有重要影响。政府拨款的多少和稳定性直接影响高校的财务状况和偿债能力。如果政府拨款能够保持稳定增长,那么高校的偿债能力就会相应增强。如果政府拨款减少或波动较大,那么高校的偿债能力就会受到削弱。

(二)支出结构与成本控制

高校的支出结构和成本控制也直接影响其偿债能力。支出结构的合理性和成本控制的有效性,是保障高校偿债能力的重要因素。

1. 支出结构

高校的支出结构应该合理,既要满足教学、科研和行政管理等方面的需要,又要注重成本控制和效益最大化。如果高校的支出结构不合理,导致浪费和支出增加,那么就会削弱其偿债能力。

2. 成本控制

高校应该加强成本控制，提高资金使用效率。通过精细化管理、优化资源配置和减少浪费等措施，降低高校的运行成本，从而提升其偿债能力。

（三）资产质量与运营效率

高校的资产质量和运营效率也是影响其偿债能力的重要因素。资产质量的好坏和运营效率的高低，直接关系到高校的盈利能力和偿债能力。

1. 资产质量

高校的资产质量应该良好，包括固定资产、流动资产和无形资产等。如果高校的资产质量较差，存在大量坏账、呆账或不良资产等，那么就会削弱其偿债能力。

2. 运营效率

高校的运营效率应该高效，包括资金周转率、资产收益率等指标。如果高校的运营效率较低，如资金周转缓慢、资产收益率下降等，那么就会削弱其偿债能力。

（四）负债结构与债务管理

高校的负债结构和债务管理也是影响其偿债能力的重要因素。合理的负债结构和有效的债务管理，是保障高校偿债能力的重要手段。

1. 负债结构

高校的负债结构应该合理，既要满足其运营和发展的需要，又要注重风险控制和偿债能力。如果高校的负债结构不合理，如过度依赖短期债务或长期债务负担过重等，那么就会削弱其偿债能力。

2. 债务管理

高校应该加强债务管理，制订合理的还款计划和风险控制措施。通过加强债务管理，降低债务风险，进而提升高校的偿债能力。

（五）财务绩效综合评价

高校财务绩效的综合评价也会对其偿债能力产生影响。财务绩效综合评价包括收入增长率、支出增长率、净资产增长率、资产负债率、流动比率等指标。这些指标能够全面反映高校的财务状况和运营效果，从而对其偿债能力产生影响。

高校财务绩效对偿债能力的影响是多方面的，包括收入结构与稳定性、支出结构与成本控制、资产质量与运营效率、负债结构与债务管理以及财务绩效综合评价等。因此，高校应该加强财务管理和风险控制，提高财务绩效和偿债能力，以确保其稳健运行和可持续发展。

五、高校财务绩效提升偿债能力的措施

在高校的财务管理中，提升偿债能力是一项至关重要的任务，这不仅有助于保障学校的财务稳健性，还能为学校的持续健康发展提供有力支持。

（一）加强财务管理制度建设

财务管理制度是高校财务管理的基础和保障。为了提升偿债能力，高校需要建立健全财务管理制度，规范财务行为，确保财务活动的合法性和规范性。具体而言，高校应该制定完善的财务管理制度，明确财务管理的目标、原则、职责和权限，确保财务活动的有序进行。同时，高校还应加强内部控制，建立健全财务风险预警机制，及时发现和应对潜在的财务风险。

（二）优化资金结构

资金结构是指高校资金来源的构成和比例关系。优化资金结构是提高偿债能力的关键措施之一。高校应该根据自身实际情况，合理确定资金来源的构成和比例，降低财务风险。具体而言，高校可以通过增加自有资金比例、降低贷款比例、发行债券等方式来优化资金结构。同时，高校还应注重提高资金使用效率，加强资金监管，确保资金的安全性和流动性。

（三）加强预算管理

预算管理是高校财务管理的重要组成部分。通过加强预算管理，高校可以更加合理地安排和使用资金，提高资金利用率，从而降低财务风险。具体而言，高校应该制订科学的预算方案，明确各项费用的预算标准和预算额度，确保预算的合理性和可行性。同时，高校还应加强对预算执行情况的监督和管理，确保预算的有效执行。

（四）加强成本控制

成本控制是提高高校偿债能力的重要手段之一。通过加强成本控制，高校可以降低不必要的支出，提升盈利能力，从而增强偿债能力。具体而言，高校应该建立完善的成本控制体系，明确各项费用的控制标准和控制方法，加强对各项费用的监管和审核。同时，高校还应注重增强教职工的成本意识，鼓励教职工积极参与成本控制工作。

（五）提高资产质量

资产质量是影响高校偿债能力的重要因素之一。提高资产质量可以增强高校的偿

债能力，降低财务风险。具体而言，高校应该加强资产管理，建立健全资产管理制度，规范资产的使用和管理。同时，高校还应注重提高资产的使用效率，加强对资产的维护和保养，确保资产的正常运转和保值增值。

（六）加强风险管理

风险管理是提升高校偿债能力的重要保障。高校应该加强风险管理，建立健全风险预警和应对机制，及时发现和应对潜在的财务风险。具体而言，高校应该建立风险管理团队，明确风险管理职责和权限，加强其对各项财务活动的风险评估和监控。同时，高校还应注重增强教职工的风险意识，加强风险教育和培训，确保全校师生都能认识到财务风险的重要性。

（七）拓展融资渠道

拓展融资渠道是提升高校偿债能力的重要途径之一。通过拓展融资渠道，高校可以筹集更多的资金来支持学校的建设和发展，从而降低财务风险。具体而言，高校可以通过发行债券、吸收社会捐赠、争取政府拨款等方式来拓展融资渠道。同时，高校还应加强与金融机构的合作，建立良好的合作关系，为学校的融资提供有力支持。

（八）加强财务信息化建设

财务信息化建设是提升高校偿债能力的重要支撑。通过加强财务信息化建设，高校可以更加高效地管理财务数据和财务活动，提高财务信息的准确性和透明度。具体而言，高校应该建立完善的财务信息系统，实现财务数据的自动化处理和实时监控。同时，高校还应加强财务人员的信息化培训和教育，提高财务人员的信息化水平。

提升高校财务绩效的偿债能力需要采取多方面的措施。高校应该加强财务管理制度建设、优化资金结构、加强预算管理、加强成本控制、提高资产质量、加强风险管理、拓展融资渠道以及加强财务信息化建设等方面的工作。通过这些措施的实施，高校可以进一步提升偿债能力，降低财务风险，为学校的持续健康发展提供有力保障。

第四节　高校财务绩效的运营效率分析

一、高校财务绩效的运营效率比率指标

高校作为教育和科研的重要机构，其财务绩效的评估对于优化资源配置、提高运营效率具有至关重要的作用。运营效率比率指标作为高校财务绩效评价体系的重要组

成部分，能够直观地反映高校在资源利用、资产管理、成本控制等方面的效率。

（一）资产周转率

资产周转率是衡量高校资产利用的重要指标，它反映了高校利用资产产生销售收入的能力。资产周转率越高，说明高校在资产管理方面的效率越高，能够更好地利用有限的资源支持教学和科研活动。资产周转率的计算公式为：

$$资产周转率 = 销售收入 / 总资产$$

其中，销售收入指的是高校在一定时期内通过教学、科研、服务等活动所获得的全部收入；总资产则是高校所拥有的全部资产，包括流动资产、固定资产、无形资产等。为了提高资产周转率，高校需要加强对资产的管理和监控，确保资产的有效利用和保值增值。同时，高校还需要注重教学和科研活动的质量，提高销售收入，从而进一步提高资产周转率。

（二）存货周转率

存货周转率是衡量高校存货管理效率的重要指标，它反映了高校存货的运作效率。存货周转率越高，说明高校在存货管理方面的效率越高，越能满足教学和科研活动的需求。存货周转率的计算公式为：

$$存货周转率 = 销售成本 / 平均存货$$

其中，销售成本指的是高校在一定时期内销售存货所发生的成本；平均存货则是高校在某一时期内存货的平均值。为了提高存货周转率，高校需要加强对存货的管理和监控，确保存货的及时采购、合理储存和有效使用。同时，高校还需要注重教学和科研活动的需求预测，避免存货积压和浪费。

（三）费用比率

费用比率是衡量高校在销售收入中承担费用比例的重要指标，它反映了高校在运营过程中的成本控制能力。费用比率越低，说明高校在成本控制方面的效率越高，能够更好地利用资源支持教学和科研活动。费用比率的计算公式为：

$$费用比率 = 总费用 / 销售收入$$

其中，总费用指的是高校在一定时期内发生的全部费用，包括教学费用、科研费用、管理费用等；销售收入则是高校在一定时期内通过教学、科研、服务等活动所获得的全部收入。为了降低费用比率，高校需要加强对成本的管理和控制，优化资源配置，提高教学和科研活动的效率。同时,高校还需要注重财务管理和内部控制制度的完善,确保费用的合理性和合规性。

(四) 教职工人均创收能力

教职工人均创收能力是衡量高校人力资源利用效率的重要指标,它反映了高校教职工在教学、科研、服务等方面的创收能力。教职工人均创收能力越高,说明高校在人力资源利用方面的效率越高,能够更好地发挥教职工的积极性和创造力。教职工人均创收能力的计算公式为:

$$教职工人均创收能力 = 销售收入 / 教职工人数$$

其中,销售收入指的是高校在一定时期内通过教学、科研、服务等活动所获得的全部收入;教职工人数则是高校在某一时期内教职工的总人数。为了提高教职工人均创收能力,高校需要加强对教职工的培训和管理,提升教职工的教学和科研能力。同时,高校还需要优化激励机制和薪酬体系,激发教职工的积极性和创造力,进一步提升教职工的创收能力。

(五) 财务综合效率指数

财务综合效率指数是衡量高校财务绩效的综合性指标,通过综合评估高校在资产利用、存货管理、费用控制、人力资源利用等方面的效率,全面反映高校的财务绩效水平。财务综合效率指数越高,说明高校在财务管理方面的效率越高,能够更好地支持教学和科研活动的发展。财务综合效率指数的计算方法可以根据实际情况进行灵活设计,但一般需要考虑以上各项运营效率比率指标,并赋予不同的权重进行加权计算。通过计算财务综合效率指数,高校可以全面了解自身的财务绩效水平,并有针对性地制订改进措施和优化方案。

二、高校财务绩效的指标计算方法

高校财务绩效的评估是衡量学校财务状况和运营效果的重要手段,其指标计算方法的准确性和科学性直接关系到评估结果的可靠性。

(一) 盈利能力指标

1. 净资产收益率

净资产收益率是衡量高校盈利能力的重要指标之一,它反映了高校自有资本获取净收益的能力，计算公式为：

$$净资产收益率 = 净利润 / 平均净资产 \times 100\%$$

其中，净利润是指高校在一定时期内实现的税后利润，平均净资产则是高校期初净资产和期末净资产的平均值。

2. 总资产报酬率

总资产报酬率反映了高校全部资产获取收益的水平，计算公式为：

$$总资产报酬率 = (利润总额 + 利息支出) / 平均资产总额 \times 100\%$$

其中，利润总额是指高校在一定时期内实现的利润总额，利息支出则是高校因举债而发生的利息费用，平均资产总额则是高校期初资产总额和期末资产总额的平均值。

（二）偿债能力指标

1. 资产负债率

资产负债率反映了高校负债总额占资产总额的比例，是评价高校负债水平的重要指标，计算公式为：

$$资产负债率 = 负债总额 / 资产总额 \times 100\%$$

其中，负债总额包括高校的所有负债，如贷款、应付账款等；资产总额则是高校所有资产的总和，包括流动资产、固定资产等。

2. 净资产负债率

净资产负债率进一步考虑了高校的净资产情况，反映了高校负债与净资产的比例关系，计算公式为：

$$净资产负债率 = 负债总额 / 年末净资产 \times 100\%$$

其中，年末净资产是高校在年末时的净资产余额。

3. 现实支付比率

现实支付比率反映了高校货币资金维持正常开支的能力，计算公式为：

$$现实支付比率 = 货币资金 / 月平均支出$$

月平均支出则是高校在一定时期内支出的平均值。

（三）运营效率指标

1. 净资产增长率

净资产增长率反映了高校净资产的增长速度和规模扩张情况，计算公式为：

净资产增长率 = (本年度净资产增加额 / 年初净资产总额) × 100%

其中，本年度净资产增加额指本年度净资产的增加额，年初净资产总额则是高校在年初的净资产余额。

2. 生均成本

生均成本反映了高校培养一名学生所需的平均成本，计算公式为：

生均成本 = 年度支出总额 / 标准学生人数

其中，年度支出总额指高校在一定时期内的全部支出，标准学生人数则是根据高校实际情况确定的一个标准值。

3. 师生比

师生比是衡量高校人力资源利用效率的重要指标，计算公式为：

师生比 = 标准年学生人数 / 教师年平均数 × 100%

其中，标准年学生人数和教师年平均数均是根据高校实际情况确定的标准值。

（四）发展潜力指标

1. 毕业生就业率

毕业生就业率是评价高校教育质量和学生就业能力的重要指标，计算公式为：

毕业生就业率 = 年度毕业已就业的学生人数 / 年度毕业生人数 × 100%

其中，年度毕业已就业的学生人数指在一定时期内成功找到工作的毕业生人数。

2. 双师型教师比重

双师型教师比重反映了高校教师队伍的结构和质量，计算公式为：

双师型教师比重 = 双师型教师数 / 教师总人数 × 100%

其中，双师型教师是指既具备理论教学能力，又具备实践教学能力的教师。

3. 自筹经费收入增长率

自筹经费收入增长率反映了高校自筹经费收入的增长速度和能力，计算公式为：

自筹经费收入增长率 = (年度院校自筹经费收入 − 上年院校自筹经费收入) / 上年院校自筹经费收入 × 100%

其中，年度院校自筹经费收入和上年度院校自筹经费收入分别为本年度和上年度高校自筹经费的总额。

高校财务绩效的指标计算方法涵盖了盈利能力、偿债能力、运营效率和发展潜力等方面。通过科学合理地计算这些指标,可以全面评估高校的财务状况和运营效果,为高校的管理和决策提供有力支持。

三、高校财务绩效的运营效率分析的作用

高校财务绩效的运营效率分析,作为高校管理的重要组成部分,对于提高高校整体运营效率和财务健康水平具有不可或缺的作用。

(一)评估高校运营现状

运营效率分析能够全面、系统地评估高校在运营过程中的效率状况。通过对资产周转率、存货周转率、费用比率、教职工人均创收能力等关键指标的分析,可以清晰地了解高校在资源利用、成本控制、资产管理等方面的实际情况。这种评估不仅有助于高校管理层准确把握学校的运营状态,还能为制定针对性的改进措施提供有力依据。

(二)揭示潜在问题与风险

运营效率分析能够揭示高校在运营过程中存在的问题和风险。通过对各项运营效率指标进行深入剖析,可以发现高校在运营中可能存在的资源浪费、成本过高、资产闲置等问题。同时,运营效率分析还能帮助高校识别潜在的财务风险,如负债过高、资金流动性不足等,从而使其提前采取措施加以防范和应对。

(三)优化资源配置与决策

运营效率分析有助于高校优化资源配置和决策过程。通过对运营效率指标的分析,高校可以明确哪些资源得到了有效利用,哪些资源存在浪费现象,从而有针对性地调整资源配置策略。此外,运营效率分析还能为高校在投资决策、项目管理、预算编制等方面提供科学依据,帮助高校做出更加合理、高效的决策。

(四)提升高校竞争力

运营效率分析对于提升高校竞争力具有重要意义。通过提高运营效率,高校可以降低运营成本,提高资产利用率和教职工人均创收能力,从而增强学校的经济实力和市场竞争力。同时,运营效率的提升还能促进高校在教学、科研等方面的创新和发展,提高学校的整体办学水平和社会声誉。

(五)促进高校可持续发展

运营效率分析有助于促进高校的可持续发展。通过对运营效率指标的长期跟踪和分析,高校可以及时发现和解决运营中的问题和瓶颈,确保学校的稳定运营和持续发展。

此外，运营效率分析还能帮助高校制定符合自身实际情况的发展战略和规划，为学校的长远发展提供有力支持。

（六）推动高校内部管理与改革

运营效率分析在高校内部管理与改革方面也具有重要作用。通过对运营效率指标的分析，高校可以发现内部管理和制度上存在的问题和不足，从而推动相关改革和措施的出台。例如：针对费用比率过高的问题，高校可以加强财务管理和内部控制制度建设；针对教职工人均创收能力较低的问题，高校可以优化激励机制和薪酬体系等。这些改革和措施的实施将有助于提高高校的管理水平和运营效率。

（七）增强高校财务透明度与公信力

运营效率分析还有助于增强高校财务的透明度和公信力。通过对运营效率指标的公开披露和分析报告的制作，高校可以向外部利益相关者展示自身的运营效率和财务状况，增强外界对学校的信任和支持。同时，这也有助于提升高校的社会声誉和影响力，为学校的长远发展创造更加有利的外部环境。

高校财务绩效的运营效率分析在评估高校运营现状、揭示潜在问题与风险、优化资源配置与决策、提升高校竞争力、促进高校可持续发展、推动高校内部管理与改革以及增强高校财务透明度与公信力等方面都具有重要作用。因此，高校应重视运营效率分析工作，加强相关人员的培训和能力培养，确保分析结果的准确性和有效性。

四、高校财务绩效影响运营效率的因素

高校财务绩效的运营效率分析在评估学校财务状况、优化资源配置、提高管理效率等方面发挥着重要作用。

（一）全面评估财务状况

运营效率分析作为高校财务绩效评估的重要组成部分，能够全面反映学校财务状况的真实面貌。通过对学校的资产、负债、收入、支出等财务数据进行深入分析，可以了解学校的资产结构、负债水平、盈利能力、偿债能力等方面的信息，为学校的财务管理提供有力支持。具体而言，运营效率分析可以通过计算净资产收益率、总资产报酬率等盈利能力指标，评估学校的盈利能力；通过计算资产负债率、净资产负债率等偿债能力指标，评估学校的偿债风险；通过计算流动资产周转率、存货周转率等运营效率指标，评估学校的运营效率。这些指标的计算和分析，有助于学校全面了解自身的财务状况，为其制定科学的财务策略提供依据。

（二）优化资源配置

高校财务绩效的运营效率分析有助于优化学校的资源配置。通过对学校各项财务数据的深入分析，可以发现学校在资源配置方面存在的问题和不足，如某些部门或项目资金占用过多、利用效率低下等。针对这些问题，学校可以采取相应的措施进行优化，如调整资金分配、优化资源配置结构等，从而提高资源的利用效率，降低浪费和损失。此外，运营效率分析还可以帮助学校发现潜在的财务风险和隐患，及时采取措施进行防范和化解，保障学校的财务安全。

（三）提高管理效率

高校财务绩效的运营效率分析对提高学校管理效率具有重要意义。通过对学校财务数据的深入分析，可以发现学校在财务管理方面存在的问题和不足，如管理流程烦琐、决策效率低下等。针对这些问题，学校可以采取相应的措施进行改进和优化，如简化管理流程、提高决策效率等，从而提高学校的整体管理效率。同时，运营效率分析还可以帮助学校建立科学的财务管理体系，规范财务管理行为，提高财务管理水平。通过制定科学的财务管理制度、加强内部控制等措施，可以确保学校财务活动的合法性和规范性，降低财务风险和损失。

（四）促进学校可持续发展

高校财务绩效的运营效率分析有助于促进学校的可持续发展。通过对学校财务状况和运营效率的分析和评估，可以及时发现和解决学校在财务和运营方面存在的问题和不足，为学校的持续健康发展提供有力支持。

运营效率分析可以帮助学校制定科学的财务战略和规划，确保学校资金的合理使用和有效管理；可以帮助学校优化资源配置结构，提高资源的利用效率；可以帮助学校加强内部控制和风险管理，降低财务风险和损失；可以帮助学校提高管理效率和服务水平，提升学校的竞争力和影响力。这些措施的实施将有助于促进学校的可持续发展，实现学校长期稳定的经营目标。

高校财务绩效的运营效率分析在全面评估财务状况、优化资源配置、提高管理效率、促进学校可持续发展等方面发挥着重要作用。因此，高校应该重视财务绩效的运营效率分析工作，加强财务管理和内部控制建设，提高财务管理水平和运营效率。

五、提高高校财务绩效运营效率的措施

高校财务绩效运营效率的提升，对于优化资源配置、提高教育质量和科研水平具有重要意义。

（一）加强资金管理

资金是高校运营的基础，加强资金管理是提高财务绩效运营效率的关键。高校应优化资金结构，通过多渠道筹措资金，包括政府拨款、学费收入、科研经费等，确保资金的来源稳定。同时，高校应制订合理的资金使用计划，对各项资金进行精细化管理和分配，避免资金的浪费和滥用。高校应加强资金监管，建立健全的资金管理制度和内部控制机制。这包括对资金使用的监督、审计和评估，确保资金使用的合规性和安全性。同时，高校应加强对财务风险的防范和控制，及时发现并解决潜在的财务风险问题。

（二）优化成本控制

成本控制是提高高校财务绩效运营效率的另一个重要方面。高校应建立健全成本控制制度，包括成本核算、成本预算、成本分析等，实现成本控制全程监控、全员参与。通过优化资源配置，高校可以合理调整教学科研资源配置，优化学科结构和专业设置，避免资源浪费，提高资源利用效率。此外，高校可以推行绩效工资制度，建立以绩效为导向的工资制度，激励教职员工提高工作效率，减少人力资源浪费。从而降低人工成本。

（三）提高财务管理技术水平

财务管理技术水平的提升对于提高高校财务绩效运营效率具有重要意义。高校应加强对财务管理人员的培训和学习，提升其财务管理专业知识和实践能力。通过引进先进的财务管理理念和技术手段，高校可以提高财务管理工作的效率和准确性。

同时，高校应推动财务管理信息化建设，建立健全的财务信息系统。通过引入先进的财务管理软件和系统，高校可以实现财务数据的实时更新和共享，提高财务管理的科学性和规范性。此外，高校还可以利用大数据、人工智能等先进技术对财务数据进行分析和预测，为决策提供有力支持。

（四）加强内部控制和风险管理

内部控制和风险管理是提高高校财务绩效运营效率的重要保障。高校应建立健全的内部控制体系，包括财务制度、财务管理流程、内部审计等方面。通过加强内部控制和风险管理，高校可以确保财务活动的合规性和安全性，防范和减少财务风险。同时，高校应加大对财务监督和审计的力度，完善内部控制和风险管理机制。通过定期或不定期的内部审计和外部审计，高校可以及时发现和解决财务管理中存在的问题和不足，进而提高财务管理的水平和效率。

（五）探索多元化经营模式

探索多元化经营模式是提高高校财务绩效运营效率的有效途径。高校可以积极开展校园经济活动，如开设校园超市、餐厅等，利用自身优势创造更多的财政收入。同时，高校还可以探索多元化运营模式，如开展产学研合作、承接科研项目等，通过合作共赢的方式实现财务收入的多元化。在探索多元化经营模式的过程中，高校应注重风险控制和合规性管理。通过制定科学合理的投资策略和风险控制机制，高校可以降低经营风险并确保投资的合规性。同时，高校还应加强与合作方的沟通和协调，确保合作项目的顺利进行和财务收入的稳定增长。

（六）加强对外交流合作

加强对外交流合作是提高高校财务绩效运营效率的重要手段。高校应积极与政府、企业、社会等各界开展合作交流活动，吸引外部资源和资金的支持。通过参与政府采购、承接社会化服务等活动，高校可以增加外部资金来源并提高财务运行的稳定性和可持续性。

在对外交流合作的过程中，高校应注重自身品牌形象的建设和维护。通过加强品牌宣传和推广活动，高校可以提高自身的知名度和影响力，从而吸引更多外部资源和资金支持。同时，高校还应注重合作关系的长期性和稳定性，确保合作项目的持续性和发展性。

第五节　财务比率分析的局限性及改进

一、高校财务绩效的财务比率分析的局限性

财务比率分析作为一种常见的财务绩效评价方法，在高校财务管理中得到了广泛应用。然而，财务比率分析在评估高校财务绩效时也存在一定的局限性。

（一）数据准确性与可靠性的限制

财务比率分析的基础是财务报表数据，而财务报表数据的准确性和可靠性直接影响到分析结果的准确性。在高校中，由于数据来源的多样性和复杂性，财务报表数据的准确性和可靠性可能受到一定程度的影响。例如，高校的财务报表可能受到不同部门、不同资金来源等因素的影响，导致数据的不一致性和不准确性。此外，高校在财务报表编制的过程中可能存在人为操作、误报或漏报等问题，进一步降低了数据的可靠性。

因此，在进行财务比率分析时，需要注意数据的准确性和可靠性问题，以免分析结果误导。

（二）静态分析的局限性

财务比率分析主要基于历史数据进行静态分析，难以准确反映高校财务绩效的动态变化和趋势。高校的财务状况和经营环境在不断变化，而财务比率分析往往只能反映某一特定时期的财务状况和经营成果。因此，静态分析的结果可能无法全面反映高校财务绩效的真实情况，也难以预测未来的财务状况和经营趋势。为了更准确地评估高校财务绩效，需要结合其他分析方法，如趋势分析、预测分析等，以更全面地了解高校的财务状况和经营趋势。

（三）缺乏非财务因素的考虑

财务比率分析主要关注财务指标的变化和趋势，而忽略了非财务因素对高校财务绩效的影响。在高校中，非财务因素如教学质量、科研水平、师资力量、学生满意度等都对财务绩效具有重要影响。然而，这些非财务因素往往难以用财务指标来衡量和反映，因此，财务比率分析在评估高校财务绩效时可能存在一定的片面性和局限性。为了更全面地评估高校财务绩效，需要综合考虑财务指标和非财务指标，以更准确地反映高校的财务状况和经营成果。

（四）行业标准与参考值的缺乏

财务比率分析需要对比不同高校或不同行业的财务数据来评估高校的财务绩效。然而，由于高校之间的差异性较大，难以找到统一的行业标准和参考值来评估高校的财务绩效。此外，不同高校之间的财务状况和经营环境也存在差异，使得财务比率分析的结果难以直接比较。因此，在进行财务比率分析时，需要结合高校自身的实际情况和行业特点，谨慎选择比较对象和参考值，以免分析结果误导。

（五）忽视长期效应与综合效益

财务比率分析往往只注重短期财务指标的变化和趋势，而忽视了长期效应和综合效益对高校财务绩效的影响。高校的财务绩效不仅取决于短期的财务状况和经营成果，还受到长期战略规划、资源配置、教学质量等因素的影响。因此，财务比率分析在评估高校财务绩效时可能无法全面反映高校的长期效应和综合效益。为了更准确地评估高校财务绩效，需要综合考虑短期财务指标和长期效应、综合效益等因素，以更全面地了解高校的财务状况和经营成果。

高校财务绩效的财务比率分析虽然具有一定的优势和作用，但也存在数据准确性与可靠性的限制、静态分析的局限性、缺乏非财务因素的考虑、行业标准与参考值的缺乏以及忽视长期效应与综合效益等局限性。因此，在进行高校财务绩效评估时，需要综合考虑多种因素和方法，以更准确地反映高校的财务状况和经营成果。

二、如何克服高校财务绩效的局限性

高校财务绩效的局限性主要体现在拨款限制、管理混乱、人才不足以及历史财务管理不规范等方面。

（一）加强政府拨款管理，拓宽经费来源

高校的经费来源大部分来自政府拨款，但政府拨款往往存在刚性预算和难以满足特殊需求的问题。为了克服这一局限性，高校应加强与政府部门的沟通和协商，争取更加灵活和多样化的拨款政策。同时，高校也应积极拓宽经费来源，通过社会捐赠、校企合作、科研项目申请等多种渠道筹集资金，以缓解经费压力。

（二）优化财务管理体系，提高管理效率

高校财务管理体系复杂，容易导致信息孤岛和重复工作。为了克服这一局限性，高校应优化财务管理体系，加强各部门之间的沟通和协作，实现信息的共享和流程的优化。具体而言，可以建立统一的财务管理平台，实现财务数据的集中管理和实时监控；加强财务人员的培训和学习，提升其专业素养和管理能力；推行精细化管理，对各项经费支出进行精细化预算和核算，以确保资金的合理使用。

（三）加强财务人才队伍建设，提升专业能力

高校财务人才储备相对不足，存在人员技术专业性不强、管理存在先天条件不足等问题。为了改善这一状况，高校应加强财务人才队伍建设，提升财务人员的专业素养和管理能力。具体而言，可以加大人才引进力度，吸引更多具有财务管理背景和经验的优秀人才加入高校；加强财务人员的培训和学习，提升其专业素养和综合能力；建立激励机制，鼓励财务人员积极参与财务管理创新和实践。

（四）加强历史财务管理规范的整改和完善

一些高校在历史上存在不规范的财务管理模式，导致会计账簿、财务报表等经常出现各种问题，数据质量难以保证。为了克服这一局限性，高校应加强对历史财务管理制度的整改和完善。具体而言，可以对历史财务数据进行清理和核对，以确保数据的准确性和完整性；建立健全财务管理制度和规范，明确各项经费的管理和使用要求；加大内部审计和外部审计的力度，确保财务活动的合规性和安全性。

（五）推动财务管理信息化，提高决策效率

随着信息技术的快速发展，财务管理已经开始向数字化、网络化、知识化方向发展。为了克服高校财务绩效的局限性，高校应积极推动财务管理信息化。具体而言，可以建立财务管理信息系统，实现财务数据的实时更新和共享；利用大数据、人工智能等先进技术对财务数据进行分析和预测，为决策提供有力支持；加强与其他高校和企业的合作与交流，共同推动财务管理信息化进程。

（六）强化财务管理风险意识，提升风险防范能力

高校财务管理涉及大量资金和资源的管理和使用，存在一定的局限性。为了克服这一局限性，高校应强化财务管理人员的风险意识，提升风险防范能力。具体而言，可以建立风险管理机制，对各项财务活动进行风险评估和预测；加大内部控制和审计的力度，确保财务活动的合规性和安全性；建立应急预案和危机处理机制，以应对可能出现的财务风险和危机。

（七）加强财务管理文化建设，提升财务管理水平

财务管理文化是高校财务管理的重要组成部分，对提升高校财务管理水平具有重要意义。为了克服高校财务绩效的局限性，高校应加强财务管理文化建设。具体而言，可以加强财务管理理念的宣传和教育，提高全体教职员工对财务管理的认识和重视程度；加强财务管理人员的职业道德教育，提升其责任感和使命感；建立财务管理激励机制和奖惩机制，激发财务管理人员的工作积极性和创造性。

克服高校财务绩效的局限性需要从多个方面入手，包括加强政府拨款管理、优化财务管理体系、加强财务人才队伍建设、加强历史财务管理规范的整改和完善、推动财务管理信息化、强化财务管理风险意识以及加强财务管理文化建设等。这些措施的实施将有助于提高高校财务绩效的运营效率和管理水平。

三、高校财务绩效的财务比率分析的改进方向

财务比率分析作为高校财务绩效评价的重要手段，虽然有其局限性，但经过适当的改进和完善，仍然可以发挥其在高校财务管理中的重要作用。

（一）提升数据质量与可靠性

为了克服财务比率分析在数据准确性与可靠性方面的局限性，高校应当致力于提升财务数据的质量和可靠性。首先，高校应建立严格的财务数据采集和录入制度，以确保数据的准确性和完整性。其次，加大内部审计和外部审计的力度，对财务报表进

行定期审查和审计，及时发现和纠正数据中的错误和遗漏。此外，利用信息技术手段提高数据处理和存储的自动化水平，减少人为操作的错误和偏差，从而提高财务数据的可靠性。

（二）引入动态分析与预测分析

为了克服财务比率分析在静态分析方面的局限性，高校可以引入动态分析和预测分析的方法。动态分析可以通过对比不同时期的财务数据，分析高校财务状况的变化趋势和规律。预测分析则可以利用历史数据和趋势分析的结果，对高校未来的财务状况进行预测和模拟。通过将动态分析和预测分析相结合，可以更全面地了解高校的财务状况和经营趋势，为高校的战略规划和决策提供有力支持。

（三）综合考虑非财务指标

为了克服财务比率分析在忽视非财务因素方面的局限性，高校在财务绩效评价中应综合考虑非财务指标。非财务指标如教学质量、科研水平、师资力量、学生满意度等，这些都对高校的财务绩效具有重要影响。因此，高校在财务绩效评价中应将这些非财务指标纳入考虑范围，建立综合评价指标体系，通过综合考虑财务指标和非财务指标，确保高校的可持续发展和竞争力的提升。

（四）建立行业标准和参考值体系

为了克服财务比率分析在缺乏行业标准和参考值方面的局限性，高校可以积极建立行业标准和参考值体系。首先，高校可以借鉴国内外高校的财务管理经验和做法，结合自身的实际情况，制定适合本校的财务绩效评价标准和参考值。其次，高校可以加强与其他高校和行业的交流与合作，共同制定行业标准和参考值体系，为高校的财务绩效评价提供更为准确的参考依据。通过建立行业标准和参考值体系，可以使高校的财务绩效评价更加科学、客观和公正。

（五）强化综合效益与长期效应的分析

为了克服财务比率分析在忽视长期效应和综合效益方面的局限性，高校在财务绩效评价中应加强综合效益和长期效应的分析。首先，高校应关注财务绩效的长期效应，如战略规划的实施效果、资源配置的优化程度等，并将其纳入财务绩效评价的范围。其次，高校应重视综合效益的分析，如教学质量和科研水平的提升对财务绩效的积极影响等。通过将综合效益和长期效应纳入财务绩效评价的考虑范围，可以更全面地反映高校的财务状况和经营成果，为高校的战略规划和决策提供更为准确的依据。

（六）提升财务人员的专业素质

为了有效实施上述改进方向，高校应加强对财务人员的专业素质和技能培训。财务人员是高校财务绩效评价的重要参与者，他们的专业素质和能力将直接影响到财务绩效评价的准确性和有效性。因此，高校应加强对财务人员的培训和培养，提高他们的专业素养和技能水平，使他们能够更好地适应高校财务绩效评价的需求和挑战。

高校财务绩效的财务比率分析在数据质量、分析方法、指标体系、行业标准和人员素质等方面都存在改进空间。通过提升数据质量与可靠性、引入动态分析与预测分析、综合考虑非财务指标、建立行业标准和参考值体系、强化综合效益与长期效应的分析以及提升财务人员的专业素质等改进方向，可以使高校财务绩效的财务比率分析更加科学、全面和准确，为高校的战略规划和决策提供有力支持。

四、高校财务比率分析与其他分析方法的结合

在高校财务绩效管理的实践中，财务比率分析作为一种传统的分析工具，在评价学校财务状况、经营效率和风险管理等方面发挥着重要作用。然而，单一的财务比率分析往往难以全面反映高校的财务状况和运营效果，因此就需要与其他分析方法相结合，以提供更全面、深入的分析结果。

（一）财务比率分析的基础与重要性

财务比率分析是通过计算相关财务指标之间的比率，来评估高校财务状况的一种方法。这些比率通常包括资产负债率、流动比率、预算收入执行率、预算支出执行率等，能够反映高校的偿债能力、运营效率、预算管理水平等方面的情况。财务比率分析的重要性在于其简单直观、易于理解和应用，能够为高校的财务管理提供基础性的分析与支持。

（二）财务比率分析的局限性

尽管财务比率分析具有诸多优点，但也存在一定的局限性。首先，财务比率分析主要基于历史数据，难以预测未来的财务状况。其次，财务比率分析往往只关注某些财务指标的比率关系，而忽略其他重要的非财务指标，如教学质量、科研成果等。此外，不同高校之间的财务结构和业务模式存在差异，直接比较财务比率可能存在误导性。

（三）与其他分析方法的结合

为了克服财务比率分析的局限性，高校可以将其与其他分析方法相结合，以提供更全面、深入的分析结果。以下是一些常见的结合方式。

1. 与趋势分析相结合

趋势分析是通过比较不同时期的财务数据，来评估高校财务状况的发展趋势。将财务比率分析与趋势分析相结合，可以观察各项财务比率随时间的变化情况，从而更准确地评估高校的财务状况和发展趋势。例如，可以分析高校近几年的资产负债率变化趋势，以评估其偿债能力的变化。

2. 与结构分析相结合

结构分析是通过分析财务数据中的各项组成部分,来评估高校财务结构的合理性。将财务比率分析与结构分析相结合，可以深入了解高校各项财务指标的具体构成和变化情况，从而更全面地评估高校的财务状况。例如，可以分析高校人员支出和公用支出的结构比例，以评估其支出结构的合理性。

3. 与比较分析相结合

比较分析是通过将高校的财务数据与其他高校或行业平均水平进行比较，来评估其财务状况的相对优劣。将财务比率分析与比较分析相结合，可以了解高校在同行业或同类高校中的财务绩效水平，从而更准确地评估其财务状况和运营效率。例如，可以比较不同高校之间的资产负债率水平，以评估各自的偿债能力。

4. 与多维度拆解分析相结合

多维度拆解分析是将财务数据按照不同的维度进行拆解和分析，以深入了解其背后的原因和影响因素。将财务比率分析与多维度拆解分析相结合，可以从多个角度深入剖析高校的财务状况和运营效果，进而提供更全面、深入的分析结果。例如，可以从学科、专业、学院等多个维度拆解高校的收入和支出数据，以深入了解其收入来源和支出结构的变化情况。

5. 与假设检验分析相结合

假设检验分析是通过提出假设并验证其真伪性来评估高校的财务状况和运营效果。将财务比率分析与假设检验分析相结合，可以针对特定的财务问题或现象提出假设，并通过收集和分析相关数据来验证其真伪性，从而更深入地了解高校的财务状况和运营效果。例如，可以提出假设"高校的科研经费投入与其科研成果产出正相关"，并通过收集和分析相关数据来验证这一假设的真伪性。

高校财务比率分析与其他分析方法相结合可以提高分析结果的全面性和准确性。通过结合趋势分析、结构分析、比较分析、多维度拆解分析和假设检验分析等方法，可以更全面、深入地了解高校的财务状况和运营效果，为高校的财务管理提供有力的支持。同时，这种结合也有助于克服财务比率分析的局限性，提高分析的准确性和有效性。

五、持续改进高校财务比率分析体系

随着高校财务管理日益复杂和精细化，财务比率分析作为评估高校财务绩效的重要工具，其体系的持续改进变得尤为重要。

（一）明确分析目标与需求

持续改进高校财务比率分析体系的首要任务是明确分析的目标和需求。高校财务比率分析应服务于高校的战略规划、资源配置、风险管理等方面。因此，在构建和改进财务比率分析体系时，需要充分了解和分析高校的实际需求，确保分析体系能够准确反映高校的财务状况和绩效，为高校的决策提供有力支持。

（二）优化财务数据采集与处理流程

财务数据的准确性和可靠性是财务比率分析的基础。为了保障数据质量，高校应优化财务数据采集与处理流程。首先，建立统一的财务数据标准和规范，确保数据的准确性和一致性。其次，采用先进的信息技术手段，如大数据、云计算等，以提高数据处理的自动化水平和效率。同时，加大内部审计和外部审计的力度，对财务数据进行定期审查和验证，以确保数据的真实性和可靠性。

（三）拓展财务比率分析的维度

传统的财务比率分析主要关注财务指标的变化和趋势，但在高校财务管理中，非财务指标同样重要。因此，高校应拓展财务比率分析的维度，将非财务指标纳入分析范围。例如，可以引入教学质量、科研水平、师资力量、学生满意度等非财务指标，建立综合评价指标体系，全面反映高校的财务状况和绩效。这有助于高校更全面地了解自身的优势和不足，为战略规划和决策提供更为准确的依据。

（四）引入先进的财务分析方法

随着财务分析方法的不断创新和发展，高校应引入先进的财务分析方法，以提高财务比率分析的科学性和准确性。例如，可以采用杜邦分析法、经济增加值等现代财务分析方法，对高校财务状况进行深入剖析和评估。此外，还可以结合趋势分析、预测分析等方法，对高校的财务状况进行动态分析和预测，为高校的决策提供有力支持。

(五）加强财务比率分析结果的解释与应用

财务比率分析的结果需要得到充分的解释和应用才能发挥其价值。高校应加强对财务比率分析结果的解释和解读，确保分析结果能够准确反映高校的财务状况和绩效。同时，高校还应将财务比率分析的结果与战略规划和决策相结合，为高校的资源配置、风险管理等提供有力支持。例如，可以根据财务比率分析的结果调整资金分配策略、优化资源配置结构等，以提高高校的财务管理水平和绩效。

（六）建立反馈机制与持续改进循环

持续改进高校财务比率分析体系需要建立有效的反馈机制和持续改进循环。高校应定期对财务比率分析体系进行评估和反思，发现其中存在的问题和不足，并制定相应的改进措施。同时，建立与财务人员的沟通机制，鼓励他们对财务比率分析体系提出改进意见和建议。此外，高校还可以借鉴其他高校和行业的先进经验和做法，不断完善和优化自身的财务比率分析体系。

（七）加强财务人员的培训与培养

财务人员的专业素质和能力对财务比率分析体系的持续改进至关重要。高校应加强对财务人员的培训与培养，以提高他们的专业素养和技能水平。定期的培训和学习，使财务人员能够掌握先进的财务分析方法和工具，提高他们对财务数据的解读和分析能力。同时，鼓励财务人员参与高校的财务管理和决策过程，增强他们的责任感和使命感，为高校财务比率分析体系的持续改进提供有力支持。

持续改进高校财务比率分析体系需要从多个方面入手，包括明确分析目标与需求、优化财务数据采集与处理流程、拓展财务比率分析的维度、引入先进的财务分析方法、加强财务比率分析结果的解释与应用、建立反馈机制与持续改进循环以及加强财务人员的培训与培养等。通过这些措施的实施，可以不断提高高校财务比率分析体系的科学性和准确性，为高校的战略规划和决策提供有力支持。

第三章 高校财务绩效评价方法研究

第一节 绩效评价方法的分类与比较

一、高校财务绩效评价方法的分类

在高校财务管理中,财务绩效评价是一个至关重要的环节,它有助于客观评估学校的财务状况、运营效率以及风险管理能力。为了有效进行财务绩效评价,需要采用多种方法,这些方法可以大致分为绝对评价法、相对评价法和描述法三类。

(一)绝对评价法

绝对评价法是一种基于统一标准尺度来衡量评价对象绩效的方法。在高校财务绩效评价中,绝对评价法通常用于评估相同职位或相同业务领域的员工绩效。这种方法的特点是评价标准明确、具体,能够直观地反映评价对象的实际表现。

1. 功效系数法

功效系数法是一种常用的绝对评价法,它通过设定一个功效系数,将评价对象的绩效与标准值进行比较,从而得出一个具体的评价分数。在高校财务绩效评价中,功效系数法可用于评估各项财务指标的完成情况,如预算收入执行率、预算支出执行率等。通过设定合理的功效系数和评价标准,可以客观地反映学校的财务状况和运营效率。

2. 目标管理法

目标管理法也是一种绝对评价法,它强调将组织的整体目标分解为具体的个人或部门目标,并通过定期评估目标的完成情况来评价绩效。在高校财务绩效评价中,目标管理法可以应用于预算管理、成本控制等方面。通过设定明确的预算目标和成本控制目标,并监控目标的完成情况,可以及时发现问题并采取措施加以改进。

3. 关键绩效指标法

关键绩效指标法(KPI)是一种通过设定关键绩效指标来衡量评价对象绩效的方法。

在高校财务绩效评价中，KPI可以包括收入增长率、成本控制率、资产负债率等关键财务指标。通过定期收集和分析这些关键指标的数据，可以客观评价学校的财务状况和运营效率，并为管理决策提供支持。

（二）相对评价法

相对评价法是一种通过部门或团队内人员相互比较来做出评价的方法。这种方法不事先制定统一的评价标准，而是根据评价对象的相对表现进行排序或比较。

1. 排序法

排序法是一种简单的相对评价法，它要求评价者对评价对象进行排序，以反映他们在某一方面的相对表现。在高校财务绩效评价中，排序法可用于评估不同部门或不同员工的财务绩效表现。通过排序，可以直观地了解各部门或员工在财务绩效方面的相对优劣，从而采取相应的激励或改进措施。

2. 成对比较法

成对比较法是一种更为详细的相对评价法，它要求评价者对每一对评价对象进行比较，以确定他们在某一方面的相对表现。在高校财务绩效评价中，成对比较法可用于评估不同部门或不同员工在某一具体财务指标上的表现。通过成对比较，可以更深入地了解各部门或员工在财务绩效方面的差异和优劣，为管理决策提供更为详细的信息。

（三）描述法

描述法是一种用描述性文字对评价对象的能力、态度、业绩等做出评价的方法。这种方法侧重于对评价对象的全面描述和评估，而不仅仅局限于某一方面的表现。

1. 文字评价法

文字评价法是一种简单的描述法，它要求评价者用文字对评价对象进行客观描述和评价。在高校财务绩效评价中，文字评价法可用于对财务人员的专业能力、工作态度和业绩表现等进行全面评价。通过文字描述，可以了解财务人员在财务管理方面的优势和不足，为提升他们的专业能力和综合素质提供依据。

2. 行为锚定等级评价法

行为锚定等级评价法是一种更为详细的描述法，它要求评价者根据评价对象的具体行为表现来评定其绩效等级。在高校财务绩效评价中，行为锚定等级评价法可以用于评估财务人员在财务管理过程中的行为表现。通过设定具体的行为锚定标准，同时观察财务人员的实际行为表现，可以准确评定他们的绩效等级，并为管理决策提供更准确的信息。

每种评价方法都有其特点和适用范围，在实际应用中需要根据具体情况选择和组合使用。通过综合运用这些方法，可以全面、客观地评估高校的财务绩效状况，为管理决策提供支持。

二、高校财务绩效评价方法特点比较

在实际应用中，绝对评价法、相对评价法和描述法各有优缺点，需要根据具体情况进行选择和应用。绝对评价法具有客观性强、目标明确的特点，但标准制定难度较大；相对评价法简单易行、直观明了，但可能受到主观因素的影响；描述法全面细致、深入分析，但主观性强、难以量化。因此，在选择和应用评价方法时，需要根据高校的实际情况和需求进行综合考虑。例如，在制定高校财务绩效评价标准时，可以采用绝对评价法来确保标准的客观性和明确性；当评价高校在同类型高校或行业中的相对位置时，可以采用相对评价法来直观地反映高校的相对水平；在全面了解高校的财务状况和绩效表现时，可以采用描述法进行深入分析和描述。此外，还可以将三种评价方法相结合，形成综合评价体系。通过综合运用绝对评价法、相对评价法和描述法等评价方法，可以更加全面、准确地评价高校的财务绩效，为高校的财务管理决策提供有力支持。同时，在评价过程中也需要注重数据的真实性和可靠性，确保评价结果的客观性和准确性。

三、高校财务绩效评价方法的适用范围

在高校财务绩效评价体系中，选择适合的评价方法至关重要。不同的评价方法因其特性不同，在适用范围上也会有所差异。以下将详细探讨绝对评价法、相对评价法和描述法在高校财务绩效评价中的适用范围。

（一）绝对评价法的适用范围

绝对评价法适用于有明确绩效标准的高校财务绩效评价。在这种方法中，评价的标准是事先设定的，且对所有评价对象都是统一的。其特点就在于评价标准的明确性和具体性，使得评价结果具有客观性和可比性。

1. 统一标准下的评价

在高校财务绩效评价中，绝对评价法可以应用于各项财务指标的评价，如预算执行情况、收支平衡状况、资产管理效率等。这些指标通常都有明确的量化标准，如预算收入执行率、预算支出执行率等。通过将这些指标与设定的标准进行比较，可以客观地评价高校的财务绩效。

2.适用于长期稳定的评价

绝对评价法适用于长期稳定的评价对象。由于评价标准是事先设定的，且对所有评价对象都是统一的，因此，它可以为高校提供一个长期稳定的评价框架。在这个框架下，高校可以持续监控自身的财务绩效，及时发现问题并采取相应措施加以改进。

3.强调量化指标的评价

绝对评价法强调量化指标的评价。在高校财务绩效评价中，量化指标通常更容易被理解和接受。通过设定具体的量化标准，可以直观地反映高校的财务绩效状况，为管理决策提供支持。

（二）相对评价法的适用范围

相对评价法适用于部门或团队内部绩效比较。这种方法不设定统一的标准，而是通过评价对象之间的相对表现来评定绩效，其特点在于评价结果的相对性和灵活性。

1.部门或团队内部的比较

在高校财务绩效评价中，由于不同部门或团队在业务性质、规模等方面存在差异，因此很难设定统一的评价标准。通过相对评价法，可以对不同部门或团队的财务绩效进行比较，了解它们在高校整体财务绩效中的相对位置。

2.强调过程与结果的结合

相对评价法不仅关注结果，还关注过程。在高校财务绩效评价中，除了关注各项财务指标的完成情况，还需要关注财务管理的过程和方法。通过相对评价法，可以了解不同部门或团队在财务管理过程中的优势和不足，为改进管理提供依据。

3.适用于动态变化的评价

相对评价法适用于动态变化的评价对象。由于评价标准不是事先设定的，而是根据评价对象的相对表现来评定绩效，因此，它可以适应评价对象的动态变化。在高校财务绩效评价中，随着业务的发展和环境的变化，各项财务指标也会发生相应的变化。通过相对评价法，可以灵活地调整评价标准和方法，以适应这些变化。

（三）描述法的适用范围

描述法适用于对特定方面或事件的深入评价。这种方法侧重于对评价对象的全面描述和评估，而不仅仅局限于某一方面的表现。

1.特定方面的深入评价

在高校财务绩效评价中，描述法可以应用于对特定方面的深入评价。例如，可以对高校的财务管理制度、内部控制体系、风险管理机制等方面进行描述性评价。通过深入了解这些方面的具体情况和存在的问题,可以为改进管理提供依据。

2. 对事件的回顾与评价

描述法也适用于对特定事件的回顾与评价。在高校财务绩效评价中,可以运用描述法对重大财务事件进行回顾和评价。通过描述事件的起因、经过和结果,可以了解事件对高校财务绩效的影响程度,并总结经验教训,以防范类似事件的再次发生。

3. 结合其他方法进行评价

描述法通常与其他评价方法结合使用。在高校财务绩效评价中,可以将描述法与绝对评价法或相对评价法相结合使用。通过综合运用多种评价方法,可以全面、深入地了解高校的财务绩效状况,为管理决策提供更全面的支持。

绝对评价法、相对评价法和描述法在高校财务绩效评价中各有其适用范围。在实际应用中,需要根据具体情况选择合适的评价方法或组合来使用多种评价方法,以全面、客观地评价高校的财务绩效状况。

四、高校财务绩效评价方法的优缺点

(一)绝对评价法的优缺点

1. 优点

(1)客观性强

绝对评价法基于预设的、明确的评价标准进行绩效评价,这些标准通常是经过科学论证和广泛认可的,因此,评价结果具有较强的客观性。它不受外界因素或主观判断的干扰,能够准确地反映高校的财务绩效水平。

(2)激励作用明显

由于绝对评价法提供了明确的绩效目标,高校可以清晰地看到自身与标准之间的差距,从而激发高校改进财务管理、提高绩效水平的动力。这种明确的目标导向性有助于高校实现财务绩效的持续提升。

(3)便于横向比较

绝对评价法采用统一的评价标准,使得不同高校之间的财务绩效可以进行横向比较。这有助于高校了解自身在同行业或同类型高校中的位置,从而更准确地把握自身的优势和不足。

2. 缺点

（1）标准制定难度大

制定既符合高校实际情况又具有一定挑战性的评价标准是一项复杂的任务。这需要对高校的财务状况、发展战略、市场环境等方面进行深入分析，以确保标准的科学性和合理性。然而，由于高校之间的差异性较大，因此制定一个普适性强的标准并不容易。

（2）适应性差

绝对评价法采用固定的评价标准，难以适应高校财务绩效的动态变化。随着高校的发展和市场环境的变化，原有的评价标准可能不再适用，需要重新制定或调整。然而，这种调整往往需要耗费大量的时间和精力，并且难以保证新标准的科学性和合理性。

（3）忽视个体差异

绝对评价法采用统一的标准进行评价，忽略了不同高校之间的个体差异。每个高校都有其独特的财务状况和发展战略，采用统一的标准进行评价可能无法准确反映某些高校的特殊情况和优势。

（二）相对评价法的优缺点

1. 优点

（1）简单易行

相对评价法通过与同类型高校或行业平均水平进行比较来评价高校的财务绩效，这种方法简单易行，无须制定复杂的评价标准，只需收集相关数据并进行简单的计算即可得出结果。

（2）直观明了

相对评价法能够直观地反映高校在同类型高校或行业中的相对位置和水平。高校可以清晰地看到自身与其他高校之间的差距和优势，从而有针对性地制定改进措施。

（3）促进竞争

通过与其他高校进行比较，相对评价法能够激发高校的竞争意识。为了在同类型高校中脱颖而出，高校会不断地提高自身的财务绩效水平，从而推动整个行业的进步。

2. 缺点

（1）主观性强

相对评价法需要与其他高校进行比较，评价过程中可能受到评价者个人主观意识、经验等因素的影响，导致评价结果存在偏差。此外，评价标准的选择也可能受到主观因素的影响，如选择哪些高校作为比较对象等。

（2）忽视内部差异

相对评价法主要关注高校在同类型高校或行业中的相对位置，可能忽视高校内部各部门、各项目之间的财务绩效差异。这可能导致高校在整体绩效水平提升的同时，某些部门或项目的绩效水平却出现了下滑。

（3）评价标准模糊

相对评价法通常基于同类型高校或行业平均水平进行评价，但这种平均水平往往是一个模糊的概念，难以准确界定。因此，评价结果可能存在一定的不确定性。

（三）描述法的优缺点

1. 优点

（1）全面细致

描述法通过对高校财务绩效进行全面细致的描述来评价其绩效水平，可以全面反映高校的财务状况和绩效表现。这种方法能够深入剖析高校的财务结构、经营情况、战略规划等方面，为高校提供全面、深入的财务绩效分析。

（2）灵活性强

描述法可以根据高校的具体情况和需求进行灵活调整和改进。它不受固定评价标准的限制，可以根据高校的实际情况制定个性化的评价指标和方法。这使得描述法更符合高校的实际情况和需求。

（3）有助于发现问题

描述法通过对高校财务绩效的详细描述和分析，有助于发现高校在财务管理和运营过程中存在的问题和不足，有助于高校及时制定改进措施并优化财务管理流程。

2. 缺点

（1）主观性强

描述法需要对高校的财务绩效进行全面细致的描述和分析，在此过程中不可避免地会涉及一些主观因素，如评价者的个人意见、判断等。这可能导致评价结果的客观性受到影响。

（2）难以量化

描述法通常涉及大量的数据和信息，如何将这些数据和信息转化为可量化的指标是一个难题，这使得描述法的评价结果难以与其他评价方法进行直接比较。此外，由于描述法的主观性较强，评价结果也可能存在一定的不确定性。

（3）工作量大

描述法需要对高校的多个方面进行深入分析和描述，这往往需要耗费大量的时间和精力。同时，评价结果的呈现也需要一定的技巧和方法，以确保其清晰易懂。这使得描述法的应用成本较高，需要高校投入较多的资源。

五、高校财务绩效评价方法的选择原则

在高校财务绩效评价过程中，评价方法的选择是至关重要的一环。不同的评价方法适用于不同的评价目的和对象，因此，在选择评价方法时，需要遵循一定的原则，以确保评价结果的准确性、客观性和有效性。

（一）明确评价目的

在选择高校财务绩效评价方法时，首先要明确评价的目的。评价目的不同，所需的评价方法和关注点也会有所不同。例如，如果评价目的是了解高校的财务状况和运营效率，那么可能需要选择能够全面反映这些方面的评价方法，如绝对评价法中的功效系数法或关键绩效指标法；如果评价目的是比较不同部门或团队的财务绩效，那么可能需要选择相对评价法中的排序法或成对比较法。因此，明确评价目的是选择评价方法的首要原则。

（二）考虑评价对象的特点

评价对象的特点也是选择评价方法时需要考虑的重要因素。不同的评价对象在业务性质、规模、组织结构等方面存在差异，这些差异会影响评价方法的适用性和有效性。例如，对于规模较小、业务相对简单的部门或团队，可能更适合采用相对简单的评价方法，如排序法或描述法；而对于规模较大、业务复杂的部门或团队，可能需要采用更为复杂和精细的评价方法，如关键绩效指标法或行为锚定等级评价法。因此，在选择评价方法时，需要充分考虑评价对象的特点，以确保评价方法的适用性和有效性。

（三）注重评价方法的客观性

客观性是高校财务绩效评价的重要原则之一。在选择评价方法时，需要注重评价方法的客观性，以确保评价结果能够真实反映评价对象的实际情况。例如，绝对评价法中的功效系数法和目标管理法，由于评价标准明确、具体，能够客观反映评价对象的实际表现；而相对评价法则通过评价对象之间的相对表现来评定绩效，虽然具有灵活性，但可能受到主观因素的影响。因此，在选择评价方法时，需要权衡各种方法的优缺点，选择能够确保评价结果客观性的方法。

（四）关注评价方法的可操作性

除了客观性以外，评价方法的可操作性也是选择评价方法时需要考虑的因素之一。

评价方法应该具有简单易行、便于操作的特点，以便评价者能够轻松上手并快速完成评价工作。例如，描述法虽然能够全面深入地描述评价对象的特定方面或事件，但可能需要花费较多的时间和精力来收集和分析信息；而相对评价法则相对简单快捷，能够快速得出评价结果。因此，在选择评价方法时，需要关注评价方法的可操作性，选择便于实施和评价的方法。

（五）考虑评价成本

评价成本也是选择评价方法时需要考虑的因素之一。不同的评价方法在成本上存在差异，包括时间成本、人力成本、物资成本等。在选择评价方法时，需要综合考虑评价成本和收益之间的关系，选择成本效益较高的评价方法。例如，对于一些重要性不高或频率较低的评价任务，可以选择成本较低的评价方法；而对于一些重要性较高或频率较高的评价任务，则需要选择效果更好但成本较高的评价方法。

（六）结合多种评价方法

在实际应用中，往往需要结合多种评价方法来进行高校财务绩效评价。不同的评价方法各有优缺点，通过结合使用可以互相补充、互相印证，进而提高评价结果的准确性和可靠性。例如，可以将绝对评价法和相对评价法相结合使用，既关注评价对象的实际表现，又关注其在整体中的相对位置；也可以将描述法与其他评价方法相结合使用，以更全面地了解评价对象的特定方面或事件。因此，在选择评价方法时，需要充分考虑各种方法的优缺点和适用范围，并结合实际情况选择最合适的评价方法组合。

高校财务绩效评价方法的选择原则包括明确评价目的、考虑评价对象的特点、注重评价方法的客观性、关注评价方法的可操作性、考虑评价成本以及结合多种评价方法。在实际应用中，需要遵循这些原则来选择合适的评价方法或组合使用多种评价方法，以确保评价结果的准确性、客观性和有效性。

第二节 高校财务绩效评价的常用方法

一、功效系数法

功效系数法作为高校财务绩效评价的一种常用方法，其独特性和适用性在高校财务管理中得到了广泛的认可和应用。

（一）功效系数法的定义与原理

功效系数法是一种基于多目标规划原理的绩效评价方法，它通过为每一项评价指标确定一个满意值和不允许值，以满意值为上限，以不允许值为下限，计算各指标实现满意值，并以此确定各指标的分数。然后，经过加权平均进行综合，从而评价被研究对象的综合状况。这种方法在高校财务绩效评价中，能够帮助管理者量化评估各项财务指标的达成情况，为优化资源配置和决策提供支持。

（二）功效系数法的应用步骤

1. 指标选取

根据高校财务绩效评价的目标和实际需求，选取具有代表性的财务指标作为评价对象。这些指标应能够全面反映高校的财务状况和绩效水平。

2. 设定满意值与不允许值

针对每个选取的指标，根据其实际情况和评价标准，设定一个满意值和不允许值。满意值通常代表该指标能达到的最高水平，而不允许值则代表最低水平或不可接受的水平。

3. 计算功效系数

根据各指标的实际值和设定的满意值与不允许值，计算各指标的功效系数。功效系数的计算公式一般为：

$$功效系数 = （实际值 - 不允许值）/（满意值 - 不允许值）$$

4. 加权平均

根据各指标的权重，将各指标的功效系数进行加权平均，得出综合功效系数。综合功效系数能够全面反映高校财务绩效的综合水平。

（三）功效系数法的优势

1. 量化评估

功效系数法通过计算功效系数的方式，将财务指标的达成情况进行量化表达，使得评价结果更加客观、准确。

2. 综合性强

功效系数法能够综合考虑多个财务指标，通过加权平均得出综合功效系数，进而全面反映高校财务绩效的综合水平。

3. 灵活性高

功效系数法允许根据不同的评价目标和实际需求，灵活调整指标、满意值、不允许值和权重等参数，以适应不同的评价场景。

（四）功效系数法的局限性

1. 主观性强

在设定满意值和不允许值时，需要依赖评价者的主观判断和经验，这可能导致评价结果受到主观因素的影响。

2. 数据依赖性高

功效系数法的计算依赖于大量的财务数据，如果数据质量不高或存在缺失，将影响评价结果的准确性和可靠性。

3. 权重设置复杂

在加权平均的过程中，权重的设置是一个复杂的问题。权重的确定需要综合考虑多个因素，如指标的重要性、影响程度等，这进一步增加了评价的复杂性和难度。

功效系数法作为高校财务绩效评价的一种常用方法，具有量化评估、综合性强和灵活性高等优势。然而，它也存在主观性强、数据依赖性高和权重设置复杂等局限性。因此，在实际应用中，需要结合高校的实际情况和需求，综合考虑各种因素，选择合适的评价方法，以确保评价结果的准确性和可靠性。

二、综合经济效益指数法

在高校财务绩效评价中，综合经济效益指数法是一种常用的评价方法，它基于指数分析的基本原理，通过加权算术平均数指数公式对经济现象进行综合评价，以实现经济效益指数在不同时期或不同地区之间的可比性。这种方法不仅适用于高校财务绩效的整体评价，还能为高校财务管理提供具体的改进方向。

（一）综合经济效益指数法的基本原理

综合经济效益指数法的基本思想是将某一标准时期各项经济效益指标的数值作为基数，然后将报告期对应指标的实际数值与之比较，最后将计算所得到的系数（动态比率）加权平均。这种方法的核心在于将各项经济效益指标转化为同度量的个体指数，并通过加权算术平均的方式将这些个体指数综合起来，形成一个综合经济效益指数。这个指数能够全面反映高校财务绩效的整体状况，并为高校财务管理决策提供科学依据。

(二)综合经济效益指数法的计算步骤

1.确定评价标准

在运用综合经济效益指数法进行评价时,首先需要确定评价标准。这个标准通常是基于历史数据或行业平均水平来设定的,用于作为评价各项经济效益指标的基准。

2.计算单项经济效益指标指数

将报告期各项经济效益指标的实际数值与评价标准进行比较,计算出各项指标的单项经济效益指数。这个指数反映了各项指标在报告期的实际表现与评价标准之间的差距。

3.确定权数

权数的确定是根据各项经济效益指标在高校财务管理中的重要性来设定的。不同的指标在高校财务管理中的作用不同,因此需要根据实际情况来确定各项指标的权数。权数的设定可以通过专家打分、问卷调查等方式进行。

4.计算综合经济效益指数

将各单项经济效益指数与相应的权数进行加权平均,得出综合经济效益指数。这个指数是一个综合反映高校财务绩效整体状况的指标,能够全面评价高校在财务管理方面的表现。

(三)综合经济效益指数法的应用特点

1.全面性

综合经济效益指数法能够全面反映高校财务绩效的整体状况,包括收入、支出、资产、负债等方面的表现,这使得评价结果更加全面、客观。

2.可比性

由于综合经济效益指数法是基于指数分析的基本原理进行计算的,因此,它能够实现经济效益指数在不同时期或不同地区之间的可比性。这使得高校可以更加清晰地了解自身在财务管理方面的优势和不足,为改进管理提供依据。

3.灵活性

综合经济效益指数法中的权数可以根据实际情况进行调整,以适应不同高校或不同时期的需求。这使得该方法具有较大的灵活性,能够更好地满足高校财务管理的实际需求。

4. 指导性

通过计算综合经济效益指数，高校可以了解自身在财务管理方面的整体状况以及各项指标的表现情况。这有助于高校发现自身在财务管理中存在的问题和不足，并制定相应的改进措施以提高财务管理水平。

（四）综合经济效益指数法的局限性

虽然综合经济效益指数法在高校财务绩效评价中具有一定的优势，但也存在一些局限性。首先，该方法的评价结果受到评价标准的影响较大，如果评价标准设定不合理或不符合实际情况，那么评价结果可能会失真。其次，该方法的计算过程相对复杂，需要收集大量的数据和信息，这可能会增加评价的成本和难度。最后，该方法主要关注财务指标的表现情况，对于非财务指标如教学质量、科研水平等方面的评价则相对较少涉及。因此，在运用综合经济效益指数法进行评价时，需要注意这些问题，并结合其他评价方法进行综合考虑。

三、层次分析法（AHP）

层次分析法（Analytic Hierarchy Process，AHP）作为一种在高校财务绩效评价中广泛应用的决策分析工具，以其独特的层次化、系统化的思维方式，为复杂的财务绩效评价问题提供了有效的解决方案。以下将详细阐述层次分析法在高校财务绩效评价中的应用原理、步骤、优势以及局限性。

（一）层次分析法的原理

层次分析法是一种将复杂问题分解为多个组成因素，并根据这些因素的相互关系和隶属关系，将它们按不同层次进行组合，形成递阶层次结构的方法。在高校财务绩效评价中，层次分析法通过将评价目标、决策准则和备选方案按层次结构进行组织，使得复杂的财务绩效评价问题简单化和条理化。

（二）层次分析法的步骤

1. 建立层次结构模型

首先，将高校财务绩效评价的目标、考虑因素（决策准则）和决策对象（备选方案）按照它们之间的相互关系分为最高层（目标层）、中间层（准则层）和最低层（方案层），并绘制出层次结构图。

2. 构造判断矩阵

对同一层次的各个指标关于上一层次中某一准则的重要性进行两两比较，构造两两比较的判断矩阵。这一过程通常需要结合专家经验,对指标的两两相对重要性做出判断。

3. 求解判断矩阵的特征向量

通过求解判断矩阵的特征向量,得出各指标的相对权重。这一过程可以通过计算判断矩阵的最大特征根和对应的特征向量来实现。

4. 层次单排序及其一致性检验

对每一层次的指标进行排序,并通过一致性检验来验证排序结果的合理性。一致性检验是通过计算一致性指标(CI)和一致性比率(CR)来实现的,当 CR 小于某个预设的阈值(通常为 0.1)时,则认定排序结果具有一致性。

5. 层次总排序及其一致性检验

将各层次的排序结果进行加权汇总,得出最终的总排序结果,并进行总排序的一致性检验。总排序的一致性检验也是通过计算一致性指标和一致性比率来实现的。

(三)层次分析法的优势

1. 系统性强

层次分析法将复杂的高校财务绩效评价问题分解为多个层次和因素,使得评价过程更加系统化和条理化。

2. 灵活性高

层次分析法允许根据高校财务绩效评价的实际需求,灵活地调整层次结构、指标体系和权重设置,以适应不同的评价场景。

3. 定量与定性相结合

层次分析法不仅可以通过定量计算得出各指标的权重,还可以结合专家的定性判断,使得评价结果更加全面和准确。

4. 易于理解和操作

层次分析法的原理简单易懂,步骤清晰明确,即使是非专业的财务人员也可以轻松掌握和使用。

(四)层次分析法的局限性

1. 对专家经验的依赖性强

层次分析法在构造判断矩阵和确定指标权重时,需要依赖专家的经验和判断。如果专家的判断存在偏差或主观性过强,可能导致评价结果失真。

2. 计算过程烦琐

层次分析法需要进行多次矩阵运算和一致性检验，计算过程相对烦琐。当评价指标数量较多时，可能计算量过大，影响评价效率。

3. 无法提供新方案

层次分析法只能从已有的备选方案中选择较优者，而无法为决策者提供解决问题的新方案。因此，在高校财务绩效评价中，需要结合其他方法共同使用，以充分发挥各自的优势。

四、数据包络分析（DEA）

数据包络分析（Data Envelopment Analysis，DEA）作为一种在高校财务绩效评价中的常用方法，凭借其独特的优势，为高校财务管理提供了有效的评价工具。DEA是一种基于线性规划的效率评估方法，它通过比较决策单元（Decision Making Units，DMU）的输入和输出，评估其相对效率，特别适用于多输入和多输出的复杂系统。

（一）DEA 的基本原理

DEA 的基本原理在于构建一个包含所有决策单元的效率前沿面，每个 DMU 都被视为一个具有多个输入和输出的系统。DEA 通过线性规划的方法，寻找一个最优的权重组合，使得每个 DMU 在其输入和输出指标上都能达到最大值，即达到最高的效率。这个效率前沿面实际上是一个"包络"所有 DMU 的曲面，它代表了当前技术水平下可能达到的最大效率。

（二）DEA 的主要特点

1. 多输入、多输出处理能力

DEA 能够处理具有多个输入和输出的复杂系统，这是其相较于其他评价方法的一大优势。在高校财务绩效评价中，往往需要同时考虑多个财务指标和非财务指标，DEA 能够很好地满足这一需求。

2. 非参数方法

DEA 是一种非参数的效率评估方法，它不依赖于具体的生产函数形式，因此具有较强的适应性和灵活性。这使得 DEA 能够适用于不同类型的高校和不同的财务绩效评价场景。

3. 客观性

DEA 的评价结果是基于客观的数据和数学计算，避免了主观因素的影响。同时，

DEA 不需要预先设定权重，而是通过线性规划的方法自动确定权重，进一步保证了评价结果的客观性。

（三）DEA 在高校财务绩效评价中的应用

1. 整体绩效评价

通过 DEA 方法，可以对高校的整体财务绩效进行评价，了解高校在财务管理方面的整体状况。这有助于高校管理层全面了解学校的财务状况，为其制定有效的财务管理策略提供依据。

2. 部门绩效评价

在高校内部，不同部门之间的财务绩效可能存在差异。通过 DEA 方法，可以对不同部门的财务绩效进行评价和比较，找出不同部门在财务管理方面的优势和不足，为部门之间的协作和资源配置提供参考。

3. 资源配置优化

DEA 方法可以帮助高校管理层了解不同部门或项目之间的资源使用情况，发现资源配置中的不合理之处，为优化资源配置提供决策支持。通过 DEA 分析，高校可以更加合理地分配资源，提高资源利用效率。

（四）DEA 的局限性

虽然 DEA 在高校财务绩效评价中具有诸多优势，但也存在一定的局限性。首先，DEA 方法对数据的质量和完整性要求较高，如果数据存在缺失或质量问题，可能会影响评价结果的准确性。其次，DEA 方法在计算过程中可能会受到极端值的影响，导致评价结果出现偏差。此外，DEA 方法主要关注财务绩效的评价，对于非财务指标如教学质量、科研水平等方面的评价则较少涉及。

数据包络分析作为一种高效的评价方法，在高校财务绩效评价中发挥着重要作用。通过 DEA 方法，高校可以全面了解自身的财务绩效状况，为优化资源配置和提高财务管理水平提供有力支持。然而，在应用 DEA 方法时需要注意其局限性，并结合其他评价方法进行综合考虑。

五、选择原则

在高校财务绩效评价的实践中，选择适合的评价方法至关重要。不同的评价方法各有其特点和适用范围，因此，在选择评价方法时，应遵循一定的原则，以确保评价结果的准确性、有效性和实用性。

（一）目标导向原则

高校财务绩效评价的目标决定了评价工作的方向和重点。在选择评价方法时，应首先明确评价目标，并根据目标来确定评价方法的适用范围和重点。例如，如果评价目标是全面了解高校的财务状况和绩效水平，那么可以选择综合性较强的评价方法，如平衡计分卡或绩效棱柱模型（Performance Prism）；如果评价目标是针对某一具体财务指标进行深入分析，那么可以选择更为精细化的评价方法，如比率分析法或杜邦分析法。

（二）适用性原则

不同高校在财务管理、组织结构、业务流程等方面存在差异，因此，在选择评价方法时，应充分考虑高校的实际情况和特点，选择适用的评价方法。例如，对于财务管理制度健全、数据基础较好的高校，可以选择依赖于大量数据的定量评价方法，如数据包络分析法或层次分析法；对于财务管理制度相对薄弱、数据基础较差的高校，则可以选择更为灵活、对数据要求不高的定性评价方法，如专家评分法或模糊综合评价法。

（三）可操作性原则

评价方法的可操作性是指在实际应用中能否方便、快捷地实施。在选择评价方法时，应充分考虑评价方法的可操作性，选择易于理解、操作简便的评价方法。这不仅可以提高评价工作的效率，还可以降低评价成本。例如，层次分析法虽然原理简单易懂，但在实际应用中需要构造判断矩阵、求解特征向量等复杂步骤，对操作人员的要求较高；而平衡计分卡则通过直观的图表和指标体系，使得评价过程更加直观、易于操作。

（四）综合性原则

高校财务绩效评价涉及多个方面和层次，需要综合考虑各种因素。在选择评价方法时，应遵循综合性原则，选择能够全面反映高校财务状况和绩效水平的评价方法。这要求评价方法不仅要关注财务指标的实现情况，还要关注非财务指标的影响；不仅要关注短期绩效的达成，还要关注长期发展的可持续性。例如，平衡计分卡通过财务、客户、内部业务流程、学习与成长四个方面的指标体系，全面反映了高校的财务状况和绩效水平；而绩效棱柱模型则进一步考虑了利益相关者的需求和期望，使得评价结果更加全面和客观。

（五）动态性原则

高校财务绩效评价是一个动态的过程，需要随着高校内外环境的变化而不断调整和优化。在选择评价方法时，应遵循动态性原则，选择能够适应环境变化、具有灵活性的评价方法。这要求评价方法不仅具有较强的适应性，还能够方便进行修改和调整。例如，模糊综合评价法通过模糊数学的理论和方法，可以处理具有模糊性和不确定性的评价问题；而神经网络评价法则可以通过学习和训练来适应环境变化，以提高评价结果的准确性和可靠性。

（六）可比性原则

高校财务绩效评价的结果需要与其他高校或同一高校不同时期的绩效进行比较和分析。在选择评价方法时，应遵循可比性原则，选择具有可比性的评价方法。这要求评价方法在评价指标、权重设置、计算过程等方面具有一致性和可比性。例如，在选择财务指标时，应选择具有普遍性和代表性的指标；在设置权重时，应采用统一的标准和方法；在计算过程中，应遵循相同的计算步骤和公式。这样可以确保评价结果的可比性和可靠性，为高校之间的比较和分析提供有力支持。

高校财务绩效评价的常用方法选择应遵循目标导向、适用性、可操作性、综合性、动态性和可比性原则。这些原则有助于确保评价方法的科学性和有效性，提高评价结果的准确性和可靠性，为高校财务管理和决策提供有力支持。

第三节　绩效评价方法的创新与发展

一、引入非财务指标

随着高等教育事业的不断发展，高校财务绩效评价逐渐受到广泛关注。传统的高校财务绩效评价方法主要关注财务指标，如经费收入、支出、资产负债率等，这些方法在一定程度上能够反映高校的财务状况和经营成果。然而，单纯依赖财务指标进行评价存在一定的局限性，无法全面反映高校的运营效率和社会效益。因此，将非财务指标纳入高校财务绩效评价体系，成为当前高校财务管理的重要发展趋势。

（一）非财务指标在高校财务绩效评价中的重要性

非财务指标是指除财务指标以外的其他评价高校财务绩效的要素。这些指标涵盖了高校的教学质量、科研水平、学生满意度、社会声誉等方面，能够更加全面、客观地反映高校的运营状况和社会影响力。

1. 教学质量

教学质量是高校的核心竞争力之一，也是评价高校财务绩效的重要指标之一。教学质量的好坏将直接影响到高校的声誉和吸引力，进而影响到高校的经费收入和资源配置。因此，将教学质量纳入高校财务绩效评价体系，有助于高校更加注重教学质量的提升，提高教育资源的利用效率。

2. 科研水平

科研水平是衡量高校综合实力的重要指标之一。高校的科研成果不仅能够推动学科发展和社会进步，还能够为高校带来一定的经济收益。将科研水平纳入高校财务绩效评价体系，可以激励高校加大科研投入，提高科研产出的质量和数量，进一步提升高校的综合实力。

3. 学生满意度

学生满意度是评价高校教育质量的重要依据之一。学生对高校的教学环境、师资力量、课程设置等方面的满意度直接影响到学生的培养质量和学习体验。将学生满意度纳入高校财务绩效评价体系，有助于高校更加关注学生的需求和感受，提高教育服务质量，从而进一步提升高校的吸引力。

4. 社会声誉

社会声誉是高校长期积累的品牌形象和社会认可度。良好的社会声誉有助于高校吸引更多的优质生源和经费支持，促进高校的可持续发展。将社会声誉纳入高校财务绩效评价体系，可以激励高校更加注重品牌建设和社会形象的提升，为高校的发展营造良好的社会环境。

（二）非财务指标在高校财务绩效评价中的优点

1. 全面性

非财务指标涵盖了高校的多个方面，包括教学质量、科研水平、学生满意度、社会声誉等，能够更全面地反映高校的运营状况和社会影响力。

2. 客观性

非财务指标的评价结果基于客观的数据和事实，避免了主观因素的影响。同时，非财务指标的评价方法多样，可以采用问卷调查、专家评审等方式进行，进一步保证了评价结果的客观性。

3. 激励性

将非财务指标纳入高校财务绩效评价体系，可以激励高校更加注重教学、科研、学生服务等方面的投入和管理，提高高校的运营效率和社会效益。

4. 可比性

非财务指标的评价结果可以在不同高校之间进行横向比较，有助于高校了解自身在同类高校中的优势和不足，为制定有效的改进措施提供依据。

（三）非财务指标在高校财务绩效评价中的实施建议

根据高校的实际情况和发展目标，明确非财务指标的评价内容和标准，确保评价结果的客观性和准确性。建立科学的评价体系，包括评价指标的选取、评价方法的确定、评价周期的安排等，以确保评价工作的有序进行。加强数据收集和分析工作，确保评价所需数据的准确性和完整性。同时，建立数据共享机制，促进不同部门之间的数据交流和共享。注重结果反馈和应用，及时将评价结果反馈给相关部门和人员，并制定相应的改进措施。同时，将评价结果作为高校决策的重要依据之一，促进高校财务管理的科学化和规范化。

二、结合大数据技术

（一）大数据技术在高校财务绩效评价中的引入

随着信息技术的迅猛发展和数据量的急剧增长，大数据技术已经成为各行各业不可或缺的重要工具。在高校财务绩效评价领域，大数据技术的引入为评价工作带来了革命性变革。传统的财务绩效评价方法往往依赖于有限的财务数据样本，难以全面、准确地反映高校的财务状况和绩效水平；而大数据技术能够处理海量的财务数据，通过数据挖掘和分析，揭示数据背后的深层次规律和关联，为高校财务绩效评价提供更为全面、准确的信息支持。

（二）大数据技术在高校财务绩效评价中的应用

1. 数据收集与整合

高校财务绩效评价需要收集各种财务数据，包括财务报表、会计凭证、预算执行情况等。大数据技术可以通过建立数据仓库和数据湖，将各种来源的财务数据进行集中存储和管理，实现数据的快速检索和共享。同时，大数据技术还可以对异构数据进行整合，将不同格式、不同来源的数据进行清洗、转换和加载，形成统一的数据视图，为评价工作提供一致的数据基础。

2. 数据挖掘与分析

在数据收集与整合的基础上，大数据技术可以通过数据挖掘和分析技术，对财务数据进行深入挖掘和分析。例如：可以使用关联规则挖掘技术发现财务数据之间的关联关系；使用聚类分析技术将数据划分为不同的类别，以发现潜在的模式和趋势；使用预测模型对未来的财务状况进行预测等。这些分析结果可以为高校财务绩效评价提供有力的数据支持，帮助评价者更准确地评估高校的财务状况和绩效水平。

3. 绩效评价模型的构建与优化

基于大数据技术的数据挖掘和分析结果，可以构建更加科学、合理的财务绩效评价模型。这些模型可以根据高校的实际情况和特定需求进行定制，包括财务指标的选择、权重的确定、评价方法的选用等。同时，大数据技术还可以对评价模型进行持续优化，通过不断收集新的数据和分析结果，对模型进行迭代更新，进而提高评价模型的准确性和有效性。

（三）大数据技术在高校财务绩效评价中的优势

1. 提高评价效率

传统的高校财务绩效评价往往需要耗费大量的人力和时间进行数据的收集、整理和分析工作。然而，大数据技术可以自动完成这些工作，大大提高了评价效率。评价者可以通过大数据平台快速获取所需的财务数据和分析结果，减少了手工操作和重复劳动的时间成本。

2. 提高评价准确性

大数据技术可以处理海量的财务数据，通过数据挖掘和分析揭示数据背后的深层次规律和关联。这使得评价者能够更全面地了解高校的财务状况和绩效水平，避免了传统评价方法中的主观性和片面性。同时，大数据技术还可以对评价结果进行实时监控和反馈，及时发现并纠正错误和偏差，提高了评价的准确性和可靠性。

3. 促进评价创新

大数据技术的应用为高校财务绩效评价带来了更多的创新机会。评价者可以利用大数据技术探索新的评价指标和方法，构建更加科学、合理的评价模型。同时，大数据技术还可以为评价者提供更加丰富多样的数据可视化手段，使评价结果更加直观、易懂。这些创新不仅可以提高评价工作的效率和质量，还可以推动高校财务管理和绩效评价的持续发展。

（四）大数据技术在高校财务绩效评价中的挑战与展望

尽管大数据技术在高校财务绩效评价中具有诸多优势，但在实际应用中也面临着一些挑战。例如，数据安全问题、隐私保护问题、技术更新问题等都需要得到妥善解决。未来，随着大数据技术的不断发展和完善，相信这些问题也将逐渐得到解决。同时，我们也期待大数据技术能够在高校财务绩效评价中发挥更大的作用，推动高校财务管理和绩效评价工作的创新与发展。

三、动态评价方法

在高等教育领域，财务绩效评价不仅是衡量高校运营效率和资源利用效果的重要手段，更是推动高校管理创新和持续发展的重要驱动力。近年来，随着教育环境的变化和高校管理的日益复杂化，传统的静态财务绩效评价方法已难以满足高校管理的需求。因此，采用动态评价方法跟踪高校财务绩效的变化，成为高校财务绩效评价的创新与发展趋势。

（一）动态评价方法的概念与特点

动态评价方法是指通过持续、实时地收集和分析相关数据，对高校财务绩效进行动态跟踪和评估的一种方法。

1. 实时性

动态评价方法能够实时收集和分析数据，及时反映高校财务绩效的变化情况，使管理者能够及时了解高校的运营状况。

2. 连续性

动态评价方法具有连续性的特点，能够持续跟踪高校财务绩效的变化趋势，为高校管理者提供连续的、系统的数据支持。

3. 预测性

通过对历史数据的分析，动态评价方法能够预测未来高校财务绩效的发展趋势，为高校管理者制定战略和发展规划提供重要参考。

（二）动态评价方法的优点

1. 及时发现问题

动态评价方法能够实时监控高校的财务状况，一旦发现异常情况，能够及时发现问题，为管理者提供及时的决策支持。

2.灵活调整策略

动态评价方法能够持续跟踪高校财务绩效的变化趋势，为管理者提供动态的、系统的评估结果。这使得管理者能够根据评估结果灵活调整高校的发展战略、资源配置和财务管理策略，确保高校财务绩效的稳定和持续发展。

3.提高管理效率

动态评价方法具有实时性和连续性的特点，能够持续为管理者提供数据支持。这使得管理者能够更加全面、深入地了解高校的运营状况，提高管理效率，推动高校管理的科学化和规范化。

（三）实施动态评价方法的建议

1.建立完善的数据收集与分析系统

为了实时、准确地收集和分析高校财务数据，需要建立完善的数据收集与分析系统。该系统能够实时采集高校财务数据，并进行自动化处理和分析，为管理者提供及时、准确的数据支持。

2.培养专业的财务绩效评价团队

实施动态评价方法需要专业的财务绩效评价团队来支持。高校应加强对财务绩效评价团队的培养和引进，提升团队的专业素养和综合能力，确保评价工作的顺利进行。

3.加强与各部门的沟通与协作

高校财务绩效评价涉及多个部门的工作，需要与各部门保持密切的沟通与协作。高校应建立有效的沟通机制，确保各部门之间的信息共享和协同工作，为评价工作提供有力支持。

4.持续优化评价方法与指标体系

随着高校管理的不断发展和变化，评价方法与指标体系也需要不断优化和完善。高校应持续关注管理实践的变化和发展趋势，及时对评价方法与指标体系进行调整和优化，确保评价工作的科学性和有效性。

四、持续改进

随着高等教育事业的快速发展和财务管理环境的不断变化，高校财务绩效评价作为衡量高校运营效率、资源配置效果以及实现战略目标的重要手段，其方法、指标和体系需要与时俱进，持续改进和优化。这不仅有助于高校更好地适应外部环境的变化，还能够推动高校内部管理的创新与发展。

（一）持续改进的重要性

高校财务绩效评价的持续改进，对于提升高校财务管理水平、优化资源配置、提高运营效率等方面都具有重要意义。

1. 适应外部环境变化

随着教育政策、市场环境、技术条件等外部环境的变化，高校财务绩效评价面临着新的挑战和要求。通过持续改进，高校可以更加准确地把握外部环境的变化趋势，调整评价方法和指标，以适应新的环境要求。

2. 推动内部管理创新

持续提高的过程是一个不断探索、学习和创新的过程。通过不断改进和优化财务绩效评价方法，高校可以推动内部管理的创新，提高管理效率和效果，为高校的可持续发展提供有力支持。

3. 优化资源配置

财务绩效评价是高校资源配置的重要依据。通过持续改进财务绩效评价方法，高校可以更加准确地评估各项资源的投入产出比，优化资源配置，提高资源利用效率。

4. 提高运营效率

持续改进财务绩效评价方法，有助于高校更加全面地了解自身的运营状况，及时发现问题并采取措施加以改进。这不仅可以提高高校的运营效率，还可以增强高校的竞争力和社会影响力。

（二）持续改进的内容

1. 评价方法的创新

随着信息技术的不断发展和应用，高校财务绩效评价方法也在不断创新。例如，引入大数据、云计算等先进技术，构建基于数据驱动的财务绩效评价模型，可以更加准确地评估高校的财务绩效。同时，还可以借鉴其他行业的先进经验和方法，结合高校的实际情况进行创新和应用。

2. 评价指标的优化

评价指标是财务绩效评价的核心内容。随着高校管理的不断发展和优化，原有的评价指标可能存在局限性或不足。因此，需要定期对评价指标进行优化和调整，以确保评价指标的科学性、合理性和有效性。例如，可以引入非财务指标，增加对教学质量、科研水平等方面的评价内容，以更全面地反映高校的运营状况和社会影响力。

3. 评价体系的完善

评价体系是财务绩效评价的基础。为了确保评价结果的客观性和公正性，需要建立完善的评价体系。这包括明确评价目标、制定评价标准和程序、建立评价数据库等方面。同时，还需要加强评价结果的反馈和应用机制建设，确保评价结果真正发挥指导和决策作用。

4. 评价机制的健全

评价机制是确保财务绩效评价工作顺利进行的重要保障。为了保障评价工作的顺利进行和结果的客观公正性，需要建立健全的评价机制。这包括加强评价工作的组织领导、明确评价工作的责任主体和职责分工、建立评价工作的监督和考核机制等方面。同时，还需要加大评价工作的宣传和培训力度，提高全体师生及员工对财务绩效评价工作的认识和支持度。

（三）持续改进的实施策略

1. 加强组织领导

高校应成立专门的财务绩效评价工作领导小组或委员会，负责指导、协调和推进财务绩效评价的持续改进工作。同时，还需要明确各相关部门的职责分工和协作关系，确保改进工作的顺利推进。

2. 建立长效机制

高校应将财务绩效评价的持续改进工作纳入日常管理工作中并建立长效机制。这包括定期召开评价工作会议、制订年度评价工作计划和预算、建立评价工作档案等方面。通过长效机制的建立可以确保评价工作的持续性和稳定性。

3. 加强培训宣传

高校应加强对全体师生及员工关于财务绩效评价工作的培训宣传力度，提高他们的认识和支持度。通过培训宣传可以让师生及员工更加了解评价工作的目的、意义和方法以及评价结果的应用情况，从而更加积极地参与到评价工作中。

4. 注重结果应用

高校应注重评价结果的应用和反馈机制建设，确保评价结果真正发挥指导和决策作用。通过对评价结果的深入分析和应用，可以发现高校在财务管理方面存在的问题和不足，并采取有效措施加以改进，从而提升高校的财务管理水平和运营效率。同时，高校还需要加大对评价结果的监督和考核力度，确保评价工作的客观性和公正性。

第四节　高校财务绩效评价方法的实证检验

一、数据收集

在高校财务绩效评价的实践中，数据收集作为首要环节，其重要性不言而喻。数据不仅为评价提供了基础信息，更是评价准确性和科学性的保障。

（一）财务数据的收集

财务数据是反映高校经济活动状况和财务成果的重要信息，包括收入、支出、资产、负债、净资产等方面的数据。在收集财务数据时，应确保数据的全面性和准确性。

1. 财务报表的收集

财务报表是反映高校财务状况的重要载体，包括资产负债表、收入支出表、现金流量表等。收集财务报表时，应注意其真实性和时效性，确保数据反映高校在特定时间段的财务状况。

2. 会计凭证的收集

会计凭证是记录高校经济业务发生和完成的书面证明，是编制财务报表的基础。收集会计凭证时，应确保其真实性和完整性，避免遗漏或伪造。

3. 其他财务相关数据的收集

除了财务报表和会计凭证外，还应收集其他与高校财务相关的数据，如预算执行情况、资金使用情况、投资收益等，这些数据能够为评价提供更为全面和深入的信息。

（二）非财务数据的收集

非财务数据是反映高校运营状况和发展潜力的重要信息，包括教学质量、科研水平、师资力量、学生满意度等方面的数据。在收集非财务数据时，应注重数据的客观性和可比性。

1. 教学质量数据的收集

教学质量是高校的核心竞争力之一，其数据包括课程设置、教学方法、教学效果等方面。可以通过学生评价、教师评价、专家评价等方式收集教学质量数据。

2. 科研水平数据的收集

科研水平是高校综合实力的重要体现，其数据包括科研项目、科研经费、科研成果等方面。可以通过查阅科研项目申报书、科研合同、科研报告等文件,以及统计科研成果的数量和质量等方式收集科研水平数据。

3. 师资力量数据的收集

师资力量是高校发展的重要保障,其数据包括教师数量、教师结构、教师素质等方面。可以通过查阅教师档案、统计教师职称、学历等信息,以及了解教师获奖、发表论文等情况来收集师资力量数据。

4. 学生满意度数据的收集

学生满意度是衡量高校办学质量的重要指标之一,其数据可以通过问卷调查、座谈会等方式收集。在收集学生满意度数据时,应注重问卷设计的科学性和合理性,以确保数据的客观性和真实性。

(三) 确保数据的真实性和完整性

1. 建立严格的数据收集流程

明确数据收集的范围、方式、时间等要求,确保数据收集的全面性和准确性。同时,建立数据收集责任制度,明确责任主体和职责分工,进而确保数据收集工作的顺利进行。

2. 加强数据审核和校验

对收集到的数据进行严格的审核和校验,确保数据的真实性和准确性。对于存在疑问或异常的数据,应进行进一步的核实和调查,避免使用错误或虚假数据。

3. 建立数据质量监控机制

建立数据质量监控机制,定期对收集到的数据进行质量评估和分析,发现数据质量问题应及时采取措施进行纠正和改进。同时,加强数据安全管理,确保数据不被泄露或滥用。

数据收集是高校财务绩效评价的关键环节之一。通过全面、准确地收集财务数据和非财务数据,可以为评价提供丰富的信息。同时,加强数据真实性和完整性管理,确保评价工作的科学性和客观性。

二、模型构建

(一) 评价模型构建的重要性

在高校财务绩效评价过程中,构建合理的评价模型至关重要。评价模型不仅是评价方法的具体体现,更是确保评价结果科学、准确和公正的关键。通过构建评价模型,我们可以将复杂的财务数据和指标整合到一个统一的分析框架中，为评价提供清晰、明确的指导。

（二）评价模型的构建过程

1. 选定评价方法

在构建评价模型之前，首先需要选定合适的评价方法。常用的评价方法包括平衡计分卡、关键绩效指标、数据包络分析等。这些评价方法各有特点，适用于不同的评价场景和需求。在选择评价方法时，需要充分考虑高校的实际情况和具体需求，选择最适合的方法。

2. 确定评价指标

评价指标是评价模型的核心部分，它直接决定了评价的内容和方向。在确定评价指标时，应充分考虑高校的财务特点和管理需求，选择与高校财务绩效密切相关的指标。同时，还需要考虑指标的全面性、代表性和可操作性，确保评价结果的全面性和准确性。

3. 设计评价模型结构

评价模型结构是指评价指标之间的逻辑关系和层次结构。在设计评价模型结构时，应根据评价指标的重要性和相关性进行分层和分类，形成一个清晰、有序的评价框架。通过合理的评价模型结构设计，可以确保评价过程的有序性和逻辑性，从而提高评价结果的可靠性。

4. 确定模型参数

模型参数是评价模型中的关键变量，它直接影响评价结果的准确性和可靠性。在确定模型参数时，应充分考虑高校的实际情况和具体需求，选择与评价指标密切相关的参数。同时，还需要对参数进行敏感性分析，确保参数设置的合理性和稳定性。

5. 制定评价标准

评价标准是评价模型中的重要组成部分，它用于衡量和评价高校的财务绩效水平。在制定评价标准时，应充分考虑高校的实际情况和具体需求，制定具有针对性和可操作性的评价标准。同时，还需要对评价标准进行定期修订和更新，确保其与高校的实际情况保持一致。

（三）评价模型的实证检验

1. 数据收集与预处理

在实证检验评价模型之前，需要收集相关的财务数据和其他相关信息。这些数据应涵盖高校的各个方面，包括财务状况、运营情况、管理状况等。在数据收集完成后，还需要对数据进行预处理，包括数据清洗、转换和标准化等，以确保数据的准确性和一致性。

2. 模型应用与计算

将收集到的数据代入评价模型中，进行计算和分析。根据评价模型的设计，可以使用不同的计算方法对数据进行处理和分析，如加权平均法、模糊综合评价法等。通过计算和分析，可以得到每个评价指标的得分和总得分，从而得出高校的财务绩效水平。

3. 结果分析与解释

对计算得到的评价结果进行分析和解释。通过对比不同高校的得分情况，可以了解高校之间的财务绩效差异和优劣势。同时，还可以对各个评价指标的得分情况进行分析，找出影响高校财务绩效的关键因素和问题所在。这些分析和解释可以为高校管理者提供有价值的参考和建议，帮助他们更好地了解高校的财务和管理状况。

4. 模型优化与改进

在实证检验过程中，可能会发现评价模型存在一些问题或不足之处。针对这些问题或不足，可以对评价模型进行优化和改进。例如，可以调整评价指标的权重或增加新的评价指标，以提高评价模型的准确性和全面性。同时，还可以对计算方法进行改进和优化，以提高计算速度和准确性。

（四）评价模型实证检验的意义

通过实证检验评价模型，可以验证评价模型的有效性和可靠性。只有经过实证检验的评价模型，才能确保评价结果的准确性和公正性。同时，实证检验还可以为评价模型的优化和改进提供有力的支持和指导。通过不断地实证检验和优化改进，可以逐步完善评价模型，提高评价工作的科学性和有效性。这对于高校财务绩效评价工作的创新和发展具有重要意义。

三、实证分析

在高校财务绩效评价的实践中，实证分析是检验评价方法有效性和可靠性的重要手段。通过运用模型对实际高校财务绩效进行评价，并对比分析评价结果与实际绩效的吻合度，可以深入了解评价方法的适用性和准确性，为高校财务管理提供科学、合理的决策支持。

（一）评价模型的构建

在实证分析中，首先需要构建适合高校财务绩效评价的模型。评价模型是评价工作的核心，它决定了评价结果的准确性和有效性。其次，构建评价模型时，应充分考虑高校的实际情况和财务绩效的特点，选择合适的评价指标和权重，确保评价模型的科学性和合理性。

1. 评价指标的选取

评价指标是评价模型的重要组成部分，它反映了高校财务绩效的各个方面。在选取评价指标时，应充分考虑高校的财务状况、运营效果、发展潜力等因素，选择具有代表性、可比性和可操作性的指标。常见的评价指标包括收入增长率、支出结构合理性、资产利用率、负债水平等财务指标，以及教学质量、科研水平、师资力量等非财务指标。

2. 权重的确定

权重是评价模型中各指标的重要程度的体现，它决定了各指标对评价结果的影响程度。在确定权重时，可以采用专家打分法、层次分析法等，根据各指标的重要性和影响力进行赋权。同时，也可以考虑采用客观赋权方法，如熵值法、主成分分析法等，根据指标数据的变异程度和信息量来确定权重。

（二）实际高校财务绩效的评价

在构建好评价模型后，就可以对实际高校财务绩效进行评价。评价过程中，需要收集高校的相关数据，包括财务报表、会计凭证、教学质量评估报告等，并根据评价模型进行计算和分析。

1. 数据的收集与处理

数据的收集是评价工作的基础，需要确保数据的真实性和完整性。在收集数据时，应严格按照评价模型的要求进行，避免遗漏或错误。同时，还需要对数据进行清洗和整理，确保数据的准确性和一致性。

2. 评价计算与分析

在收集完数据后，就可以根据评价模型进行计算和分析。计算过程中，需要按照评价模型的算法和公式进行，确保计算结果的准确性。同时，还需要对计算结果进行深入分析和解读，了解高校财务绩效的实际情况和存在的问题。

（三）评价结果的对比分析

1. 整体绩效的对比

将评价结果与高校实际的整体绩效进行对比，了解评价方法能否准确反映高校的财务绩效状况。如果评价结果与实际绩效存在较大差异，则需要进一步分析原因，并考虑对评价方法进行改进和优化。

2. 各指标绩效的对比

将评价结果中各项指标的得分与高校实际的绩效进行对比，了解评价方法在各指标中的准确性和适用性。如果某项指标的得分与实际绩效存在较大差异，则需要进一步分析原因，并考虑对该指标进行修正或调整。

3. 趋势变化的对比

将评价结果的时间序列数据与实际绩效的时间序列数据进行对比，了解评价方法能否准确反映高校财务绩效的趋势变化。如果评价方法能够准确预测高校财务绩效的未来趋势，则说明该方法具有较高的预测能力和实用价值。

（四）评价方法的优化与改进

通过对比分析评价结果与实际绩效的吻合度，可以发现评价方法的不足和局限性。针对这些问题，可以对评价方法进行优化和改进，以提高其准确性和可靠性。

1. 评价指标的完善

根据对比分析的结果，对评价指标进行完善和调整，使其更加符合高校的实际情况和财务绩效的特点。可以考虑增加新的评价指标或删除冗余的指标，以提高评价结果的准确性和有效性。

2. 权重的调整

根据对比分析的结果，对各项指标的权重进行调整，使其更加符合高校的实际情况和财务绩效的特点。可以考虑采用新的赋权方法或调整现有方法的参数，以提高权重的科学性和合理性。

3. 评价模型的优化

根据对比分析的结果和反馈意见，对评价模型进行优化和改进，以提高其适用性和准确性。可以考虑引入新的算法或改进现有算法的参数设置，以提高评价结果的可靠性和稳定性。同时，还需要加强评价模型的维护和更新工作，确保其能够持续适应高校财务绩效的变化和发展。

四、结果解释

（一）评价结果的意义与内涵

高校财务绩效评价的结果不仅是一组简单的分数或排名，还承载着丰富的信息和深刻的内涵。这些结果既是对高校财务管理效率和效果的综合反映，也是高校管理水平和办学实力的重要体现。通过深入分析评价结果，我们可以更好地理解高校的财务状况，为高校管理者提供决策依据，推动高校财务管理工作改进和提升。

具体而言，评价结果可以揭示高校在财务管理方面的优势和不足。优势方面，可能体现在财务制度的完善、资金使用的效率、资产管理的规范等方面。这些优势是高校长期发展的坚实基础，也是高校在激烈竞争中脱颖而出的重要保障。不足方面，可能包括资金短缺、负债过高、运营成本过高等问题。这些问题的存在会制约高校的发展，甚至引发财务风险。因此，对评价结果的深入解读和分析，有助于高校管理者全面把握财务状况，明确改进方向。

（二）评价结果的深入分析

1. 财务状况的整体评估

通过评价结果，我们可以对高校的整体财务状况进行评估。这包括高校的资产规模、负债水平、收入来源、支出结构等方面。通过对比不同高校的评价结果，我们可以了解高校之间的财务状况差异和优劣势。同时，还可以结合高校的实际情况和发展战略，分析财务状况对高校发展的影响和作用。

2. 财务管理效率的评价

评价结果还可以反映高校在财务管理方面的效率。这包括资金使用的效率、预算编制的合理性、成本控制的有效性等方面。通过评价结果的深入分析，我们可以发现高校在财务管理方面存在的问题和不足，如资金浪费、预算超支、成本控制不力等。这些问题的存在会影响高校的运营效率和发展潜力。因此，高校管理者需要针对这些问题采取有效的措施加以改进。

3. 财务风险的控制能力

财务风险是高校财务管理中不可避免的问题。通过评价结果的分析，我们可以了解高校在财务风险控制方面的能力。这包括债务风险、流动性风险、市场风险等方面。高校管理者需要根据评价结果，制定相应的风险控制策略，以确保高校的财务安全。

（三）高校财务绩效的优势

1. 稳定的收入来源

高校通常拥有稳定的收入来源，包括学费、政府拨款、科研项目经费等。这些稳定的收入来源为高校提供了可靠的资金支持，有助于保障高校的日常运营和长期发展。

2. 优秀的师资力量

高校拥有优秀的师资力量，这是高校的核心竞争力之一。优秀的师资可以吸引更多的学生报考，进而提升高校的知名度和声誉。同时，优秀的师资还可以为高校带来更多的科研项目和经费支持，促进高校科研实力的提升。

3. 完善的财务管理制度

高校通常具有较为完善的财务管理制度，包括财务规划、预算编制、资金管理、成本控制等方面。这些制度的完善有助于高校规范财务管理流程，提高财务管理效率，降低财务风险。

（四）高校财务绩效的不足

1. 资金短缺问题

随着高校规模的扩大和办学成本的增加，一些高校可能面临资金短缺的问题。资金短缺会影响高校的日常运营和长期发展，甚至可能引发财务风险。因此，高校管理者需要积极筹措资金，以保障高校的财务安全。

2. 负债过高风险

一些高校为了扩大规模和提高办学水平，可能会通过举债的方式进行融资。然而，过高的负债水平会给高校带来财务风险，影响高校的稳健发展。因此，高校管理者需要合理控制负债规模，降低财务风险。

3. 运营成本过高

一些高校在运营过程中可能存在成本过高的问题。这可能是管理不善、资源浪费等原因导致的。过高的运营成本会挤压高校的利润空间，影响高校的盈利能力和竞争力。因此，高校管理者需要加强成本控制，提高运营效率。

（五）总结与展望

通过对高校财务绩效评价结果的深入解析，我们可以更全面地了解高校的财务状况和管理水平。同时，也可以发现高校在财务管理方面存在的优势和不足。针对这些不足，高校管理者需要采取有效的措施加以改进和提升。未来，随着高校财务绩效评价工作的不断深入和完善，相信我们可以为高校的发展提供更加科学、准确的决策支持。

五、改进建议

（一）加强财务绩效评价的体系构建

实证检验结果显示，当前高校财务绩效评价体系存在部分指标设置不够科学、权重分配不够合理等问题。因此，建议高校在财务绩效评价的体系构建上，更加注重系统性、科学性和可操作性。

1. 指标体系的完善

指标体系是财务绩效评价的基础，其完善程度直接影响评价结果的准确性。建议高校在构建指标体系时，应充分考虑学校的办学特色、发展目标以及财务管理实际，确保指标能够全面、客观地反映学校的财务绩效。同时，应关注非财务指标的重要性，将教学质量、科研水平、师资力量等非财务指标纳入评价体系，以更全面地反映学校的综合实力。

2. 权重的合理分配

权重的分配是财务绩效评价中的关键环节，其合理性直接影响到评价结果的有效性。建议高校在分配权重时，采用科学的方法，如层次分析法、主成分分析法等，根据各指标的重要性和影响力进行客观赋权。同时，应定期调整权重分配，以适应学校财务管理的变化和发展。

（二）提高财务数据的准确性和透明度

实证检验过程中发现，部分高校的财务数据存在不准确、不透明的问题，影响了评价结果的准确性。因此，建议高校加强财务数据的监督和管理，提高数据的准确性和透明度。

1. 加强财务数据的审核和校验

高校应建立完善的财务数据审核和校验机制，确保数据的准确性和真实性。对于关键财务数据，应实行多级审核制度，确保数据的准确性。同时，应定期对财务数据进行校验和比对，及时发现并纠正数据错误。

2. 提高财务数据的透明度

高校应提高财务数据的透明度，主动向社会和公众公开财务信息。通过定期发布财务报告、公开财务收支情况等方式，接受社会监督，提高学校的公信力。同时，这也有助于学校更好地了解自身财务状况，为财务管理提供有力支持。

（三）加强财务管理人员的培训和考核

实证检验结果显示，财务管理人员的素质和能力对财务绩效评价结果具有重要影响。因此，建议高校加强财务管理人员的培训和考核，提升其专业素养和综合能力。

1. 加强财务管理人员的专业培训

高校应定期组织财务管理人员进行专业培训，提高其财务知识和技能水平。培训内容应包括财务管理理论、财务分析方法、财务风险管理等方面，以确保财务管理人员能够胜任本职工作。

2.建立财务管理人员的考核机制

高校应建立财务管理人员的考核机制,将财务绩效评价结果作为考核的重要指标之一。通过考核机制的建立,可以激励财务管理人员更加努力地工作,以提高财务管理水平。同时,也有助于发现和解决财务管理中存在的问题,为学校的财务管理提供有力支持。

(四) 优化财务资源配置,提高利用效率

实证检验结果显示,部分高校在财务资源配置上存在不合理、利用效率不高等问题。因此,建议高校优化财务资源配置,提高利用效率。

1.合理规划财务支出

高校应根据学校的实际情况和发展目标,合理规划财务支出。在保障教学、科研等核心活动的基础上,优化支出结构,降低不必要的开支。同时,应加强对预算执行的监督和管理,确保预算的严格执行。

2.提高资产利用效率

高校应加强对资产的管理和利用,提高资产的利用效率。通过定期盘点、清查和评估等方式,了解资产的实际情况和使用状况。对于闲置或低效使用的资产,应采取有效措施进行盘活或处置,以提高资产的利用效率。同时,应加强对资产使用情况的监督和考核,确保资产的有效利用。

第五节 方法选择与应用的注意事项

一、明确评价目的

在高校财务绩效评价的实践中,明确评价目的至关重要。它不仅为评价工作指明了方向,也决定了后续评价方法的选择和应用的路径。为了确保评价工作的针对性和有效性,我们需要对评价目的进行深入的剖析和理解。

(一) 评价目的的重要性

评价目的作为评价工作的起点和归宿,具有举足轻重的地位。一个明确的评价目的能够确保评价工作不偏离主题,有助于评价者聚焦关键问题,从而提高评价的效率和质量。同时,评价目的也是连接评价工作与学校发展目标的桥梁,它使得评价工作能够服务于学校的长远发展。

（二）评价目的的内容

1. 提高财务管理效率

通过对高校财务管理活动的评价，可以发现财务管理中存在的问题和不足，并提出改进措施，从而提高财务管理的效率和质量。

2. 优化资源配置

评价高校资源配置的合理性和有效性，促进资源的优化配置和高效利用，从而提高学校整体运行效率。

3. 推动学校可持续发展

通过对高校财务状况和管理水平的评价，可以为学校制定发展战略和规划提供决策支持，推动学校的可持续发展。

（三）评价目的与方法选择的关系

评价目的是选择评价方法的重要依据。不同的评价目的需要不同的评价方法来实现。例如，对于提高财务管理效率的评价目的，可能需要采用成本效益分析、数据包络分析等方法来评估各项财务活动的效率和效果；而对于优化资源配置的评价目的，可能需要采用财务分析、预算分析等方法来评估学校资源的配置情况和利用效率。

（四）评价方法选择与应用的注意事项

1. 方法的适用性

所选方法应与评价目的相匹配，从而能够充分反映评价目的的要求。同时，要考虑方法的适用性和可行性，确保方法能够在实际评价工作中得到有效应用。

2. 方法的科学性

所选方法应基于科学的理论和原理，能够客观、准确地反映高校的财务状况和管理水平。在选择方法时，要关注方法的理论基础和科学依据，避免使用缺乏科学依据的方法。

3. 数据的准确性

评价工作依赖于数据支持，因此，数据的准确性和可靠性至关重要。在收集数据时，要确保数据的来源可靠、准确无误，避免使用错误或失真的数据。同时，要对数据进行适当的处理和分析，以提高数据的可用性和准确性。

4.方法的规范性

在应用评价方法时,要严格按照正确的操作步骤进行,避免随意更改或省略步骤。同时,要确保评价过程的规范性和公正性,避免主观臆断或偏见影响评价结果。

5.结果的客观性

评价结果的客观性直接影响到评价工作的价值。在得出评价结果时,要确保结果的客观、公正、真实;要对评价结果进行充分的解释和说明,以便读者能够准确理解评价结果的含义和价值。

(五)评价方法的持续改进与更新

随着高校财务管理的发展和环境的变化,评价方法也需要不断更新和改进。在选择和应用评价方法时,要关注最新的评价方法和技术手段,及时了解和掌握最新的评价动态和趋势。同时,要结合实际评价工作的经验和教训,不断完善和优化评价方法的选择和应用过程。

总之,明确评价目的是高校财务绩效评价工作的基础。在选择和应用评价方法时,我们需要关注方法的适用性、科学性,数据的准确性、方法的规范性以及结果的客观性等方面。通过不断改进和更新评价方法,我们可以提高评价工作的效率和质量,为高校财务管理提供有力支持。

二、考虑数据类型

在高校财务绩效评价的过程中,数据类型是选择和应用评价方法时需要考虑的关键因素。不同类型的数据具有不同的特点和适用范围,因此,正确识别数据类型并选择与之相匹配的评价方法,对于提高评价结果的准确性和有效性至关重要。以下是在选择和应用高校财务绩效评价方法时,考虑数据类型的注意事项。

(一)数据类型的识别与分类

在进行高校财务绩效评价之前,需要对所涉及的数据进行识别和分类。常见的高校财务数据包括定量数据和定性数据两大类。

1.定量数据

定量数据是指可以用数值表示和计量的数据,如财务报表中的收入、支出、资产、负债等财务指标数据。定量数据具有客观性和可比较性强的特点,适用于进行统计分析、趋势预测和绩效评估等。

2. 定性数据

定性数据是指无法用数值表示和计量的数据，如教学质量评估、科研水平评价、师资力量评估等非财务指标数据。定性数据通常基于主观判断和评价，具有描述性强和解释性好的特点，适用于深入了解和分析高校财务绩效的各个方面。

（二）基于定量数据的评价方法选择与应用

针对定量数据，可以选择一系列适用于统计分析和绩效比较的评价方法。

1. 财务指标分析法

财务指标分析法是通过计算和分析财务报表中的各项财务指标，如收入增长率、利润率、资产周转率等，来评估高校的财务状况和经营绩效。这种方法适用于对定量数据进行深入分析和比较，有助于揭示高校的财务状况和经营成果。

2. 因子分析法

因子分析法是一种多元统计分析方法，它通过对多个财务指标进行降维处理，提取出几个主要的公共因子，来反映高校的财务绩效状况。这种方法适用于处理大量相关的财务指标数据，并且能够简化数据结构，提高分析效率。

3. 趋势分析法

趋势分析法是通过对比不同时间点的财务指标数据，分析高校财务状况和经营绩效的变化趋势。这种方法有助于了解高校财务绩效的动态变化，为制定有效的财务策略提供依据。

（三）基于定性数据的评价方法选择与应用

针对定性数据，可以选择一些适用于主观评价和非财务指标评价的方法。

1. 德尔菲法

德尔菲法是一种基于专家意见的预测和评估方法，它通过征集和汇总专家的意见和建议，对高校的财务绩效进行综合评价。这种方法适用于对定性数据进行分析和预测，并且能够充分利用专家的经验和智慧，提高评价结果的准确性和可靠性。

2. 模糊综合评价法

模糊综合评价法是一种基于模糊数学原理的评价方法，它通过将定性评价指标进行模糊化处理，运用模糊集合论的原理进行综合评价。这种方法适用于处理具有模糊性和不确定性的定性数据，能够更好地反映高校财务绩效的实际情况。

3. 层次分析法

层次分析法是一种将定性与定量相结合的评价方法，它通过构建层次结构模型，将复杂的评价问题分解为多个层次和因素，并运用定量方法对各因素进行排序和权重分配。这种方法适用于处理具有层次结构和多因素影响的定性数据，能够为高校财务绩效评价提供全面的决策支持。

（四）综合评价方法的综合应用

在实际应用中，高校财务绩效评价往往涉及多种数据类型和评价指标。因此，需要将定量数据和定性数据相结合，综合运用多种评价方法进行评价。例如，可以采用财务指标分析法对定量数据进行分析和评价，同时结合德尔菲法或模糊综合评价法对定性数据进行评价。通过综合运用多种评价方法，可以更全面地反映高校的财务绩效状况，进而提高评价结果的准确性和有效性。

在选择和应用高校财务绩效评价方法时，需要充分考虑数据类型的特点和适用范围。通过正确识别数据类型并选择与之相匹配的评价方法，可以提高评价结果的准确性和有效性，为高校财务管理提供科学、合理的决策支持。

三、了解方法特点

在高校财务绩效评价工作中，充分了解各种评价方法的原理、优缺点和适用范围是至关重要的一环。这不仅有助于我们更加准确地选择和应用适合的评价方法，还能提高评价工作的科学性和有效性。

（一）绩效评价方法的原理

高校财务绩效评价方法主要包括定性评价和定量评价两大方法。

1. 定性评价方法

定性评价方法主要依赖于非数量化的信息和数据，通过问卷调查、专家评估等方式，对高校的财务管理过程、管理制度、管理水平等进行综合评价。其原理就在于通过专家或相关人员的经验和专业知识，对高校的财务绩效进行主观判断和评价。

2. 定量评价方法

定量评价方法主要基于数量化的信息和数据，通过财务数据分析、财务指标计算等方式，对高校的财务绩效进行量化评价。其原理就在于通过数学模型和统计分析方法，对高校的财务数据进行处理和计算，得出客观的评价结果。

（二）绩效评价方法的适用范围

不同的评价方法适用于不同的评价目的和情境。

定性评价方法适用于对高校的财务管理过程、管理制度和管理水平等进行全面、深入的评价，它特别适用于那些难以量化或需要深入了解的问题和领域。

定量评价方法则更适用于对高校的财务状况、财务绩效和经济效益等进行客观、准确的评价，以及那些可以通过量化指标进行衡量和比较的领域和问题。

（三）绩效评价方法选择与应用的注意事项

1. 明确评价目的

评价目的是选择评价方法的重要依据。在选择评价方法之前，需要明确评价的目的和要求，以便选择最适合的评价方法。

2. 了解方法特点

充分了解各种评价方法的原理、优缺点和适用范围，有助于我们更加准确地选择和应用适合的评价方法。

3. 考虑实际情况

在选择评价方法时，需要考虑高校的实际情况和特点，如规模、类型、财务状况等，确保所选的方法能够适用于高校的实际情况，并能够满足评价的要求。

4. 综合应用多种方法

在评价工作中，可以综合应用多种评价方法，以便更全面地了解高校的财务绩效和管理水平。通过综合应用多种方法，可以相互补充和印证，进而提高评价结果的准确性和可靠性。

5. 注意数据质量

无论是定性评价还是定量评价，数据的质量都至关重要。需要确保数据的准确性和完整性，以便得出客观、准确的评价结果。同时，还需要注意数据的来源和可信度，避免使用错误或失真的数据。

四、避免选择单一评价方法

在高校财务绩效评价过程中，单一的评价方法往往存在其固有的局限性和不足之处。为了更全面、准确地评估高校的财务绩效，应结合多种方法进行评价，从而减少单一方法的局限性和提高评价的可靠性。

（一）认识单一方法的局限性

在财务绩效评价领域，每种方法都有其独特的适用范围和局限性。例如，财务指标分析法虽然能够客观、量化地评估高校的财务状况，但往往忽略了非财务指标的影响；德尔菲法虽然能够充分利用专家的智慧和经验，但也可能受到专家主观偏见的影响。因此，在选择评价方法时，应充分认识到各种方法的局限性，避免过度依赖某一种方法。

（二）选择互补性的评价方法

为了克服单一方法的局限性，应选择具有互补性的评价方法进行综合评价。具体而言，可以结合定量和定性评价方法，以及不同侧重点的评价方法。例如，可以将财务指标分析法与德尔菲法相结合，既考虑财务指标的量化数据，又考虑专家的主观评价；同时，也可以将趋势分析法与层次分析法相结合，既分析财务绩效的动态变化，又考虑各因素之间的层次结构和相互影响。

（三）合理设置权重和评分标准

在结合多种方法进行综合评价时，需要合理设置各评价方法的权重和评分标准。权重的分配应基于各种方法的重要性和可靠性，以确保评价结果的全面性和准确性。同时，评分标准的设置也应充分考虑各种方法的特点和应用范围，以确保评价结果的客观性和公正性。

（四）注重数据的质量和可靠性

无论采用何种评价方法，数据的质量和可靠性都是评价结果的关键因素。因此，在结合多种方法进行综合评价时，应特别注重数据的质量和可靠性。首先，应确保数据的来源可靠、准确、完整；其次，应对数据进行适当的清洗和整理，以消除异常值和错误数据；最后，应对数据进行必要的验证和校核，以确保数据的准确性和可靠性。

（五）关注非财务指标的评价

高校的财务绩效不仅体现在财务指标上，还受到教学质量、科研水平、师资力量等非财务指标的影响。因此，在结合多种方法进行综合评价时，还应关注非财务指标的评价。可以通过设置适当的非财务指标评价体系，如教学质量评估、科研成果评价、师资力量评估等，来全面反映高校的财务绩效。这些非财务指标的评价结果可以与财务指标的评价结果相结合，形成更加全面、准确的财务绩效评价结果。

（六）建立动态评价机制

高校的财务绩效是一个动态变化的过程，因此需要建立动态评价机制来监测和评估高校的财务绩效变化。可以结合多种评价方法，定期对高校的财务绩效进行评价，并根据评价结果及时调整财务管理策略。同时，还可以建立财务绩效预警机制，及时发现和解决财务管理中存在的问题，从而确保高校财务的稳健发展。

（七）加强沟通与协作

在结合多种方法进行综合评价时，需要加强不同部门之间的沟通与协作。财务部门、教学部门、科研部门等应共同参与评价过程，提供各自领域内的数据和信息。通过加强沟通与协作，可以确保评价结果的全面性和准确性，并促进各部门之间的合作与协同。

结合多种方法进行综合评价是减少单一方法局限性的有效途径。在选择和应用高校财务绩效评价方法时，应充分认识各种方法的局限性，选择具有互补性的评价方法，并注重数据的质量和可靠性。同时，还应关注非财务指标的评价、建立动态评价机制以及加强沟通与协作，以确保评价结果的全面性和准确性。

五、持续改进

（一）评价体系动态性的建立

在高校财务绩效评价工作中，确保评价体系的动态性是持续改进的重要基础。动态性意味着评价体系应随着外部环境、内部条件和政策导向的变化而相应调整。这就要求评价团队应定期审视现有评价体系，识别可能存在的过时指标或新出现的关键因素，并及时将其纳入或剔除出评价体系。为了保持评价体系的动态性，高校可以建立专门的评价委员会或工作小组，负责定期收集和分析相关信息，提出评价体系的调整建议。同时，也可以借鉴国内外先进经验，结合本校实际情况，对评价体系进行持续优化。

（二）多元化评价方法的引入

在评价方法的选择上，高校应摒弃单一的评价方法，引入多元化的评价方法。这包括定量评价与定性评价相结合、财务指标与非财务指标相结合、短期评价与长期评价相结合等。通过多元化的评价方法，可以更全面、更准确地反映高校的财务状况和绩效水平。

在定量评价方面，除了传统的财务报表分析外，还可以引入杜邦分析法、经济增加值等方法，以更深入地挖掘财务数据背后的信息。在定性评价方面，可以通过问卷调查、专家访谈等方式，收集师生、校友、社会公众等对高校财务状况和绩效水平的意见和建议。

(三) 指标体系的精细化与个性化

在评价指标的设置上，高校应注重指标体系的精细化与个性化。精细化意味着评价指标应尽可能具体、明确，能够直接反映高校的财务状况和绩效水平。个性化则是指根据高校的特色和发展战略，设置符合本校实际情况的评价指标。为了实现指标体系的精细化与个性化，高校可以邀请相关领域的专家学者、财务管理人员等共同参与指标体系的制定工作。同时，也可以借鉴国内外先进高校的评价指标体系，结合本校实际情况进行适当调整。

(四) 数据收集与处理的智能化

随着信息技术的发展，高校在数据收集与处理方面也应逐步实现智能化。这包括利用大数据、云计算等技术手段，对高校财务数据进行实时收集、处理和分析，以提供更准确、更及时的财务信息支持。在数据收集方面，高校可以建立统一的财务数据平台，实现各部门数据的共享和互通；在数据处理方面，可以利用数据挖掘、机器学习等技术手段，对海量数据进行深度分析和挖掘，进而发现数据背后的规律和趋势。

(五) 评价与反馈机制的完善

持续改进的过程离不开评价与反馈机制的完善。高校应建立有效的评价与反馈机制，确保评价结果能够及时反馈给相关部门和人员，并促进相关工作的改进和优化。在评价方面，高校可以制定明确的评价标准和方法，以确保评价结果的客观性和公正性；在反馈方面，高校可以建立多渠道的反馈机制，如定期召开评价会议、发布评价报告等，将评价结果及时传达给相关部门和人员。同时，也可以鼓励师生、校友、社会公众等积极参与评价工作，提出宝贵的意见和建议。

(六) 持续改进文化的培育

持续改进不仅是一项技术工作，更是一种文化理念。高校应积极培育持续改进的文化氛围，让全体师生及员工都认识到持续改进的重要性，并积极参与其中。为了培育持续改进的文化氛围，高校可以通过举办讲座、培训等方式，加强师生及员工对持续改进理念的理解和认同。同时，也可以将持续改进纳入学校的战略规划和发展目标中，使其成为推动学校发展的重要动力。

持续改进是高校财务绩效评价工作的重要方向。通过建立动态性的评价体系、引入多元化的评价方法，实现指标体系的精细化与个性化、数据收集与处理的智能化，完善评价与反馈机制以及培育持续改进的文化氛围等措施，可以不断优化和深化高校财务绩效评价工作，为高校的发展提供有力支持。

第四章　高校财务绩效评价体系建设的理论基础

第一节　绩效评价理论概述

一、绩效评价定义

（一）绩效评价的基本概念

绩效评价，作为组织管理的核心环节，是对组织或个体在特定时间段内所达成的目标、任务以及展现出的工作能力和态度进行全面、系统的评估过程。它不仅关注结果的达成情况，也重视过程的管理与优化，以及个人或团队的发展潜力。绩效评价的目的是激励员工、提高组织效率、实现战略目标，进而推动组织的持续发展。

（二）绩效评价的重要性

1. 激励与导向作用

绩效评价通过设立明确的目标和期望，激发员工的积极性和创造力，使员工能够明确自己的职责和使命，从而更加努力地工作。同时，绩效评价结果也可以作为员工晋升、加薪、奖励等的重要依据，进一步激励员工追求更好的绩效表现。

2. 反馈与改进作用

绩效评价是对员工工作表现的一种客观反馈，通过评估员工在工作中的优点和不足，为员工提供改进和成长的方向。同时，绩效评价结果也可以作为组织改进的依据，帮助组织发现其存在的问题和不足，进而制定针对性的改进措施。

3. 战略与协同作用

绩效评价将组织战略目标与员工个人目标相结合，使员工的工作方向与组织的整体战略保持一致。通过绩效评价，可以确保员工在追求个人目标的同时，也为组织目标的实现贡献自己的力量。此外，绩效评价还可以促进组织内部的协同合作，增强团队的凝聚力和战斗力。

(三)绩效评价的原则

1. 公正性原则

绩效评价应当遵循公正、公平、公开的原则,以确保评价结果的客观性和准确性。评价过程中应当避免主观臆断、偏见和歧视,确保每个员工都能够得到公正的评价。

2. 科学性原则

绩效评价应当基于科学的方法和工具,采用定量和定性相结合的评价方法,全面、系统地评估员工的绩效表现。同时,评价过程应当注重数据的收集和分析,确保评价结果的可靠性和有效性。

3. 可操作性原则

绩效评价应当具有可操作性和可实践性,确保评价过程简单易懂、易于操作。评价方法和工具应当符合组织的实际情况和员工的特点,以确保评价结果的实用性和适用性。

(四)绩效评价的方法

1. 目标管理法

目标管理法是一种以目标为导向的绩效评价方法,通过设定明确的目标和期望,对员工的工作表现进行定期评估。该方法能够确保员工的工作方向与组织的整体战略保持一致,同时激发员工的积极性和创造力。

2. 关键绩效指标法

关键绩效指标法是一种基于关键绩效指标的绩效评价方法,通过设定关键绩效指标并对其进行定期评估,来衡量员工的工作表现。该方法能够确保员工关注组织的核心任务和重要目标,同时提高组织的整体绩效水平。

3. 360度反馈法

360度反馈法是一种多角度、全方位的绩效评价方法,通过收集员工本人、上级、同事、下级以及客户等多方面的反馈意见,对员工的工作表现进行全面评估。该方法能够提供更全面、更客观的绩效评价结果,同时促进员工之间的沟通和合作。

(五)绩效评价的流程

1. 制定评价标准

根据组织的战略目标和员工的岗位职责,制定明确的评价标准。评价标准应当具体、可衡量、可达成,并与组织的整体战略保持一致。

2. 收集评价信息

通过日常观察、工作记录、员工自评、同事互评等方式，收集员工的绩效信息，确保收集到的信息全面、准确、可靠。

3. 分析评价信息

对收集到的绩效信息进行深入分析和比较，找出员工的优点和不足，并制定相应的改进措施。

4. 撰写评价报告

根据分析结果，撰写详细的绩效评价报告。报告应当包括员工的绩效表现、优缺点分析、改进措施以及下一步工作计划等内容。

5. 反馈评价结果

将评价结果及时反馈给员工本人及其上级，并就评价结果进行深入沟通和交流。通过反馈和评价结果的讨论，帮助员工认识自己的不足并制定改进措施。

6. 跟踪改进效果

对员工的改进措施进行跟踪和评估，确保改进措施的有效性和可持续性。同时，根据员工的改进情况及时调整评价标准和方法，以确保绩效评价的公正性和有效性。

（六）绩效评价的挑战与应对策略

1. 挑战

评价标准难以统一、数据收集困难、评价过程主观性强等，这些挑战可能导致评价结果的不准确和不可靠，进而影响组织的决策和发展。

2. 应对策略

加强员工培训和沟通，确保员工对评价标准和方法有清晰的认识和理解；建立科学的数据收集和分析系统，确保评价结果的客观性和准确性；采用多种评价方法和工具，避免单一评价方法的局限性；加强评价过程的监督和管理，确保评价过程的公正性和公平性。

绩效评价作为组织管理的核心环节，对于提高员工绩效、实现组织战略目标具有重要意义。通过制定科学的评价标准和方法、加强员工培训和沟通、建立科学的数据收集和分析系统，以及加强评价过程的监督和管理等措施，可以克服绩效评价所面临的挑战并提高其有效性。

二、绩效评价目的

(一) 确保目标实现

绩效评价的核心目标之一是确保组织或个人设定的目标得以有效实现。在一个复杂的组织环境中，各个部门、团队和个人都需要有明确的工作目标。绩效评价通过对这些目标的达成情况进行跟踪、衡量和评估，可以及时发现目标执行过程中的偏差和问题，并采取相应的措施进行纠正。这种持续的目标监控和评估机制，有助于确保组织和个人能够始终保持在正确的轨道上，最终实现既定目标。

在绩效评价过程中，需要明确目标的具体性、可衡量性和可达成性。具体性意味着目标应该具体明确，避免模糊不清；可衡量性要求目标具有可量化的指标，以便对目标达成情况进行准确衡量；可达成性则要求目标设置合理，既不过于容易也不过于困难，能够激发组织或个人的积极性和潜力。

(二) 优化资源配置

绩效评价的另一个重要目的是优化资源配置。在资源有限的情况下，如何将这些资源分配给最需要的部门、团队或个人，是组织管理者需要面对的重要问题。绩效评价通过对组织内部各个部门、团队和个人的绩效表现进行评估，可以明确哪些部门、团队或个人在绩效上表现优秀，哪些需要改进。基于这些评估结果，组织管理者可以更加精准地了解资源的需求和分布情况，从而做出更加合理的资源分配决策。

通过优化资源配置，组织可以确保有限的资源能够发挥最大的效益。这不仅可以提高组织的整体绩效水平，还可以提升组织的竞争力和可持续发展能力。同时，优化资源配置也有助于激发组织内部各个部门、团队和个人的积极性和创造力，促进组织的持续发展和创新。

(三) 提高决策质量

绩效评价还有助于提高组织的决策质量。在决策过程中，信息的质量和准确性对于决策的成败具有至关重要的影响。绩效评价通过收集和分析大量的数据和信息，可以为组织提供全面、准确和及时的绩效信息。这些绩效信息可作为决策的重要依据，帮助组织管理者更加准确地了解组织的运营情况和绩效表现，从而使其做出更加科学、合理的决策。同时，绩效评价还可以帮助组织管理者识别潜在的风险和问题。通过对绩效信息的深入分析，组织管理者可以发现一些潜在的隐患和问题，并提前采取相应的措施进行防范和解决。这种风险预警和问题解决机制，有助于提高组织的决策质量和应对能力，确保组织能够稳健地应对各种挑战和风险。

(四) 促进组织发展

绩效评价的最终目的是促进组织的持续发展和创新。通过对组织内部各个部门、团队和个人的绩效表现进行评估和反馈，绩效评价可以激发组织内部的动力和活力，促进组织的发展和创新。同时，绩效评价还可以为组织提供宝贵的经验和教训，帮助组织识别自身的优势和不足，并制定相应的改进措施和发展战略。

在绩效评价过程中，需要注重与员工的沟通和交流。通过与员工的深入交流和反馈，组织可以更加全面地了解员工的想法和需求，从而制定更加符合员工期望和发展需求的政策和措施。这种以人为本的管理理念，有助于增强员工的归属感和忠诚度，提高员工的工作积极性和创造力，进一步推动组织的持续发展和创新。

绩效评价的目的包括确保目标实现、优化资源配置、提高决策质量和促进组织发展。这些目的相互关联、相互促进，共同构成了绩效评价的完整体系。在实践中，组织需要根据自身的实际情况和发展需求，制定符合自身特点的绩效评价方案和策略，以发挥绩效评价的最大价值。

三、绩效评价方法

(一) 绩效评价概述

绩效评价是对组织或个人在特定时期内的工作成果、效率、效益等进行全面、客观、公正的评价。在高等教育、企业管理、政府治理等领域，绩效评价都扮演着至关重要的角色。绩效评价方法的选择和运用，直接影响到评价结果的准确性和有效性。因此，了解并掌握各种绩效评价方法，对于提高评价工作的质量具有重要意义。

(二) 定性评价方法

定性评价方法主要关注评价对象的性质、特点、行为等方面的描述和分析，通常用于对难以量化的指标进行评价。

1. 问卷调查法

问卷调查法是通过设计问卷，向评价对象或相关人员收集信息的方法。问卷可以包括封闭式问题（如选择题）和开放式问题（如填空题、简答题），以获取评价对象在不同方面的表现。通过对问卷结果的分析，可以得出对评价对象的总体评价。问卷调查法具有操作简单、收集信息量大、结果易于分析等优点，但也存在主观性强、回答质量参差不齐等局限性。

2. 专家评估法

专家评估法是由相关领域专家组成的评价团队，对评价对象进行综合分析、评估和判断的方法。专家评估法可以充分利用专家的专业知识和经验，对评价对象进行深入剖析和客观评价。同时，通过专家之间的讨论和交流，还可以提高评价的准确性和公正性。然而，专家评估法也面临着专家选择的主观性、评价标准的模糊性等挑战。

3. 行为观察法

行为观察法是通过直接观察评价对象的行为和表现，以获取其绩效信息的方法。这种方法适用于对服务态度、工作效率、团队合作等方面的评价。行为观察法具有直观、真实、客观等优点，但也存在观察者主观性强、观察时间有限等局限性。

（三）定量评价方法

定量评价方法是一种基于数据和统计分析的评价方式，对评价对象的绩效进行量化评估和比较。

1. 财务数据分析法

财务数据分析法是通过收集和分析评价对象的财务数据，如收入、支出、利润等，以评估其经济效益和财务状况的方法。这种方法适用于对企业、部门或项目的经济效益进行评价。财务数据分析法具有数据准确、客观性强等优点，但也存在数据获取困难、分析过程复杂等局限性。

2. 关键绩效指标法

关键绩效指标法是通过设定一系列关键绩效指标（KPIs），对评价对象的绩效进行量化评估和比较的方法。KPIs通常与组织的战略目标、业务流程等密切相关，能够直接反映评价对象的核心绩效。通过收集和比较不同时期的KPIs数据，可以对评价对象的绩效进行客观评价。KPI具有目标明确、可量化性强等优点，但也存在指标设计复杂、数据收集困难等局限性。

3. 目标管理法（MBO）

目标管理法是一种强调以目标为导向的绩效评价方法。在目标管理法中，评价对象需要设定明确、可衡量的目标，并制订相应的实施计划和考核标准。通过定期检查目标完成情况，可以对评价对象的绩效进行评价和反馈。目标管理法有助于激发评价对象的积极性和创造性，促进组织目标的实现。然而，目标管理法也面临着目标设定不合理、考核标准模糊等挑战。

（四）绩效评价方法的综合应用

在实际应用中，不同的绩效评价方法各有优劣，应根据评价对象的特点、评价目的和可用资源等因素进行综合考虑和选择。通常情况下，可以采用定性评价与定量评价相结合的方法，以全面、客观地反映评价对象的绩效状况。例如，在评价教师的教学质量时，可以结合问卷调查法、专家评估法和行为观察法等方法，收集和分析学生的反馈意见、专家的评价意见以及教师的课堂表现等信息；同时，还可以利用财务数据分析等方法，对教师的教学成果和经济效益进行评价。通过综合应用不同的绩效评价方法，可以提高评价的准确性和有效性，为组织或个人的发展提供有力支持。

（五）绩效评价方法的局限性与改进

尽管各种绩效评价方法都有其独特的优点和适用范围，但也存在一定的局限性和不足之处。例如，问卷调查法可能受到主观因素的影响，导致结果失真；专家评估法可能面临专家选择的主观性和评价标准的模糊性等挑战；财务数据分析法则可能受限于数据的准确性和完整性等问题。

1. 加强数据收集和管理

提高数据的准确性和完整性是改进绩效评价方法的关键，可通过加强数据收集和管理系统的建设，来提高数据的获取效率和质量。

2. 优化评价标准和指标

评价标准和指标的设计应更加科学、合理和具有针对性，可以根据评价对象的实际情况和需求，调整和优化评价标准和指标体系。

3. 加强培训和教育

提高评价人员的专业素养和综合能力是改进绩效评价方法的重要途径，可以通过加强培训和教育，进而提高评价人员的专业知识和技能水平。

4. 引入新技术和方法

随着信息技术的不断发展，新的绩效评价技术和方法不断涌现，可以积极引入新技术和方法，如大数据、人工智能等，以提高绩效评价的效率和准确性。

四、绩效评价要素

绩效评价作为组织管理中不可或缺的一环，其有效实施依赖于多个要素的协同作用。这些要素包括评价目标、评价对象、评价主体、评价指标、评价标准和评价方法。以下是对这些要素的详细阐述。

(一) 评价目标

评价目标是绩效评价的出发点和归宿,它指引着评价的方向和内容。在绩效评价中,评价目标应该与组织的目标相一致,体现组织的发展战略和管理重点。评价目标的设定应该具体、明确,并且具有可衡量性,以便对绩效进行准确的评估。

评价目标的设定通常包含两个层面:一是组织层面的目标,如提高整体绩效、优化资源配置、增强创新能力等;二是个人层面的目标,如提高员工的工作效率、提升专业技能、增强团队协作能力等。这些目标应该相互协调,形成一个有机的目标体系。

(二) 评价对象

评价对象是绩效评价的具体对象,包括组织、部门、团队和个人等。在绩效评价中,评价对象的选择应该根据组织的实际情况和管理需求来确定。不同的评价对象需要采用不同的评价指标和方法,以确保评价的准确性和有效性。

对于组织层面的评价对象,通常须关注组织的整体绩效和战略目标的实现情况;对于部门或团队层面的评价对象,则关注部门或团队的协作效率、创新能力、业绩贡献等方面;对于个人层面的评价对象,则关注员工的工作绩效、技能提升、态度表现等方面。

(三) 评价主体

评价主体是绩效评价的实施者,包括上级、同事、下属以及外部专家等。在绩效评价中,评价主体的选择应该根据评价对象和评价目标来确定,以确保评价的公正性和客观性。

上级作为评价主体,通常对下属的工作绩效和职业发展具有较大的影响力,其评价结果对员工的晋升、薪酬等方面具有重要影响。同事作为评价主体,可以从不同的角度观察和评价员工的工作表现,提供更加全面和客观的评价结果;下属作为评价主体,可以对上级的管理能力和领导风格进行评价,为组织的改进提供参考。外部专家作为评价主体,可以提供专业的评价意见和建议,帮助组织识别潜在的问题和改进方向。

(四) 评价指标

评价指标是绩效评价的具体内容,用于衡量评价对象的绩效表现。评价指标的设定应该根据评价对象和评价目标来确定,以体现组织的战略和管理重点。

评价指标通常包括定量指标和定性指标两类。定量指标可以通过具体的数值来衡量绩效表现,如销售额、利润率、客户满意度等;定性指标则通过描述性的语言来评价绩效表现,如团队协作能力、创新能力、工作态度等。在设定评价指标时,应该注重指标的全面性和代表性，确保其能够全面反映评价对象的绩效表现。

（五）评价标准

评价标准是评价指标的具体要求或基准，用于判断评价对象是否达到预期的绩效水平。评价标准应该根据组织的实际情况和管理需求来设定，以体现组织的期望和要求。

评价标准通常包括绝对标准和相对标准两类。绝对标准是指固定的、不随评价对象变化而变化的基准，如销售额达到××万元、利润率达到××%等；相对标准则是根据评价对象的相对表现来设定的基准，如与同行业相比的业绩排名、与上一期相比的业绩增长率等。在设定评价标准时，应该注重标准的合理性和可行性，确保其能够准确反映评价对象的绩效水平。

（六）评价方法

评价方法是绩效评价的具体实施方式，包括数据收集、分析处理、结果反馈等环节。评价方法的选择应该根据评价对象和评价目标来确定，以确保评价的有效性和准确性。

常见的评价方法包括目标管理法、关键绩效指标法、360度反馈法等。目标管理法通过将组织的目标分解为具体的个人目标，并对个人目标的达成情况进行评估；关键绩效指标法则通过设定关键绩效指标来衡量评价对象的绩效表现；360度反馈法则通过收集来自不同角度的评价信息，为评价对象提供全面、客观的评价结果。在选择评价方法时，应该注重方法的适用性和可操作性，确保其能够顺利实施并取得预期的效果。

绩效评价要素包括评价目标、评价对象、评价主体、评价指标、评价标准和评价方法。这些要素相互关联、相互作用，共同构成了绩效评价的完整体系。在实践中，组织应该根据自身的实际情况和管理需求，合理设定这些要素，以确保绩效评价的有效实施和取得预期的效果。

五、绩效评价重要性

（一）绩效评价与组织效率

绩效评价作为组织管理的核心环节，对于提升组织效率具有不可替代的作用。组织效率的高低直接影响组织的运行质量和组织的发展速度，而绩效评价正是通过科学、客观、公正地评估组织内部各部门和个人的工作成果和效率，为组织提供决策依据，促进组织资源的优化配置，从而提高组织效率。

绩效评价有助于明确组织目标。通过设定明确的绩效指标，组织可以清晰地传达给各部门和员工组织所期望达成的目标,确保各部门和个人在工作中有明确的方向和动力。同时,绩效评价也可以及时发现并解决工作中出现的问题和困难,保障组织目标的实现。绩效评价有助于优化资源配置。通过对各部门和个人的绩效进行评估,组织可以了解各部门和个人的工作成果和效率,从而根据实际需要调整资源分配,确保资源得到充分利用。此外,绩效评价还可以发现潜在的人才和优势领域,为组织提供新的发展机遇和增长点。

绩效评价有助于激发员工的积极性。通过公正、透明的绩效评价,员工可以了解自己的工作成果和效率在组织中的位置和水平,从而激发员工的积极性和创造力。同时,绩效评价也可以为员工提供成长和晋升的机会,增强员工的归属感和忠诚度。

(二)绩效评价与战略目标实现

绩效评价对于实现组织的战略目标具有至关重要的作用。战略目标是组织长期发展的方向和目标,而绩效评价则是实现战略目标的重要手段。

绩效评价有助于确保战略目标的落地实施。通过设定与战略目标紧密相关的绩效指标,组织可以确保各部门和个人在工作中始终围绕战略目标展开,确保战略目标的顺利实现。同时,绩效评价也可以及时发现并纠正偏离战略目标的行为和现象,确保组织沿着正确的方向前进。

绩效评价有助于评估战略目标的实施效果。通过对各部门和个人的绩效进行评估,组织可以了解战略目标的实施效果,从而及时调整和优化战略目标和实施计划。此外,绩效评价还可以为组织提供宝贵的经验和教训,为未来的战略制定和实施提供有力支持。绩效评价有助于促进组织文化的建设。通过强调绩效的重要性和价值,组织可以形成积极向上、追求卓越的文化氛围,为战略目标的实现提供有力保障。同时,绩效评价也可以促进员工之间的合作和交流,增强组织的凝聚力和向心力。

(三)绩效评价与员工成长

绩效评价对于促进员工成长具有积极作用。员工是组织重要的资源,员工的成长和发展直接关系组织的未来,而绩效评价则是促进员工成长的重要途径之一。

首先,绩效评价有助于发现员工的潜力和优势。通过客观、公正的绩效评价,组织可以发现员工的潜力和优势所在,从而为员工提供更多的发展机会和资源支持。同时,绩效评价也可以帮助员工了解自己在工作中的不足和需要改进的地方,为员工的自我提升和成长提供方向。其次,绩效评价有助于激发员工的积极性和创造力。通过公正、透明的绩效评价,员工可以了解自己的工作成果和效率在组织中的位置和水平,从而激发员工的积极性和创造力。同时,绩效评价也可以为员工提供成长和晋升的机会，增强员工的归属感和忠诚度。最后，绩效评价有助于促进员工的职业规划和发展。通过绩效评价，员工可以了解自己的职业发展方向和路径，从而制定更加明确和具体的职业规划。同时，组织也可以为员工提供更加全面和专业的职业培训和指导，帮助员工实现职业发展和成长。

（四）绩效评价的综合性作用

绩效评价不仅对于组织效率、战略目标实现和员工成长具有积极作用，还在多个方面展现出其综合性作用。

通过公正、透明的绩效评价，组织可以展示其工作成果和效率，增强组织的透明度和公信力。同时，绩效评价也可以为外部利益相关者提供重要的参考信息，增强组织的声誉和影响力。通过绩效评价，组织可以及时发现并解决工作中存在的问题和不足，推动组织的持续改进和创新。同时，绩效评价也可以为组织提供宝贵的经验和教训，为未来的工作提供有力支持。通过绩效评价，组织可以了解自身在市场上的位置和水平，从而制定更加符合市场需求和竞争态势的战略目标和实施计划。同时，绩效评价也可以帮助组织及时发现并应对外部环境的变化和挑战，增强组织的适应力和竞争力。

在未来的发展中，绩效评价将继续发挥在组织管理中的核心作用，并随着时代的发展和技术的进步不断完善和创新。我们期待绩效评价在未来能够更加科学、客观、公正地评估组织和个人的绩效成果和效率，为组织的持续发展和创新提供有力支持。

第二节　财务管理理论在高校绩效评价中的应用

一、财务目标与绩效评价

在高校的运营管理中，财务目标不仅是学校发展的经济基础和动力源泉，还是绩效评价的重要参照和核心依据。绩效评价作为高校管理的重要工具，应紧密围绕财务目标展开，从而确保学校的经济活动与整体战略目标相一致。

（一）财务目标设定与绩效评价的关联

高校的财务目标通常包括收入目标、支出控制目标、资产管理目标以及财务风险管理目标等。这些目标的设定不仅反映了学校对资金筹集、使用和管理的要求，也体现了学校未来发展的战略方向。绩效评价作为衡量学校经济活动成效的工具，应当紧密围绕这些财务目标来进行。

具体来说，绩效评价应关注学校在财务目标实现过程中的表现，包括资金的筹集效率、支出的合理性和有效性、资产的保值增值能力以及财务风险的防控能力等。通过定期或不定期的绩效评价，可以及时了解学校在财务目标实现方面的进展，发现存在的问题和不足，为学校的财务决策提供科学依据。

(二) 绩效评价对财务目标的促进作用

绩效评价不仅是对学校经济活动成果的检验，更是对财务目标实现的推动和保障。通过绩效评价，可以激励学校各部门和人员更加积极地参与到财务管理中，提高财务管理水平和效率。一方面，绩效评价可以强化学校对财务目标的重视和认识。通过明确的绩效评价标准和指标体系，学校可以更加清晰地认识到自己在财务目标实现方面的差距和不足，从而采取针对性的措施加以改进。这有助于增强学校的财务管理意识，提高财务管理的主动性和积极性。另一方面，绩效评价可以促进学校财务管理制度的完善和优化。在绩效评价过程中，学校可以发现财务管理制度中存在的问题和不足，如预算编制不合理、资金使用不规范等。针对这些问题，学校可以及时调整和完善财务管理制度，提高财务管理的科学性和规范性。

(三) 财务管理理论在绩效评价中的应用

财务管理理论是绩效评价的重要理论基础和支撑。

1. 预算管理理论的应用

预算管理是高校财务管理的重要组成部分，也是绩效评价的重要依据。在绩效评价中，学校可以运用预算管理理论，通过预算编制、执行和调整等过程，对学校经济活动进行全面、系统的评估。这有助于学校及时了解经济活动的进展情况和存在的问题，为学校的财务决策提供有力支持。

2. 成本控制理论的应用

成本控制是高校财务管理的重要内容之一，也是绩效评价的重要方面。在绩效评价中，学校可以运用成本控制理论，通过制定成本控制标准和措施，对学校各项支出进行严格控制和管理。这有助于降低学校的运营成本，提高资金的使用效率，为学校的可持续发展提供有力保障。

3. 风险管理理论的应用

风险管理是高校财务管理的重要领域之一，也是绩效评价的重要方面。在绩效评价中，学校可以运用风险管理理论，通过对财务风险进行识别、评估和监控等过程，及时发现和防范财务风险。这有助于保障学校的财务安全，维护学校的经济稳定和发展。

财务目标与绩效评价在高校管理中具有密不可分的关系。通过明确财务目标、完善绩效评价标准和指标体系、强化财务管理理论的应用等措施，可以推动高校财务管理的科学化和规范化进程，提高学校的经济效益和社会效益。

二、财务指标与评价体系

在高校绩效评价体系中，财务指标作为衡量学校财务状况和运营效果的重要工具，其重要性不言而喻。财务指标的合理设置和有效运用，有助于高校管理者全面了解学校的经济状况，优化资源配置，提高资金使用效率，进而提升学校的整体绩效。

（一）财务指标的重要性

高校作为非营利性组织，其运营活动同样涉及资金的流入和流出。因此，财务指标在高校绩效评价中扮演着至关重要的角色。通过财务指标，可以客观反映高校的财务状况，包括收入、支出、资产、负债等方面的情况。这些指标不仅有助于高校管理者了解学校的经济状况，还能够为学校的战略决策提供数据支持。

（二）财务指标的分类

1. 收入指标

反映高校资金来源和收入规模的指标，如学费收入、科研收入、政府拨款等。这些指标能够反映高校在资金筹集方面的能力和效果。

2. 支出指标

反映高校资金使用情况的指标，如教学支出、科研支出、行政管理支出等。这些指标能够体现高校在资金使用上的偏好和重点，有助于优化资源配置。

3. 资产指标

反映高校资产规模和结构的指标，如固定资产、流动资产、无形资产等。这些指标能够体现高校的经济实力和发展潜力。

4. 负债指标

反映高校负债规模和结构的指标，如短期借款、长期借款、应付款项等。这些指标能够反映高校的债务风险，有助于高校管理者制定合理的债务管理策略。

（三）财务指标在绩效评价体系中的应用

1. 评估高校的财务状况

通过财务指标，可以全面、客观地评估高校的财务状况，包括收入、支出、资产、负债等方面的情况。这有助于高校管理者了解学校的经济状况，及时发现和解决潜在问题。

2. 优化资源配置

通过财务指标的分析，可以了解高校在资金使用上的偏好和重点，从而优化资源配置。例如，可以根据教学支出和科研支出的比例，调整教学和科研的投入比例，以更好地满足学校的发展需求。

3. 提高资金使用效率

财务指标可以揭示高校在资金使用上的效率问题。例如，通过比较不同部门或项目的支出和收益情况，可以发现资金使用效率低下的部门或项目，从而采取相应措施加以改进。

4. 辅助战略决策

财务指标能够为高校的战略决策提供数据支持。例如，在制定学校发展规划时，高校管理者可以参考财务指标的历史数据和趋势分析，预测未来一段时间内的财务状况和资金需求，从而制定更加科学合理的战略规划。

（四）财务指标设置的注意事项

1. 指标的相关性

财务指标应与高校的发展战略和管理目标紧密相关，能够反映学校在经济活动中的重要方面。

2. 指标的可衡量性

财务指标应具有可衡量性，能够通过具体的数据进行量化评估。

3. 指标的全面性

财务指标应全面反映高校的财务状况和运营效果，避免遗漏重要信息。

4. 指标的动态性

财务指标应具有一定的动态性，能够反映高校财务状况的变化和趋势。

财务指标在高校绩效评价体系中具有重要的应用价值。通过合理设置和有效运用财务指标，可以全面、客观地评估高校的财务状况和运营效果，为学校的战略决策提供数据支持，促进学校的可持续发展。

三、财务管理流程与评价

（一）财务管理流程在高校中的核心地位

在高校运营中，财务管理流程占据着至关重要的地位。它不仅关系到学校的资金流动、资源配置，更直接关联到学校的教学、科研等各项活动的正常开展。因此，规范、高效的财务管理流程对高校而言，是确保其稳定、持续发展的基础。

财务管理流程主要包括预算编制、资金筹集、资金使用、财务分析等环节。这些环节相互衔接、相互影响，共同构成一个完整的财务管理体系。在这个体系中，每一个环节都需要严格遵循相关的财务制度和规定，以确保资金的合理使用和高效流转。

（二）绩效评价在财务管理流程中的作用

绩效评价作为一种管理工具，在财务管理流程中的作用不可忽视。通过对财务管理流程进行绩效评价，高校管理者可以及时发现流程中存在的问题和不足，为流程的改进和优化提供有力支持。

绩效评价有助于明确财务管理流程的目标。通过设定明确的绩效指标，可以清晰地传达给财务管理人员流程期望达成的目标，确保他们在工作中始终围绕目标展开。同时，绩效指标也可以作为评价财务管理流程效果的重要依据，为流程的优化和改进提供方向。绩效评价有助于评估财务管理流程的效果。通过对财务管理流程的各个环节进行绩效评价，可以了解各个环节的运作效率和效果，发现其中存在的问题和不足。这有助于财务管理人员及时采取措施进行改进和优化，提高财务管理流程的整体效率。绩效评价还有助于激励财务管理人员的积极性。通过公正、透明的绩效评价，可以激发财务管理人员的积极性和创造力，使他们更加努力地投入工作中。同时，绩效评价也可以为财务管理人员提供成长和晋升的机会，增强他们的归属感和忠诚度。

（三）财务管理流程与绩效评价的结合

在高校中，财务管理流程与绩效评价的结合具有重要意义。通过将绩效评价应用于财务管理流程中，可以实现对流程的全程监督和控制，确保流程的规范性和效率。

首先，需要建立与财务管理流程紧密相关的绩效评价体系。这个体系应该包括预算编制、资金筹集、资金使用、财务分析等环节的绩效指标，以及相应的评价方法和标准。通过这个体系，可以对财务管理流程的各个环节进行全面、客观的评价。其次，需要加强对财务管理流程的监督和控制。通过绩效评价，可以及时发现流程中存在的问题和不足，并采取相应的措施进行改进和优化。同时，还需要对财务管理流程的执行情况进行监督和控制，确保流程按照既定的规定和程序进行。最后，需要注重财务管理人员的培训和发展。财务管理人员是财务管理流程的执行者，他们的素质和能力直接影响到流程的效果。因此，需要加强对财务管理人员的培训和发展，提高他们的专业素质和综合能力，使他们能够更好地适应财务管理流程的需要。

（四）高校绩效评价在财务管理流程中的实践

在高校中，绩效评价在财务管理流程中的实践已经取得了一定的成效。通过绩效评价，高校可以更加清晰地了解财务管理流程的效果和存在的问题，为流程的改进和优化提供有力支持。

在预算编制环节，高校可以通过设定预算执行情况、资金使用效率等绩效指标，对预算编制过程进行全面、客观的评价。这有助于发现预算编制中存在的问题和不足，为预算的优化和调整提供方向。在资金筹集环节，高校可以通过设定筹资成本、筹资效率等绩效指标，对资金筹集过程进行评价。这有助于了解资金筹集的效果和存在的问题，为资金筹集策略的制定提供重要参考。在财务分析环节，高校可以通过设定财务指标、分析方法等绩效指标，对财务分析过程进行评价。这有助于了解财务分析的效果和存在的问题，为财务分析方法的改进和优化提供方向。

（五）总结与展望

在高校中，财务管理流程与绩效评价的结合具有重要的理论和实践意义。通过绩效评价监督财务管理流程，可以确保流程的规范性和效率，从而提高高校的财务管理水平。同时，绩效评价还可以为高校的持续发展和创新提供有力支持。

随着高校财务管理的不断发展和完善，绩效评价在财务管理流程中的应用也将越来越广泛。我们期待绩效评价能够在高校财务管理中发挥更大的作用，为高校的稳定、持续发展提供有力保障。

四、财务决策与绩效评价

在高校的管理实践中，财务决策与绩效评价之间存在着紧密的联系。绩效评价不仅是对高校财务活动结果的衡量，更为高校的财务决策提供了重要的数据支持和参考依据，促进了决策的科学性和有效性。

（一）绩效评价在财务决策中的作用

绩效评价在财务决策中扮演着至关重要的角色。通过绩效评价，高校可以全面、客观地了解自身的财务状况和运营效果，为财务决策提供可靠的数据支持。

1. 提供决策依据

绩效评价的结果反映了高校在财务活动方面的表现，为高校管理者提供了决策依据。通过绩效评价，高校可以清晰地看到自身的优势和不足，明确未来的发展方向和重点。在财务决策过程中，高校可以根据绩效评价的结果，制定针对性的财务策略，优化资源配置，提高资金的使用效率。

2. 揭示风险隐患

绩效评价可以揭示高校在财务活动中存在的风险隐患。通过对各项财务指标的分析和比较，绩效评价可以发现高校在财务管理、资金使用、债务管理等方面存在的问题和不足，这些问题可能会给高校带来潜在的风险和损失。因此，在财务决策过程中，高校需要充分考虑绩效评价揭示的风险隐患，采取相应的措施加以防范和化解。

3. 促进决策的科学性

绩效评价的结果可以为高校管理者提供客观的、量化的信息，帮助管理者更加科学地进行财务决策。在决策过程中，高校管理者可以依据绩效评价的结果，综合考虑各种因素，权衡利弊得失，从而做出更加科学、合理的决策。这有助于降低决策的风险性，提高决策的有效性和可持续性。

（二）财务管理理论在绩效评价中的应用

财务管理理论为高校绩效评价提供了坚实的理论基础和指导原则。

1. 预算管理理论的应用

预算管理是高校财务管理的核心环节之一。在绩效评价中，预算管理理论的应用主要体现在预算编制、执行和考核等方面。高校可以根据预算管理理论的要求，制定科学合理的预算方案，并对预算的执行情况进行跟踪和考核。这有助于确保高校的经济活动符合预算计划的要求，提高资金的使用效率。

2. 成本控制理论的应用

成本控制是高校财务管理的重要内容之一。在绩效评价中，成本控制理论的应用主要体现在成本核算、分析和控制等方面。高校可以运用成本控制理论，对各项成本进行核算和分析，找出成本过高的原因和环节，并采取相应的措施加以控制。这有助于降低高校的运营成本，提高经济效益。

3. 风险管理理论的应用

风险管理是高校财务管理的重要组成部分。在绩效评价中，风险管理理论的应用主要体现在风险识别、评估和应对等方面。高校可以运用风险管理理论，对可能面临的财务风险进行识别和评估,并制定应对措施。这有助于降低高校面临的风险水平,保障高校的财务安全和稳定。

(三)绩效评价与财务决策的互动关系

绩效评价与财务决策之间存在着紧密的互动关系。一方面,绩效评价为财务决策提供了重要的数据支持和参考依据;另一方面,财务决策的实施又会对绩效评价产生影响。

1.绩效评价为财务决策提供依据

绩效评价的结果反映了高校在财务活动方面的表现,为财务决策提供了重要的依据。高校管理者可以根据绩效评价的结果,了解自身的财务状况和运营效果,从而制定更加科学、合理的财务决策。

2.财务决策影响绩效评价的结果

财务决策的实施会对高校的财务状况和运营效果产生影响,进而影响绩效评价的结果。如果财务决策科学合理,有助于优化资源配置、提高资金使用效率,那么绩效评价的结果也会更加积极;反之,如果财务决策存在问题或不足,那么绩效评价的结果也会受到影响。

3.绩效评价与财务决策的相互促进

绩效评价与财务决策之间的相互促进关系体现在两者之间的不断循环和优化过程中。通过绩效评价,高校可以了解自身的财务状况和运营效果,为财务决策提供依据;而财务决策的实施又会带来新的经济活动和数据变化,为绩效评价提供新的评估对象和内容。这种循环和优化过程有助于高校不断提高其财务管理水平和绩效表现。

绩效评价与财务决策在高校管理中具有密不可分的关系。通过加强绩效评价与财务决策之间的联系和互动,可以推动高校财务管理的科学化和规范化进程,提高高校的经济效益和社会效益。

五、财务风险与绩效评价

在高校运营和管理的过程中,财务风险是无法避免的重要议题。财务风险的有效管理不仅关乎高校的经济稳定,更影响其教学、科研等各项活动的正常进行。因此,通过绩效评价来识别、预警和应对财务风险,对于高校的可持续发展具有重要意义。以下将详细探讨财务风险与绩效评价之间的关系及其在高校管理中的应用。

(一)财务风险的概念与特点

财务风险是指高校在运营过程中,由于内外部环境的变化或管理不善等因素,导致财务状况出现不稳定、不可控的风险。这些风险可能来源于市场、政策、运营等方面，对高校的经济安全构成威胁。财务风险的特点主要包括不确定性、可变性、可控性和潜在性。

（二）绩效评价在财务风险识别中的作用

绩效评价作为高校管理的重要手段，在财务风险识别中发挥着重要作用。通过绩效评价，可以全面、系统地分析高校的财务状况和运营效果，并及时发现潜在的财务风险因素。

1. 财务状况分析

通过对高校的收入、支出、资产、负债等财务指标进行绩效评价，可以了解高校的财务状况是否健康，是否存在负债过高、流动性不足等问题。

2. 运营效率评估

绩效评价可以评估高校在资源利用、成本控制、项目管理等方面的运营效率。低效的运营可能存在着浪费和冗余，增加了财务风险。

3. 发展趋势预测

通过对历史绩效数据的分析，可以预测高校未来的发展趋势。如果预测结果显示高校财务状况将出现不稳定或下滑趋势，则需要警惕潜在的财务风险。

（三）绩效评价在财务风险预警中的应用

在识别出潜在的财务风险后，绩效评价还可以用于财务风险预警。当高校的财务指标达到或超过设定的预警值时，系统将自动发出警报，提醒管理者关注并采取应对措施。

1. 及时性

预警系统能够在财务风险发生时或即将发生时，迅速发出警报，使管理者能够及时知晓并应对风险。

2. 准确性

预警系统基于历史数据和绩效评价结果设定预警指标和阈值，具有较高的准确性，能够降低误报和漏报的风险。

3. 针对性

预警系统可以根据高校的实际情况和需要，设定不同的预警指标和阈值，以满足个性化的风险管理需求。

(四) 绩效评价在财务风险应对中的应用

在识别并预警财务风险后,绩效评价还可以为高校提供应对建议。通过对绩效评价结果的分析和解读,可以发现导致财务风险的关键因素和症结所在,从而制定应对策略和措施。

1. 优化资源配置

根据绩效评价结果,优化高校的资源配置,从而确保资金、人力等资源的合理分配和使用,降低财务风险。

2. 加强内部控制

通过绩效评价发现内部控制存在的漏洞和不足,加强内部控制制度建设,提高财务管理水平,降低财务风险。

3. 改进运营策略

根据绩效评价结果,调整高校的运营策略,优化教学和科研活动,提高运营效率和质量,降低财务风险。

4. 建立风险应对机制

建立完善的风险应对机制,包括风险识别、预警、应对和反馈等环节,确保高校在面对财务风险时能够迅速、有效地应对。

绩效评价在高校财务风险管理中发挥着重要作用。通过绩效评价可以全面、系统地分析高校的财务状况和运营效果,及时发现潜在的财务风险因素;通过设定合理的预警指标和阈值,实现财务风险的及时预警;通过分析和解读绩效评价结果,为高校提供针对性的风险应对建议。因此,高校应重视绩效评价在财务管理中的应用,不断完善绩效评价体系和风险管理机制,以确保学校的经济安全和稳定。

第三节 高校财务绩效评价体系建设的指导原则

一、目标导向原则

在高校管理实践中,财务绩效评价体系的建设至关重要。一个科学、合理、有效的财务绩效评价体系不仅能优化资源配置,提高资金使用效率,还能确保高校整体发展目标的顺利实现。在这一过程中,目标导向原则作为财务绩效评价体系建设的核心指导原则,发挥着不可替代的作用。

(一) 目标导向原则的核心意义

目标导向原则强调以高校财务目标为导向,确保绩效评价体系与高校整体发展目标相一致。其核心意义就在于,通过明确、具体的财务目标,为高校的发展提供明确的方向和指引。同时,将财务目标与绩效评价体系相结合,能够确保高校在追求财务目标的过程中实现资源的合理配置和高效利用,推动高校的持续发展。

(二) 目标导向原则在财务绩效评价体系中的应用

1. 设定明确的财务目标

在高校财务绩效评价体系建设中,先要设定明确的财务目标。这些目标应该与高校的整体发展战略相一致。同时,考虑到高校的实际情况和发展需求,财务目标的设定应该具有可操作性、可衡量性和可达成性,以便为高校的发展提供具体的方向和指引。

2. 构建与财务目标相匹配的绩效评价指标

在设定了明确的财务目标之后,需要构建与财务目标相匹配的绩效评价指标。这些指标应该能够全面、客观地反映高校在财务管理方面的实际情况和成果,同时与财务目标密切相关。通过构建科学合理的绩效评价指标,可以确保高校在追求财务目标的过程中,能够明确自己的工作重点和方向,实现资源的合理配置和高效利用。

3. 确保绩效评价体系的动态适应性

高校的发展是一个动态的过程,财务目标和绩效评价指标也需要随着高校的发展而不断调整和优化。因此,在构建财务绩效评价体系时,需要注重其动态适应性。具体而言,可以通过定期对财务目标和绩效评价指标进行审查和评估,及时发现其中存在的问题和不足,并采取相应的措施进行改进和优化。这样可以确保财务绩效评价体系始终与高校的发展目标保持一致,为高校的持续发展提供有力支持。

(三) 目标导向原则在财务绩效评价体系建设中的具体作用

1. 明确发展方向

目标导向原则能够确保高校在财务绩效评价体系建设中始终明确自己的发展方向。通过设定明确的财务目标,高校可以清晰地认识到自己在财务管理方面需要达到的标准和要求,从而制订相应的工作计划和措施。这样有助于高校在财务管理方面形成统一的思想和行动,推动高校的持续发展。

2. 优化资源配置

目标导向原则能够引导高校在财务绩效评价体系建设中优化资源配置。通过构建与财务目标相匹配的绩效评价指标,高校可以明确自己在财务管理方面的优势和不足,从而有针对性地进行资源投入和配置。这样有助于高校实现资源的合理配置和高效利用,提高资金使用效率,为高校的持续发展提供有力保障。

3. 提高管理效率

目标导向原则能够推动高校在财务绩效评价体系建设中提高管理效率。通过将财务目标与绩效评价体系相结合,高校可以更加清晰地认识到自己在财务管理方面的实际情况和成果,从而及时发现问题和不足并采取相应的措施进行改进。这样有助于高校提高财务管理水平,提高管理效率,为高校的持续发展提供有力支持。

4. 促进持续发展

目标导向原则能够确保高校在财务绩效评价体系建设中实现可持续发展。通过设定明确的财务目标和构建科学合理的绩效评价指标,高校可以明确自己在财务管理方面的方向和重点,从而制定相应的发展战略和措施。这样有助于高校在财务管理方面形成持续的发展动力,推动高校的持续发展和进步。

在高校财务绩效评价体系建设中,目标导向原则作为核心指导原则,发挥着不可替代的作用。通过设定明确的财务目标、构建与财务目标相匹配的绩效评价指标、确保绩效评价体系的动态适应性以及明确发展方向、优化资源配置、提高管理效率和促进持续发展等方面的具体作用,目标导向原则能够引导高校在财务绩效评价体系建设中实现资源的合理配置和高效利用,推动高校的持续发展和进步。

未来,随着高校财务管理的不断发展和完善,目标导向原则在高校财务绩效评价体系建设中的应用也将越来越广泛。我们期待目标导向原则能够在高校财务绩效评价体系中发挥更大的作用,为高校的持续发展和进步提供有力保障。

二、全面性原则

在高校财务绩效评价体系的建设中,全面性原则是确保评价工作客观、公正、有效的关键。全面性原则要求绩效评价体系能够全面覆盖高校财务工作的各个方面和环节,从而全面反映高校的财务状况和运营效果。

(一)财务活动的全面覆盖

高校的财务活动涉及多个方面,包括资金的筹集、使用、管理以及监督等。全面性原则要求绩效评价体系能够全面覆盖这些财务活动,以确保评价结果的全面性和准确性。

1. 资金来源的评价

高校的资金来源主要包括政府拨款、学费收入、科研项目经费等。绩效评价体系应全面评估各种资金来源的稳定性和可持续性，以及资金筹集过程中的合规性和透明度。

2. 资金使用的评价

高校的资金使用涵盖了教学、科研、基础设施建设等方面，绩效评价体系应全面评估资金使用的合理性和有效性，包括教学科研投入与产出的关系、基础设施建设的必要性和经济性等。

3. 财务管理的评价

高校的财务管理包括预算编制、内部控制、财务风险管理等方面。绩效评价体系应全面评估财务管理的规范性和有效性，确保高校财务活动的合规性和稳健性。

（二）财务目标的全面考量

高校的财务目标包括多个方面，如收入增长、支出控制、资产管理等。全面性原则要求绩效评价体系能够全面考量这些财务目标，确保评价结果与高校的战略目标相一致。

1. 收入目标的考量

绩效评价体系应全面评估高校收入目标的实现情况，包括学费收入、科研项目经费、捐赠收入等。同时，还应关注收入结构的合理性和可持续性。

2. 支出目标的考量

绩效评价体系应全面评估高校支出目标的实现情况，包括教学科研支出、基础设施建设支出、行政支出等。同时，还应关注支出的合规性和经济性。

3. 资产管理目标的考量

绩效评价体系应全面评估高校资产管理目标的实现情况，包括资产的保值增值、资产使用效率等。同时，还应关注资产管理的规范性和安全性。

（三）财务风险的全面评估

高校在运营过程中面临着多种财务风险，如流动性风险、信用风险、市场风险等。全面性原则要求绩效评价体系能够全面评估这些财务风险，以确保高校财务活动的稳健性。

1. 流动性风险评估

绩效评价体系应全面评估高校的流动性状况，包括现金流量的充足性、短期债务

第四章　高校财务绩效评价体系建设的理论基础

的偿还能力等。同时，还应关注流动性风险的管理措施和应对能力。

2. 信用风险评估

绩效评价体系应全面评估高校的信用风险状况，包括借款人的信用状况、担保物的价值等。同时，还应关注信用风险的管理策略和应对措施。

3. 市场风险评估

绩效评价体系应全面评估高校面临的市场风险，包括利率风险、汇率风险等。同时，还应关注市场风险的管理方法和控制手段。

（四）绩效评价指标的全面构建

全面性原则要求绩效评价体系能够构建全面、科学的评价指标体系，以全面反映高校的财务状况和运营效果。

1. 财务指标

财务指标是反映高校财务状况和运营效果的重要工具。绩效评价指标体系应包含一系列财务指标，如收入增长率、支出控制率、资产负债率等。

2. 非财务指标

非财务指标能够补充财务指标在反映高校绩效方面的不足。绩效评价指标体系应包含一些非财务指标，如教学质量、科研成果、学生满意度等。

3. 综合性指标

综合性指标能够全面反映高校的财务状况和运营效果。绩效评价指标体系应构建一些综合性指标，如财务绩效指数、综合效益指数等。

全面性原则是高校财务绩效评价体系建设的重要指导原则。通过全面覆盖财务活动的各个方面和各个环节、全面考量财务目标、全面评估财务风险以及全面构建绩效评价指标体系，可以确保高校财务绩效评价的客观性和有效性，为高校的财务决策和管理提供有力支持。

三、量化评价原则

在高校财务绩效评价体系的建设过程中，量化评价原则扮演着至关重要的角色。这一原则要求评价体系既要包含定量指标以提供精确的数据支持，又要结合定性评价以反映复杂的实际情况，从而确保评价结果的客观性和准确性。以下将详细探讨高校财务绩效评价体系建设中量化评价原则的具体内容及其重要性。

（一）量化评价原则的重要性

1. 提高评价结果的客观性

量化评价基于具体、可衡量的数据，能够减少主观因素的影响，使评价结果更加客观、公正。

2. 增强评价结果的准确性

量化评价通过精确的数据分析，能够更准确地反映高校的财务状况和运营效果，为决策提供有力支持。

3. 促进评价体系的科学性和系统性

量化评价原则要求评价体系具备科学性和系统性，通过合理的指标设置和权重分配，实现全面、综合的评价。

（二）量化评价原则的具体内容

1. 明确评价目标和指标

首先，需要明确评价目标和具体的评价指标。这些指标应当与高校的战略目标和发展需求紧密相关，能够全面反映高校的财务状况和运营效果。

2. 选择合适的量化方法

根据评价目标和指标的特点，选择合适的量化方法。常用的量化方法包括比率分析、趋势分析、比较分析等，这些方法能够对高校的财务状况进行深入剖析，为评价提供有力支持。

3. 设定合理的权重分配

在评价体系中，不同的指标对评价结果的影响程度不同。因此，需要根据实际情况设定合理的权重分配，确保评价结果能够真实的反映高校的财务状况和运营效果。

4. 结合定性评价

虽然量化评价能够提供精确的数据支持，但在某些情况下，定性评价也是不可或缺的。定性评价能够反映复杂的实际情况和背景信息，为量化评价提供补充和支持。因此，在评价体系中应当结合定性评价和定量评价，实现全面、综合的评价。

5. 建立反馈机制

量化评价原则要求评价体系具备反馈机制，能够及时反馈评价结果和存在的问题。通过建立反馈机制，可以及时发现问题并采取相应的改进措施，进而提高评价体系的有效性和实用性。

（三）量化评价原则的实施步骤

1. 明确评价目标和指标体系

需要明确评价的目标和指标体系，确保评价能够全面、准确地反映高校的财务状况和运营效果。

2. 收集数据和资料

根据评价指标体系的要求，收集相关的数据和资料，这些数据应当真实、可靠、完整，能够为评价提供有力支持。

3. 进行量化分析

利用收集到的数据和资料，进行量化分析，通过计算比率、趋势分析等方法，深入剖析高校的财务状况和运营效果。

4. 结合定性评价

在量化分析的基础上，结合定性评价对高校的财务状况和运营效果进行综合评价，通过综合考虑各种因素和信息，得出更加全面、准确的评价结果。

5. 反馈和改进

将评价结果反馈给相关部门和人员，并根据评价结果提出改进意见和建议，通过不断改进和完善评价体系，提高评价的有效性和实用性。

量化评价原则在高校财务绩效评价体系建设中具有重要的作用，通过明确评价目标和指标、选择合适的量化方法、设定合理的权重分配、结合定性评价以及建立反馈机制等步骤的实施，可以确保评价结果的客观性和准确性。未来，随着高校财务绩效评价体系的不断完善和发展，量化评价原则将继续发挥重要作用，为高校的发展提供有力支持。同时，高校还需要不断探索和创新评价方法和技术手段，以更好地适应高校财务管理的需要和发展趋势。

四、动态评价原则

在高校财务绩效评价体系的建设中，动态评价原则是一个至关重要的指导原则。它强调绩效评价不应是一个静态、一次性的过程，而是一个持续、动态的过程，需要不断地进行监测、评估、调整和改进。这一原则对于确保高校财务绩效评价体系的科学性、有效性和适应性具有重要意义。

（一）动态评价原则的核心内涵

动态评价原则的核心内涵在于其"动态性"和"持续性"。它要求高校在财务绩效评价过程中,不仅要关注当前的财务状况和绩效表现,还要关注未来的发展趋势和潜在风险。同时,动态评价原则也强调评价过程的持续性和循环性,即评价不是一次性的活动,而是一个不断循环、不断改进的过程。

(二)动态评价原则在财务绩效评价中的应用

1. 建立持续监测机制

动态评价原则要求高校建立持续、有效的财务绩效监测机制。这一机制应能够实时收集、整理和分析高校的财务数据和信息,及时反映高校的财务状况和绩效表现。通过持续监测,高校可以及时发现财务管理中存在的问题和不足,为后续的改进和优化提供依据。

2. 定期开展绩效评价

除了持续监测外,高校还应定期开展财务绩效评价。评价周期可以根据高校的实际情况和需要来确定,但一般应至少每年进行一次。在评价过程中,高校应全面、客观地评估自身的财务状况和绩效表现,找出存在的问题和不足,并提出相应的改进措施。

3. 注重评价结果的应用

动态评价原则强调评价结果的应用。高校应将评价结果作为改进财务管理的重要依据,针对评价中发现的问题和不足,制订具体的改进措施和计划。同时,高校还应将评价结果纳入高校的整体发展规划中,为高校的战略决策提供有力支持。

4. 持续改进和优化

动态评价原则要求高校在财务绩效评价过程中保持持续改进和优化的态度。高校应根据评价结果和实际情况,不断调整和优化财务绩效评价体系,使其始终与高校的发展目标和实际需求保持一致。同时,高校还应关注外部环境的变化和新的管理理念的出现,及时将新的理念和方法引入财务绩效评价体系中,以提高评价体系的科学性和有效性。

(三)动态评价原则在高校财务绩效评价中的意义

1. 提高评价的科学性和准确性

动态评价原则要求高校在财务绩效评价过程中应持续监测、定期评价和注重结果应用,这有助于提高评价的科学性和准确性。通过持续监测和定期评价,高校可以全面、客观地了解自身的财务状况和绩效表现,避免单次评价可能存在的片面性和主观性。同时,注重结果应用也可以确保评价结果的实用性和有效性。

2.促进财务管理的持续改进

动态评价原则强调持续改进和优化的态度,这有助于促进高校财务管理的持续改进。通过不断评价和调整财务绩效评价体系,高校可以及时发现财务管理中存在的问题和不足,并制订相应的改进措施和计划。这种持续改进的过程不仅可以提高财务管理的效率和效果,还可以推动高校整体管理水平的提升。

3.增强高校的适应性和竞争力

动态评价原则要求高校应关注外部环境的变化和新的管理理念的出现,这有助于增强高校的适应性和竞争力。通过及时将新的理念和方法引入财务绩效评价体系中,高校可以更好地适应外部环境的变化和满足新的管理需求。同时,这种不断学习和创新的态度还可以提高高校在竞争中的优势地位。

动态评价原则作为高校财务绩效评价体系建设的指导原则之一,对于确保评价体系的科学性、有效性和适应性具有重要意义。通过建立持续监测机制、定期开展绩效评价、注重评价结果的应用以及持续改进和优化等措施,高校可以构建一个符合自身发展目标和实际需求的财务绩效评价体系。未来,随着高校财务管理的不断发展和完善,以及外部环境的变化和新的管理理念的出现,动态评价原则在高校财务绩效评价中的应用也将更加广泛和深入。我们期待动态评价原则能够在高校财务绩效评价中发挥更大的作用,为高校的持续发展提供有力支持。

五、可操作性原则

在高校财务绩效评价体系的构建过程中,可操作性原则扮演着至关重要的角色。这一原则确保评价体系在实际应用中易于操作和理解,使评价工作得以顺利进行,并获得准确、可靠的评价结果。以下将从不同方面详细阐述可操作性原则在高校财务绩效评价体系中的应用。

(一)评价体系的简洁明了

一个易于操作的高校财务绩效评价体系应当是简洁明了的,这意味着评价体系在结构和设计上应该尽量简单直观,避免复杂的计算方法和冗长的指标体系,而简洁明了的评价体系能够降低评价工作的难度和复杂度,提高评价效率。

1.指标体系的精练

评价体系应选取具有代表性的关键指标,避免指标过多导致信息冗余和难以操作。这些关键指标应能够全面反映高校的财务状况和运营效果,且易于量化和比较。

2. 方法的直观性

评价方法应直观易懂，避免使用复杂的数学模型和统计方法。评价者通过简单的计算和分析就能得出评价结果，而无须进行复杂的运算和推导。

3. 流程的简化

评价流程应简单明了，避免烦琐的步骤和程序。评价者可以按照既定的流程进行操作，减少出错的可能性，并确保评价工作的顺利进行。

（二）评价指标的实用性

一个易于操作的高校财务绩效评价体系还需要具备实用性。这意味着评价指标应能够真实地反映高校的财务状况和运营效果，且与高校的实际情况相符。实用性强的评价体系能够为高校的财务决策提供有价值的参考依据，促进高校的财务管理和运营优化。

1. 与高校战略目标的一致性

评价指标应与高校的战略目标相一致，能够反映高校在财务方面的主要发展方向和重点，这有助于确保评价结果的针对性和有效性。

2. 与高校运营活动的契合性

评价指标应与高校的运营活动紧密契合，能够反映高校在财务管理和运营过程中的主要问题和挑战，这有助于评价者更好地理解和把握高校的实际情况，提高评价的准确性。

3. 数据的可获取性

评价指标所需的数据应易于获取和验证，避免使用难以获取或不可靠的数据，这有助于确保评价结果的客观性和可信度。

（三）评价方法的灵活性

一个易于操作的高校财务绩效评价体系还需要具备灵活性。由于高校的财务状况和运营环境可能随时发生变化，因此评价体系应能够适应这些变化，并灵活调整评价方法和指标。灵活的评价体系能够更好地适应高校的实际情况，以提高评价的准确性和有效性。

1. 指标的动态调整

评价体系应允许根据高校的实际情况和外部环境的变化对指标进行动态调整，这有助于确保评价体系的时效性和适用性。

2. 方法的多样化

评价体系应支持多种评价方法的应用，包括定量评价和定性评价、主观评价和客观评价等。评价者可以根据实际情况选择适合的评价方法，从而提高评价的针对性和有效性。

3. 反馈机制的建立

评价体系应建立有效的反馈机制，允许评价者和被评价者对评价结果提出意见和建议，这有助于及时发现问题并进行改进，进而提高评价体系的完善性和实用性。

（四）评价过程的透明性

一个易于操作的高校财务绩效评价体系还需要确保评价过程的透明性。透明性的评价体系能够让评价者和被评价者了解评价的过程和结果，增强评价工作的公信力和可信度。

1. 公开透明的评价流程

评价体系应建立公开透明的评价流程，包括评价的目的、范围、方法、步骤等，这有助于评价者和被评价者了解评价工作的全貌，确保评价工作的公正性和客观性。

2. 公正公平的评价标准

评价体系应建立公正公平的评价标准，确保评价指标的公平性和公正性。同时，评价过程中应避免主观偏见和人为干预，确保评价结果的客观性和可信度。

3. 及时有效的反馈机制

评价体系应建立及时有效的反馈机制，允许评价者和被评价者对评价结果提出反馈意见和建议。这有助于及时发现问题并进行改进，从而提高评价体系的完善性和实用性。

可操作性原则是高校财务绩效评价体系建设的重要指导原则之一。通过构建简洁明了、实用性强、灵活性强且透明性高的评价体系，可以确保评价工作易于操作和理解，为高校的财务决策和管理提供有力支持。

第四节　理论基础对体系建设的启示

一、明确评价目标

在高校财务绩效评价体系的建设过程中，明确评价目标是至关重要的一环。评价目标不仅为评价工作指明了方向，而且确保了评价活动与高校整体发展的一致性。本文将从理论基础的角度出发，探讨明确评价目标对高校财务绩效评价体系建设的启示。

（一）高校财务绩效评价的理论基础

高校财务绩效评价的理论基础主要包括财务管理理论、绩效评价理论和战略管理理论。财务管理理论强调了对高校财务活动的有效管理和控制，以实现高校财务资源的优化配置和高效利用。绩效评价理论则关注如何科学、客观地评价高校财务绩效，为高校管理决策提供有力支持。战略管理理论则要求高校在制定财务绩效评价目标时，要紧密结合学校的战略目标和发展规划，确保评价工作与高校整体发展的一致性。

（二）明确评价目标的重要性

明确评价目标对于高校财务绩效评价体系的建设具有重要意义。首先，评价目标是评价工作的出发点和落脚点，它决定了评价的内容和范围，为评价活动提供了明确的方向。其次，评价目标应与高校的整体发展相一致，以确保评价工作能够服务于高校的战略目标和发展规划。最后，明确的评价目标有助于提高评价工作的针对性和有效性，使评价结果更具说服力和可信度。

（三）明确评价目标的启示

1. 以高校财务目标为导向

明确评价目标的首要启示是以高校财务目标为导向。高校财务目标是高校财务管理的核心和灵魂，它体现了高校对财务资源的需求和期望。因此，在构建高校财务绩效评价体系时，应紧密结合高校的财务目标，确保评价工作与高校的整体发展相一致。具体来说，评价目标应涵盖高校的财务收入、支出、资产、负债等方面，以全面反映高校的财务状况和运营效果。

2. 突出绩效评价的战略性

明确评价目标的另一个启示是突出绩效评价的战略性。战略管理理论要求高校在制定财务绩效评价目标时，要紧密结合学校的战略目标和发展规划。因此，在构建高校财务绩效评价体系时，应注重将绩效评价与战略管理相结合，以突出评价的战略性。具体来说，评价目标应体现学校的长期发展目标、战略规划以及短期内的重点任务和工作重点，以确保评价工作能够服务于学校的整体发展。

3. 强化评价结果的导向性

明确评价目标的最终启示是强化评价结果的导向性。评价结果的导向性是指评价结果应能够为高校管理决策提供有力支持，推动高校财务管理和运营优化。因此，在构建高校财务绩效评价体系时，应注重评价结果的导向性，确保评价结果能够真实、客观地反映高校的财务状况和运营效果。具体来说，评价体系应设计合理的评价指标和评价标准，以确保评价结果的准确性和可信度；同时，还应建立有效的反馈机制，及时将评价结果反馈给相关部门和人员，推动问题的整改和优化。

明确评价目标对于高校财务绩效评价体系的建设具有重要意义。以高校财务目标为导向，突出绩效评价的战略性和强化评价结果的导向性，可以构建一个科学、合理、有效的高校财务绩效评价体系，为高校管理决策提供有力支持，推动高校财务管理和运营优化。

二、完善评价体系

在构建和完善高校财务绩效评价体系的过程中，理论基础起着重要的指导作用。通过借鉴国内外先进经验，结合理论基础的启示，我们可以不断提高评价体系的科学性和准确性，以更好地服务于高校财务管理和决策的制定。

（一）评价目标的明确性

理论基础强调评价目标的明确性，即评价体系应该明确评价的目的和期望达到的效果。在高校财务绩效评价体系中，评价目标应该与学校的整体发展战略和财务管理目标相一致。因此，在构建评价体系时，需要明确评价目标，如提高财务管理效率、优化资源配置、促进学校可持续发展等，这有助于确保评价体系的针对性和有效性，使评价结果真正反映学校的财务状况和运营绩效。

（二）评价指标的全面性

理论基础指出，评价指标的全面性是评价体系科学性的重要体现。在高校财务绩效评价体系中，评价指标应该涵盖学校的各个方面，包括财务状况、运营效率、教学质量、科研水平等。同时，评价指标应该具有代表性和可比性，能够客观反映学校的实际情况和发展水平。为了确保评价指标的全面性，可以借鉴国内外先进经验，并结合学校的实际情况，制定符合学校特点的评价指标体系。

（三）评价方法的科学性

理论基础强调评价方法的科学性，即评价方法应该具有客观性和可操作性。在高校财务绩效评价体系中，评价方法应该能够准确反映学校的财务状况和运营绩效，并且易于实施和操作。因此，在构建评价体系时，需要选择适合学校特点的评价方法，如财务比率分析法、数据包络分析法、平衡计分卡等。同时，还需要注意评价方法的适用性和局限性，避免使用过于复杂或不适用的评价方法。

（四）评价结果的反馈性

理论基础指出，评价结果的反馈性是评价体系有效性的重要保障。在高校财务绩效评价体系中，评价结果应及时反馈给学校管理者和相关人员，以便他们了解学校的财务状况和运营绩效，并采取相应的措施加以改进。因此，在构建评价体系时，需要建立有效的反馈机制，确保评价结果的及时传递和有效利用。同时，还需要加强对评价结果的解读和分析能力，帮助学校管理者更好地理解评价结果，并制定相应的改进措施。

（五）评价体系的动态性

理论基础强调评价体系的动态性，即评价体系应该随着学校的发展和环境的变化而不断调整和完善。在高校财务绩效评价体系中，学校的发展目标和环境因素的变化，使得评价体系需要不断更新和优化。因此，在构建评价体系时，需要注重评价体系的动态性和灵活性，并能够根据实际情况进行调整和完善。同时，还需要加强对评价体系的研究和探索，不断汲取新的理论和实践经验，以提高评价体系的科学性和准确性。

（六）加强国际合作与交流

在完善高校财务绩效评价体系的过程中，加强国际合作与交流是非常重要的。通过与国际先进高校和机构的合作与交流，可以了解他们的评价方法和经验，借鉴他们的先进做法，提高评价体系的科学性和准确性。同时，还可以加强与国际学术界的联系和合作，共同推动高校财务绩效评价体系的创新和发展。

（七）注重理论与实践的结合

在完善高校财务绩效评价体系的过程中，还需要注重理论与实践相结合。理论基础为评价体系的构建提供了指导方向，但具体的实践经验和问题也需要考虑在内。因此，在构建评价体系时，需要充分考虑实际情况和问题，将理论基础与实践经验相结合，制定符合学校特点的评价体系。同时，还需要加强对评价体系的实践检验和修正，从而确保评价体系的科学性和准确性。

理论基础对完善高校财务绩效评价体系具有重要的启示作用。通过明确评价目标、制定全面的评价指标、选择科学的评价方法、建立有效的反馈机制、注重评价体系的动态性、加强国际合作与交流以及注重理论与实践相结合等方面的努力，我们可以不断提高评价体系的科学性和准确性，为高校财务管理和决策制定提供更加有力的支持。

三、加强数据支持

在构建和完善高校财务绩效评价体系的过程中，加强数据的收集和分析工作显得尤为重要。数据作为绩效评价的基础和依据，能够为评价提供有力支持，确保评价结果的准确性和可靠性。以下将从理论基础出发，探讨加强数据支持对财务绩效评价体系建设的启示。

（一）数据支持的重要性

1. 提高评价的准确性

在财务绩效评价过程中，数据是评价的基础和依据。通过收集和分析大量的财务数据和非财务数据，可以全面、客观地反映高校的财务状况和绩效表现。这种基于数据的评价方式相较于传统的定性评价更加客观、准确，能够减少主观因素的影响，提高评价结果的可靠性。

2. 促进决策的科学化

加强数据支持不仅有助于提高评价的准确性，还能够促进高校管理决策的科学化。通过对数据的深入分析，可以发现高校在财务管理中存在的问题和不足，为改进管理提供有力的数据支持。同时，数据还能够为高校制定长期发展规划提供决策依据，帮助高校更好地把握发展机遇和应对挑战。

3. 推动持续改进

数据的收集和分析是一个持续的过程。通过不断地收集和分析数据，可以实时了解高校的财务状况和绩效表现，及时发现并解决问题。这种基于数据的持续改进方式能够推动高校财务管理的不断优化和提升，为高校的持续发展和进步提供有力保障。

(二) 加强数据支持的途径

1. 完善数据收集机制

要加强数据支持，首先需要完善数据收集机制。高校应建立全面、系统、规范的数据收集制度，明确数据收集的范围、内容和方式。同时，还应加强数据收集的质量控制，确保数据的真实性和完整性。此外，高校还应注重与其他相关部门的协作和信息共享，共同构建全面、准确的数据信息库。

2. 引入先进的数据分析工具

为了更好地利用数据支持财务绩效评价，高校应引入先进的数据分析工具和技术。这些工具和技术能够帮助高校对数据进行深入分析和挖掘，发现数据背后的规律和趋势。例如，可以使用数据挖掘技术来发现高校财务管理中的潜在问题和风险，可以使用预测模型来预测高校的未来财务状况和绩效表现。这些先进的技术手段能够提高数据分析的效率和准确性，为财务绩效评价提供更加有力的支持。

3. 培养专业的数据分析人才

加强数据支持还需要培养专业的数据分析人才。高校应加强对数据分析人才的培养和引进工作，建立一支具备专业知识和技能的数据分析团队。这些人才应具备统计学、数据分析、财务管理等方面的知识和能力，能够独立完成数据收集、整理、分析和报告等工作。同时，高校还应注重对数据分析人才的培训和提升工作，不断提高他们的专业水平和综合素质。

(三) 加强数据支持对财务绩效评价体系建设的启示

1. 注重数据的全面性和准确性

在构建财务绩效评价体系时，应注重数据的全面性和准确性。只有全面、准确地收集和分析数据，才能客观地反映高校的财务状况和绩效表现。因此，在设计评价体系时，应充分考虑数据的来源、质量和可靠性等因素，确保评价结果的准确性和可靠性。

2. 强化数据的运用和决策支持

加强数据支持不仅是为了提高评价的准确性，更是为了推动高校管理决策的科学化。因此，在构建财务绩效评价体系时，应强化数据的运用和决策支持功能。通过深入分析数据，发现高校在财务管理中存在的问题和不足，进而为改进管理提供有力的数据支持。同时，还应将评价结果作为高校管理决策的重要依据，推动高校管理的持续改进和优化。

3. 推动财务绩效评价体系的动态化

数据的收集和分析是一个持续的过程。随着高校内外部环境的变化和财务管理工作的不断发展，财务绩效评价体系也需要不断地调整和优化。因此，在构建财务绩效评价体系时，应注重其动态性和灵活性。通过不断地收集和分析数据，及时发现和解决问题，推动财务绩效评价体系的持续优化和改进。

四、注重动态调整

在高校财务绩效评价体系的建设过程中，注重动态调整是确保其持续有效性和适应性的关键。随着高校发展情况和外部环境的变化，原有的评价体系可能无法完全适应新的需求和挑战。因此，理论基础为我们提供了对动态调整必要性的深刻认识，以及如何在实践中实施这一策略的启示。

（一）理论基础与动态调整的必要性

在探讨高校财务绩效评价体系时，我们不能忽视其背后的理论基础。这些理论，如权变理论、适应性管理理论以及持续改进理论等，都强调了组织在面对内外环境变化时所必须具备的灵活性和适应性。这些理论为高校财务绩效评价体系的动态调整提供了坚实的理论基础。

权变理论认为，组织的管理策略应根据内外部环境的变化而进行调整。在高校财务绩效评价中，这意味着评价体系应根据高校的战略目标、发展规划以及外部经济、政策环境的变化而进行相应的调整。对于高校财务绩效评价体系而言，这意味着体系应能够迅速响应内外部环境的变化，确保评价工作的及时性和有效性。

持续改进理论则强调通过不断的改进和优化来提高组织的绩效。在高校财务绩效评价中，这意味着评价体系应是一个持续发展的过程，需要不断地进行修订和完善，以适应高校发展的新需求和外部环境的新变化。

（二）动态调整的实施策略

1. 设立专门的评价机构或团队

为了确保评价体系的动态调整能够得到有效实施，高校应设立专门的评价机构或团队，负责评价体系的日常管理和维护工作。这个机构或团队应具备一定的专业知识和技能，能够全面了解和掌握高校的财务状况和运营情况，以及外部环境的变化趋势。

2. 定期进行体系评估

高校应定期对财务绩效评价体系进行评估，检查其是否适应高校的发展需求和外部环境的变化。评估包括体系的完整性、准确性、有效性以及实用性等方面。通过评估，可以及时发现体系中存在的问题和不足，为下一步的调整和优化提供依据。

3. 及时响应内外部环境变化

当高校的发展情况或外部环境发生变化时，评价体系应及时进行调整，这包括对评价指标、评价标准、评价方法等方面的修订和完善。例如，当高校的战略目标发生变化时，评价体系中的相关指标和评价标准也应随之调整；当外部环境出现新的经济、政策变化时，评价体系也应能够迅速响应并做出相应的调整。

4. 鼓励师生参与和反馈

高校应鼓励师生参与财务绩效评价体系的制定和调整过程，并积极收集他们的反馈意见。师生作为高校的主体和利益相关者，对高校的财务状况和运营情况有着直接的了解和感受。他们的参与和反馈可以为评价体系的调整和优化提供有益的参考和借鉴。

（三）动态调整的意义与影响

注重动态调整的高校财务绩效评价体系具有多方面的意义和影响。首先，它有助于确保评价体系的持续有效性和适应性，使其能够更好地服务于高校的发展需求和外部环境的变化。其次，动态调整可以及时发现并解决体系中存在的问题和不足，提高评价工作的准确性和有效性。最后，动态调整还可以促进高校内部管理的改革和创新，推动高校财务管理和运营的优化与升级。

注重动态调整是确保高校财务绩效评价体系持续有效性和适应性的关键。通过设立专门的评价机构、定期进行体系评估、及时响应内外部环境变化以及鼓励师生参与和反馈等策略的实施，可以构建一个更加科学、合理、有效的高校财务绩效评价体系，为高校的发展提供有力的支持和保障。

五、强化结果应用

在高校财务绩效评价体系中，结果的应用是评价过程不可或缺的一环。有效地应用评价结果，不仅能够作为高校决策的重要依据，还能够推动高校财务管理的持续改进和优化。

（一）明确结果应用的目的和意义

在强化结果应用之前，需要明确结果应用的目的和意义。评价结果的应用不仅仅是为了满足监管要求或完成评估任务，更重要的是为了指导高校的决策和管理，推动财务管理的持续改进和优化。通过深入分析评价结果，可以识别出高校在财务管理中存在的问题和不足，为高校提供有针对性的改进建议和方向。

（二）建立结果应用的反馈机制

为了确保评价结果的有效应用，需要建立结果应用的反馈机制。这包括将评价结果及时反馈给高校管理层和相关部门，让他们了解学校的财务状况和运营绩效以及存在的问题和不足。同时，还需要建立相应的沟通渠道和平台，让管理层和相关部门能够就评价结果进行深入讨论和交流，共同制订改进措施和计划。

（三）将评价结果融入高校战略规划

评价结果的应用需要与高校的战略规划相结合。高校应该根据评价结果，调整和优化自身的战略规划，确保战略规划与学校的财务状况和运营绩效相一致。例如，如果评价结果显示学校在某个领域的投入不足，那么高校可以在战略规划中增加对该领域的投入，以支持学校的发展。

（四）优化资源配置和预算管理

评价结果的应用还可以帮助高校优化资源配置和预算管理。通过深入分析评价结果，高校可以了解各个部门或项目的财务状况和运营绩效，从而更加合理地分配资源和预算。例如，对于财务状况良好且运营绩效较高的部门或项目，可以适当增加投入；而对于财务状况不佳或运营绩效较低的部门或项目，则需要考虑减少投入或进行整改。

（五）加强内部控制和风险管理

评价结果的应用还可以帮助高校加强内部控制和风险管理。通过评价结果的反馈和分析，高校可以识别出潜在的财务风险和漏洞，并采取相应的措施进行防范和应对。同时，评价结果还可以作为高校内部控制体系完善的重要依据，帮助高校建立更加科学、合理的内部控制体系。

（六）推动持续改进和创新

评价结果的应用是高校财务管理持续改进和创新的重要动力。通过不断分析评价结果，高校可以发现自身在财务管理中存在的问题和不足，并制订相应的改进措施和计划。同时，评价结果还可以为高校提供新的思路和方法，推动财务管理的创新和发展。例如，高校可以根据评价结果探索新的财务管理模式或方法，从而提高财务管理的效率和效果。

（七）加强结果应用的监督和评估

为了确保评价结果的有效应用，需要加强结果应用的监督和评估。这包括对结果应用的过程和效果进行定期检查和评估，发现问题及时整改。同时，还需要建立相应的激励和约束机制，鼓励相关人员积极参与结果应用工作，以确保结果应用的质量和效果。

（八）促进国际合作与交流

在强化结果应用的过程中，还可以积极促进国际合作与交流。通过与国际先进高校和机构的合作与交流，可以了解他们在结果应用方面的先进经验和做法，借鉴他们的成功经验，提高本校结果应用的质量和效果。同时，还可以加强与国际学术界的联系和合作，共同推动高校财务绩效评价体系和结果应用的发展与创新。

强化结果应用是推动高校财务管理持续改进和优化的重要途径。通过明确结果应用的目的和意义、建立反馈机制、融入战略规划、优化资源配置和预算管理、加强内部控制和风险管理、推动持续改进和创新、加强监督和评估以及促进国际合作与交流等方面的努力，可以确保评价结果的有效应用，为高校财务管理提供有力支持。

第五章 高校财务绩效评价体系现状

第一节 当前高校财务绩效评价体系的概况

一、高校财务绩效评价体系的定义与背景

(一) 高校财务绩效评价体系的定义

高校财务绩效评价体系是一种对高校财务行为过程和结果进行衡量、比较和综合评价的方法。这一体系通过设立明确的评价指标和评价标准，对高校在财务管理、资源配置、经济效益等方面的表现进行客观、全面的评估。财务绩效评价体系不仅关注高校的财务收入和支出状况，更关注财务行为对高校整体发展、教学质量、科研创新等方面的贡献和影响。

1. 财务指标

这是评价体系的核心部分，包括高校的收入、支出、资产、负债、盈余等指标。这些指标反映了高校财务状况的基本面貌，是评价高校财务绩效的重要依据。

2. 效益指标

效益指标关注的是高校财务行为所带来的经济效益和社会效益。例如，高校通过优化资源配置、提高资金使用效率等方式，降低运营成本、提高经济效益；同时，高校在科学研究、社会服务等方面的贡献也为社会带来了显著效益。

3. 管理指标

管理指标主要评价高校在财务管理、内部控制、风险管理等方面的表现。这些指标反映了高校财务管理的规范性和有效性，是高校财务稳健运行的重要保障。

(二) 高校财务绩效评价体系的背景

随着我国教育体制的改革和发展，高校财务绩效评价逐渐受到重视，成为高校管理的重要组成部分。

1. 教育体制改革的要求

随着我国教育体制改革的不断深入，高校面临着越来越多的挑战和机遇。为了应对这些挑战和机遇，高校需要更加注重财务管理和资源配置的效率，提高办学质量和效益。因此，建立科学、合理的财务绩效评价体系，对于推动高校内涵式发展具有重要意义。

2. 外部监管的加强

近年来，国家对高校财务的监管力度不断加强，要求高校加强财务管理和内部控制，确保财务信息的真实性和准确性。同时，社会各界也对高校财务绩效的关注度不断提高，要求高校提高财务管理水平和资金使用效率。这些外部压力促使高校必须建立有效的财务绩效评价体系，以应对监管和社会期望的挑战。

3. 内部管理的需要

随着高校规模的扩大和复杂性的增加，内部管理难度逐渐加大。高校需要通过建立财务绩效评价体系，全面了解自身在财务管理和资源配置方面的优势和不足，进而为内部管理提供决策依据。同时，财务绩效评价体系还有助于激励教职工和管理层提高工作积极性和责任心，推动高校整体发展。

（三）高校财务绩效评价体系的现状

当前，我国高校财务绩效评价体系已经取得了一定的进展。许多高校已经建立了相对完善的财务绩效评价体系，包括明确的评价指标、评价标准和评价方法等。这些体系在一定程度上反映了高校的财务状况和运营效果，为高校管理提供了有力支持，但是高校财务绩效评价体系仍存在一些问题和不足。例如，部分高校在评价指标的设定上过于单一和片面，无法全面反映高校的财务状况和运营效果；部分高校在评价标准的制定上缺乏科学性和合理性，导致评价结果失真或偏离实际；此外，一些高校在评价方法的运用上过于简单和粗糙，导致无法准确反映高校的财务绩效水平。

未来高校财务绩效评价体系的建设需要进一步完善和优化。具体而言，可以从以下三个方面入手：一是加强评价指标的多元化和综合性，全面反映高校的财务状况和运营效果；二是提高评价标准的科学性和合理性，确保评价结果的准确性和可靠性；三是优化评价方法的运用，提高评价工作的效率和效果。这些措施的实施，可以推动高校财务绩效评价体系不断发展和完善，为高校管理提供更加有力的支持。

二、高校财务绩效评价体系的发展历程

高校财务绩效评价体系的发展，是一个从简单到复杂、从单一到多元、从粗放到

精细的演进过程。这一过程不仅反映了高校财务管理理念的转变,也体现了评价方法的不断完善和体系的日益科学化、系统化。

(一)初始阶段:单一的教育经费拨款支出分析

在高校财务绩效评价的初始阶段,评价主要集中在单一的教育经费拨款支出分析上。这一阶段的评价主要关注经费的分配和使用情况,以确保教育经费的合理使用和有效管理。然而,这种评价方式存在明显的局限性,它只能反映经费的使用情况,无法全面评价高校的财务状况和运营绩效。

(二)发展阶段:财务指标的引入与多元化

随着高校财务管理理念的转变和评价方法的不断完善,高校财务绩效评价体系逐渐进入发展阶段。在这一阶段,除了关注经费的使用情况外,还引入了财务指标来评价高校的财务状况。这些财务指标包括收入、支出、资产、负债等,能够更全面地反映高校的财务状况和运营绩效。同时,评价也开始向多元化方向发展,不仅关注财务指标,还关注教学质量、科研水平等非财务指标,以更全面地评价高校的绩效。

(三)深化阶段:综合评价体系的形成

在发展阶段的基础上,高校财务绩效评价体系进一步深化,形成了综合评价体系。这一阶段的评价不再局限于单一的财务指标或非财务指标,而是将两者结合,形成一个全面的评价体系。综合评价体系不仅关注高校的财务状况和运营绩效,还关注高校的发展战略、社会责任等方面,以更全面地评价高校的绩效。同时,评价方法也更加科学化和系统化,采用了多种评价方法和工具,如平衡计分卡、数据包络分析法等,以提高评价的准确性和可靠性。

(四)现代化阶段:信息化与智能化的融入

随着信息技术的不断发展和应用,高校财务绩效评价体系进入现代化阶段。在这一阶段,信息化和智能化成为评价体系的重要特征。通过引入先进的信息技术,高校可以建立财务绩效评价信息系统,实现数据的自动化采集、处理和分析,以提高评价的效率和准确性。同时,智能化技术的应用也使得评价更加科学化和智能化,能够自动识别和预测潜在的风险和问题,为高校提供及时、准确的决策支持。

(五)国际化阶段:与国际接轨的评价标准与体系

在全球化背景下,高校财务绩效评价体系开始与国际接轨。国际化阶段的高校财务绩效评价体系不仅关注国内的评价标准和体系,还积极借鉴国际先进经验和做法,与国际评价标准和体系相衔接。通过与国际接轨的评价标准和体系,高校可以更加客观地评价自身的财务状况和运营绩效,提高评价的准确性和可比性。同时,国际化阶段的高校财务绩效评价体系也更加注重国际交流和合作,促进不同国家、不同高校之间的学习和借鉴。

(六) 持续改进与创新阶段

高校财务绩效评价体系的发展是一个持续改进与创新的过程。在这一阶段,高校需要不断关注国内外财务管理的新理念、新方法、新技术,及时更新和完善评价体系。同时,高校还需要根据自身的实际情况和发展需求,不断探索和创新评价方法和工具,提高评价的针对性和有效性。此外,高校还需要加强内部管理和监督,确保评价结果的客观性和公正性。

高校财务绩效评价体系的发展历程是一个从单一到多元、从粗放到精细、从简单到复杂、从国内到国际的演进过程。随着评价方法的不断完善和体系的日益科学化、系统化,高校财务绩效评价体系将更好地服务于高校财务管理决策的制定,并推动高校的可持续发展。

三、高校财务绩效评价体系的主要目标

随着高等教育事业的快速发展,高校财务绩效评价体系作为衡量高校财务管理水平和教育资源利用效率的重要工具,逐渐受到广泛关注。其主要目标在于促进教育资金的合理分配和有效使用,提高高校财务管理水平,确保高校事业的健康发展。

(一) 高校财务绩效评价体系的背景与意义

在高等教育日益普及和竞争激烈的背景下,高校面临着前所未有的发展机遇和挑战。高校财务绩效评价体系的建立,旨在通过科学、合理的评价手段,全面、客观地反映高校的财务状况和绩效表现,为高校管理决策提供有力支持。同时,财务绩效评价体系的完善也是推动高校财务管理改革、提高教育资源利用效率、促进高校事业健康发展的重要保障。

(二) 高校财务绩效评价体系的主要目标

1. 促进教育资金的合理分配

高校财务绩效评价体系的核心目标之一是促进教育资金的合理分配。通过财务绩效评价,可以全面了解高校的资金来源、使用情况和效益状况,发现资金分配中存在的问题和不足。根据评价结果,高校可以调整资金分配策略,优化资源配置,从而确保教育资金的合理使用。

2.确保教育资金的有效使用

除了合理分配资金外，高校财务绩效评价体系还关注资金的使用效率。通过深入分析财务数据，可以了解高校在资金使用过程中存在的问题和不足，如资金浪费、重复投资等。针对这些问题，高校可以制定改进措施，加强资金管理，提高资金使用效率。

3.提高高校财务管理水平

高校财务绩效评价体系的另一个重要目标是提高高校的财务管理水平。通过财务绩效评价，可以及时发现高校在财务管理中存在的问题和不足，如财务管理制度不完善、财务人员素质不高等。针对这些问题，高校可以加强财务管理制度建设，提高财务人员的专业素质和能力水平，推动高校财务管理的规范化和科学化。

4.保障高校事业的健康发展

高校财务绩效评价体系的最终目标是保障高校事业的健康发展。通过财务绩效评价，可以全面了解高校的财务状况和绩效表现，为高校制定长期发展规划提供决策依据。同时，财务绩效评价还可以促进高校内部各部门的协作和沟通，加强内部管理，提高整体运营效率。这些都有助于保障高校事业的健康发展，为国家的科技进步和人才培养做出更大贡献。

（三）当前高校财务绩效评价体系的状况与挑战

当前，高校财务绩效评价体系在不断完善和发展中取得了一定成效。然而，仍然存在一些问题和挑战需要解决。一方面，一些高校对财务绩效评价的认识不够深入，缺乏足够的重视和支持；另一方面，财务绩效评价体系的评价指标和方法还不够科学、全面和客观，需要进一步完善和优化。此外，随着高等教育事业的快速发展和外部环境的变化，高校财务绩效评价体系也需要不断适应新的要求和挑战，以推动财务管理改革的深入发展。

为了解决这些问题和挑战，高校需要加强对财务绩效评价的认识和重视，完善评价指标和方法，以提高评价结果的准确性和可靠性。同时，还需要加强与其他相关部门的协作和沟通，共同推动高校财务绩效评价体系的完善和发展。只有这样，才能确保高校财务绩效评价体系的科学性和有效性，为高校事业的健康发展提供有力保障。

四、高校财务绩效评价体系的评价范围

（一）高校财务绩效评价体系的背景与意义

在当前的高等教育体系中，财务绩效评价不仅关乎高校的日常运营，更是衡量其

教育质量、科研水平及社会贡献的重要依据。高校财务绩效评价体系的建立与完善，旨在通过科学、系统的评价方法，全面、客观地反映高校的财务状况和运营效果，为高校管理者提供决策支持，促进高校资源的优化配置和可持续发展。

（二）高校财务绩效评价的范围

高校财务绩效评价的范围广泛，涵盖了高校收入、支出、资产、负债等方面，以及预算管理、资金管理、资产管理等财务活动。这些方面相互关联、相互影响，共同构成了高校财务绩效评价的完整体系。

1. 收入评价

高校收入主要来源于财政拨款、学费收入、科研项目经费等。在收入评价中，应关注收入来源的多样性、稳定性和可持续性，以及收入结构的合理性。通过收入评价，可以了解高校的收入规模、增长趋势和收入来源结构，为高校优化收入结构、提高收入质量提供参考。

2. 支出评价

高校支出主要包括教学支出、科研支出、行政支出等。在支出评价中，应关注支出的合理性、有效性和效益性。通过支出评价，可以了解高校的支出结构、支出规模和支出效益，为高校优化支出结构、提高资金使用效率提供依据。

3. 资产评价

高校资产是高校运营的物质基础，包括固定资产、流动资产、无形资产等。在资产评价中，应关注资产的规模、结构、质量和使用效益。通过资产评价，可以了解高校的资产状况、资产运营效率和资产管理水平，为高校优化资产配置、提高资产使用效率提供参考。

4. 负债评价

高校负债是高校运营过程中形成的债务负担，包括短期借款、长期借款等。在负债评价中，应关注负债的规模、结构和偿债能力。通过负债评价，可以了解高校的负债状况、债务风险水平和债务管理能力，为高校控制债务规模、防范债务风险提供依据。

5. 预算管理评价

预算管理是高校财务管理的核心环节，涉及预算编制、执行、调整和分析等过程。在预算管理评价中，应关注预算编制的科学性、合理性和可行性，预算执行的规范性和严肃性，以及预算调整的必要性和合理性。通过预算管理评价，可以了解高校预算管理的水平和效果，为高校优化预算管理流程、提高预算管理效率提供参考。

6. 资金管理评价

资金管理是高校财务管理的重要组成部分，涉及资金筹集、使用、调度和监控等过程。在资金管理评价中，应关注资金筹集渠道的多样性、资金使用的合理性和效益性，以及资金调度的灵活性和监控的有效性。通过资金管理评价，可以了解高校资金管理的水平和效果，为高校优化资金筹集渠道、提高资金使用效率提供参考。

7. 资产管理评价

资产管理是高校财务管理的另一重要环节，涉及资产的购置、使用、维护和处置等过程。在资产管理评价中，应关注资产购置的合理性、使用的有效性和维护的及时性，以及资产处置的规范性和效益性。通过资产管理评价，可以了解高校资产管理的水平和效果，为高校优化资产配置、提高资产使用效率提供参考。

（三）高校财务绩效评价的方法与标准

高校财务绩效评价需要采用科学、合理的方法和标准。在评价方法上，可以采用定量分析和定性分析相结合的方法，通过收集、整理和分析相关数据和信息，对高校财务状况和运营效果进行客观评价。在评价标准上，应根据高校的实际情况和发展目标，制定符合实际、具有可操作性的评价标准，以确保评价结果的客观性和公正性。

高校财务绩效评价体系的建立与完善对于促进高校资源的优化配置和可持续发展具有重要意义。通过全面、客观地评价高校的财务状况和运营效果，可以为高校管理者提供决策支持，推动高校财务管理工作的不断改进和创新。

五、高校财务绩效评价体系的评价方法

（一）定量评价方法的运用

在高校财务绩效评价体系中，定量评价方法占据重要地位。通过收集和分析财务数据，可以直观地反映高校的财务状况和运营效果。

1. 财务指标分析

财务指标是衡量高校财务状况的重要工具，主要包括收入、支出、结余、资产、负债等方面的指标。例如，可以通过收入增长率来评价高校资金来源的稳定性，通过收支比率来反映高校财务状况的健康程度。此外，还可以通过资产负债率来评估高校的偿债能力，为高校的长期发展提供决策依据。

2. 运营效率评估

运营效率是评价高校财务绩效的关键因素之一。在定量评价中，可以通过分析师

生比、教学科研投入产出比等指标来评估高校的运营效率。师生比反映了高校的教学资源利用率，教学科研投入产出比则体现了高校在科研方面的投入与产出关系。这些指标有助于高校优化资源配置，提高运营效率。

3. 经济效益分析

经济效益是衡量高校财务绩效的重要方面。在定量评价中，可以通过分析高校的经济效益指标来评价其财务绩效。例如，可以通过计算投资回报率来评估高校在固定资产、无形资产等方面的投资效益；通过计算成本效益比来评估高校在各项活动中的成本投入与效益产出关系。这些指标有助于高校优化投资决策，提高经济效益。

（二）定性评价方法的引入

虽然定量评价方法在高校财务绩效评价体系中占据主导地位，但定性评价方法同样具有不可替代的作用。定性评价方法能够全面反映高校财务绩效的各个方面，为高校提供更为全面、深入的财务绩效评价。

1. 战略规划评价

战略规划是高校发展的基础。在定性评价中，可以通过分析高校的战略规划来评价其财务绩效。具体来说，可以评价战略规划的科学性、合理性、前瞻性等方面，以及战略规划与高校实际情况的契合程度。这些评价有助于高校明确发展方向，优化资源配置，进而提高财务绩效。

2. 内部控制评价

内部控制是高校财务管理的重要组成部分。在定性评价中，可以通过分析高校的内部控制体系来评价其财务绩效。具体来说，可以评价内部控制制度的完善程度、执行力度、有效性等方面，以及内部控制在防范财务风险、保障财务安全方面的作用。这些评价有助于高校加强内部控制建设，提高财务管理水平。

3. 社会声誉评价

社会声誉是高校财务绩效的重要体现之一。在定性评价中，可以通过分析高校的社会声誉来评价其财务绩效。具体来说，可以评价高校在社会各界的认知度、认可度、影响力等方面，以及高校在履行社会责任、推动社会进步等方面的贡献。这些评价有助于高校树立良好的社会形象，提高社会声誉，进而提升财务绩效。

（三）定量与定性评价方法的结合

在高校财务绩效评价体系中，定量与定性评价方法应当相互结合、相互补充。

1. 构建综合评价框架

构建一个包括定量指标和定性指标的综合评价框架，将两种评价方法有机地结合起来。在这个框架中，可以根据高校的实际情况和发展需求，合理设置各项指标的权重和评价标准，从而确保评价结果的客观性和公正性。

2. 灵活运用评价方法

在实际评价过程中，可以根据具体情况灵活运用定量和定性评价方法。例如：在评估高校的财务状况时，可以主要采用定量评价方法；在评估高校的战略规划、内部控制等方面时，可以主要采用定性评价方法。同时，也可以将两种评价方法结合起来使用，以获取更为全面、深入的评价结果。

3. 加强评价结果的反馈和应用

评价结果的反馈和应用是评价工作的重要环节。在评价结束后，应当及时将评价结果反馈给高校相关部门和人员，并指导其进行改进和提升。同时，还可以将评价结果应用于高校的发展规划和战略决策中，为高校的长期发展提供有力支持。

第二节　现有高校财务评价体系的特点与不足

一、现有高校财务评价体系的特点

（一）综合性的特点

在当前高校管理体系中，财务绩效评价体系的综合性是其显著特点之一。

1. 内容的全面性

高校财务评价体系涵盖了财务管理的各个方面，包括资金筹集、使用、分配以及监督等环节。它不仅关注高校的经济效益，还注重社会效益和环境效益的评价。例如：高校在筹集资金时，需要考虑资金的来源和成本，确保资金使用的合理性和高效性；在资金使用方面，需要关注资金的使用效率和效果，确保资金能够真正用于教学和科研等核心活动；在资金分配方面，需要合理安排各项支出，确保资源的优化配置；在资金监督方面，需要建立完善的监督机制，确保财务活动的合规性和透明度。

2. 指标的多样性

高校财务评价体系中的指标涵盖了多个维度和层面。这些指标既包括传统的财务指标，如收入、支出、资产、负债等，也包括非财务指标，如教学质量、科研成果、社会服务等。这种多样性的指标设置有助于全面反映高校的财务状况和运营效果，为高校管理提供更为全面和准确的决策依据。

3. 方法的综合性

高校财务绩效评价体系在评价方法上也体现了综合性的特点。它运用了定量分析和定性分析的方法，对高校的财务状况和运营效果进行全面、客观的评价。例如，通过财务分析模型对高校的财务报表进行定量分析，可以了解高校的财务状况和经济效益；通过问卷调查、专家评议等方式进行定性分析，可以了解高校的社会声誉、师资力量、教学质量等方面的信息。这种综合性的评价方法有助于更全面地了解高校的实际情况，为高校管理提供更为全面和准确的决策依据。

（二）系统性的特点

高校财务绩效评价体系还体现了系统性的特点。

1. 评价指标体系的完整性

高校财务绩效评价体系中的评价指标是相互关联、相互影响的，它们共同构成了一个完整的指标体系。这个指标体系不仅包括财务指标，还包括非财务指标，如教学质量、科研成果、社会服务等。这些指标之间相互补充、相互印证，形成了一个全面、系统的评价框架。

2. 评价方法的科学性

高校财务绩效评价体系在评价方法上注重科学性。它采用了多种科学的评价方法和技术手段，如财务分析模型、层次分析法、数据包络分析等，这些方法能够更准确地反映高校的财务状况和运营效果。同时，高校财务绩效评价体系还注重数据的真实性和可靠性，通过建立完善的数据采集和校验机制，确保评价结果的准确性和可靠性。

3. 体系的层次性

高校财务绩效评价体系通常具有层次性。它可以根据不同的评价目的和需要，将评价指标划分为不同的层次和维度。例如，可以将评价指标划分为一级指标、二级指标和三级指标等，每个层次的指标都具有不同的权重和重要性。这种层次性的设置有助于高校更清晰地了解其财务状况和运营效果，并为高校管理提供更为具体和明确的指导。

（三）导向性的特点

高校财务绩效评价体系还体现了导向性的特点。

1. 经济效益导向

高校财务绩效评价体系注重经济效益的评价。它通过设置相关的财务指标和评价标准，引导高校注重经济效益的提升。例如，可以设置收入增长率、成本控制率等指标，鼓励高校在保持教学质量和科研水平的同时，提高经济效益和运营效率。

2. 社会效益导向

除了经济效益，高校财务绩效评价体系还注重社会效益的评价。它通过设置相关的非财务指标和评价标准，引导高校关注社会责任和公共利益。例如，可以设置社会服务贡献率、科研成果转化率等指标，鼓励高校积极参与社会服务和公益事业，提高社会声誉和影响力。

3. 可持续发展导向

随着全球经济的可持续发展，高校财务绩效评价体系也逐渐体现出可持续发展的导向。它通过设置相关的环境和生态指标，引导高校注重资源节约和环境保护。例如，可以设置能源消耗率、废弃物回收率等指标，鼓励高校采用环保技术和措施，降低能源消耗和废弃物排放，实现可持续发展。

现有高校财务绩效评价体系具有综合性、系统性和导向性的特点。这些特点使得高校财务绩效评价体系能够全面、客观地反映高校的财务状况和运营效果，为高校管理提供有力支持。同时，这些特点也体现了高校财务绩效评价体系的科学性和先进性，有助于推动高校财务管理不断发展和完善。

二、现有高校财务评价体系的不足

在高等教育日益普及和多样化的今天，高校财务绩效评价作为衡量高校运营状况和财务管理水平的重要手段，其体系构建与完善显得尤为重要。然而，当前高校财务评价体系在实践中暴露出了一些不足，这些不足不仅影响了评价结果的准确性和有效性，也制约了高校财务管理的进一步优化。

（一）指标设计不够精细

高校财务绩效评价体系的核心在于评价指标的选取和设计。然而，当前许多高校在指标设计方面存在不够精细的问题。一方面，部分高校仍沿用传统的财务指标，如收入、支出、资产负债率等，这些指标虽然能够反映高校的基本财务状况，但无法准确反映高校财务绩效的实际情况。例如，一些高校可能通过增加债务来扩大规模或提升办学质量，但这种做法可能会增加高校的财务风险，而传统的财务指标无法准确反映这种风险。另一方面,部分高校在指标设计上缺乏针对性和创新性。不同高校在办学特色、发展目标、管理模式等方面存在差异,因此需要设计具有针对性的评价指标。然而,当前许多高校在指标设计上过于笼统和单一,缺乏针对性和创新性,导致评价结果无法准确反映高校的实际情况。

(二) 评价标准不统一

高校财务绩效评价体系的另一个不足是评价标准的不统一。由于缺乏统一的评价标准,不同高校在评价过程中可能存在较大差异的评价结果,导致评价结果的可比性差。这种不统一不仅影响了评价结果的公正性和客观性,也制约了高校之间的比较和交流。

评价标准的不统一主要表现在两个方面:一是评价标准的制定缺乏权威性和科学性。当前,许多高校在制定评价标准时往往依据自身经验和主观判断,缺乏科学性和权威性的支撑。这种缺乏权威性和科学性的评价标准往往难以得到广泛的认可和接受。二是评价标准的执行存在差异。即使制定了统一的评价标准,但在执行过程中也可能因各种因素导致评价结果存在差异。例如,不同高校在数据采集、处理和分析等方面可能存在差异,导致评价结果存在差异。

(三) 忽视非财务指标

当前高校财务绩效评价体系过于依赖财务指标,而忽视了非财务指标的重要性。财务指标虽然能够反映高校的财务状况和经营成果,但往往无法全面反映高校的综合绩效。例如,高校的教学质量、科研水平、师资力量、社会声誉等非财务指标对于高校的发展同样具有重要意义。

忽视非财务指标的问题主要表现在两个方面:一是评价指标的选择缺乏全面性。当前许多高校在评价指标的选择上往往只关注财务指标,而忽视了非财务指标的重要性。这种缺乏全面性的评价指标往往无法准确反映高校的综合绩效。二是评价方法的运用缺乏灵活性。当前许多高校在评价过程中采用单一的财务评价方法,无法全面反映高校的综合绩效。因此,需要引入更多元化的评价方法,如平衡计分卡、绩效棱柱模型等,以全面反映高校的综合绩效。

(四) 评价体系不完善

当前高校财务绩效评价体系还存在不完善的问题。一方面,部分重要领域尚未纳入评价体系。随着社会的不断发展和进步,高校所承担的社会责任和使命也在不断扩大。例如,高校在环境保护、社会公益等方面的贡献日益受到社会的关注。然而,目前许多高校在财务绩效评价体系中并未纳入这些领域,导致评价结果的全面性受到影响。

另一方面，评价体系的动态性和前瞻性不足。高校作为一个复杂的组织系统，其财务状况和运营绩效受到多种因素的影响。因此，高校财务绩效评价体系需要具有动态性和前瞻性，能够及时反映高校财务状况和运营绩效的变化趋势。然而，目前许多高校在评价体系的构建过程中缺乏这种动态性和前瞻性，导致评价体系无法及时反映高校的实际情况和发展趋势。

目前，高校财务绩效评价体系在指标设计、评价标准、非财务指标以及评价体系完善等方面均存在不足。为了更好地反映高校的财务状况和运营绩效，推动高校财务管理的持续优化，需要针对这些不足进行改进和完善。

三、现有高校财务评价体系的认识误区

在高等教育日益普及化和国际化的今天，高校财务评价体系作为保障高校健康、稳定发展的关键环节，其重要性不言而喻。然而，在实际应用中，我们发现许多高校对于财务绩效评价体系的真正作用和意义存在认识误区，导致这一体系未能充分发挥其应有的作用。

（一）忽视财务绩效评价的真正作用和意义

财务绩效评价体系的建立，旨在通过科学、系统的评价手段，全面、客观地反映高校的财务状况和绩效表现，从而为高校的管理决策提供有力支持。然而，在实际操作中，许多高校忽视了财务绩效评价的这一核心作用，将其仅仅视为一种形式上的任务，或者是一种应对上级检查的手段。这种认识误区导致了财务绩效评价体系在实际应用中未能发挥其应有的作用。

1. 轻视财务绩效评价的战略性作用

财务绩效评价不仅仅是对过去财务活动的总结，更是对未来财务活动的规划和指导。它可以帮助高校识别自身的优势和不足，明确未来的发展方向和目标。然而，许多高校却将财务绩效评价等同于财务报表的编制和报送，而忽视了其战略性的重要作用。

2. 忽视财务绩效评价的激励和约束作用

财务绩效评价结果可以作为高校内部各部门和人员绩效考核的重要依据，对于激励先进、鞭策后进具有重要作用。然而，一些高校却将财务绩效评价与绩效考核相分离，导致评价结果无法真正发挥激励和约束作用。

3. 缺乏对财务绩效评价结果的有效利用

财务绩效评价结果反映了高校在财务管理和资源配置方面的成效和不足，可以为高校制定改进措施提供依据。一些高校缺乏对评价结果的有效利用，未能将评价结果转化为具体的改进措施，导致其评价工作流于形式。

（二）对评价结果的解读存在偏差

除了忽视财务绩效评价的真正作用和意义外，许多高校在对评价结果的解读上也存在偏差，未能真正指导高校财务管理工作的改进。

1. 过分关注短期财务指标

一些高校在评价过程中过分关注短期财务指标，如收入、支出、利润等，而忽视了长期财务指标和非财务指标的作用。这种评价方式容易导致高校在追求短期经济效益的同时，忽视长期发展的风险和挑战。

2. 缺乏对评价结果的深入分析和研究

一些高校在获得评价结果后，只是简单地将其作为一种数据呈现，而没有对评价结果进行深入的分析和研究。这种做法既无法真正揭示高校在财务管理和资源配置方面存在的问题和不足，也无法为高校制定改进措施提供依据。

3. 对评价结果存在主观偏见

由于评价过程中涉及大量的数据和信息，导致评价结果的准确性受到多种因素的影响。然而，一些高校在评价过程中可能存在偏见，导致对评价结果的解读存在偏差。这种偏差不仅会影响评价结果的准确性，还会误导高校制定改进措施的方向和重点。

为了克服这些认识误区和偏差，高校需要加强对财务绩效评价体系的学习和理解，明确其真正的作用和意义。同时，高校还需要建立完善的财务绩效评价体系，确保评价结果的准确性和可靠性。此外，高校还需要加强对评价结果的深入分析和研究，及时发现和解决问题，从而推动财务管理工作的持续改进和发展。

四、现有高校财务评价体系的执行问题

（一）形式主义现象普遍

在现有高校财务绩效评价体系的执行过程中，形式主义现象普遍存在。许多高校在执行财务绩效评价时，只是简单地按照既定的流程和模板进行填报，而未能深入理解评价体系的真正目的和意义，导致财务绩效评价往往停留在表面，无法真正反映高校的财务状况和运营效果。

1. 填报过程机械化

高校在执行财务绩效评价时，往往只是按照既定的模板进行填报，没有针对实际情况进行深入的分析和思考，导致填报结果缺乏真实性和准确性，难以真正反映高校的财务状况。

2. 忽视评价结果的深入分析

许多高校在完成财务绩效评价后，只是简单地将结果汇总上报，而未能对评价结果进行深入的分析和研究，这使得评价结果无法为高校管理提供有价值的参考和依据，进而失去了其应有的意义。

3. 缺乏对评价体系的持续优化

随着高等教育的发展和变革，高校的财务状况和运营环境也在不断变化。然而，许多高校在执行财务绩效评价时，忽视了对评价体系的持续优化和改进，这使得评价体系无法适应新的形势和需求，难以发挥其应有的作用。

（二）缺乏有效的监督机制

在现有高校财务绩效评价体系的执行过程中，缺乏有效的监督机制也是一个重要问题。由于监督机制的缺失，高校在执行财务绩效评价时往往缺乏必要的约束和规范，导致评价结果难以得到及时的反馈和纠正。

1. 监督主体不明确

在高校财务绩效评价体系中，监督主体往往不明确或缺失，这使得监督过程缺乏明确的责任主体和追责机制，难以确保评价结果的客观性和公正性。

2. 监督方式单一

目前，高校财务绩效评价的监督方式主要是内部审计和外部审计。然而，这两种方式往往存在局限性，难以全面、深入地了解高校的财务状况和运营效果。同时，由于审计资源的有限性，也无法实现对高校财务绩效评价的持续、动态监督。

3. 监督结果反馈不及时

在高校财务绩效评价过程中，即使发现了问题或不足，也往往难以得到及时的反馈和纠正。这主要是由于缺乏有效的沟通机制和反馈渠道。同时，由于监督结果的反馈受到多种因素的影响和制约，因此难以确保其准确性和有效性。

（三）评价体系与实际运营脱节

除了形式主义和缺乏有效的监督机制外，现有高校财务绩效评价体系还存在与实际运营脱节的问题。

1. 评价体系设计不合理

目前，许多高校财务绩效评价体系的设计往往过于复杂或简单，难以真正反映高校的财务状况和运营效果。同时，由于评价体系的设计缺乏足够的灵活性和适应性，也难以适应不同高校和不同时期的实际需求。

2. 评价指标缺乏针对性

在高校财务绩效评价体系中，评价指标的设定缺乏足够的针对性和实用性，这导致评价结果无法真正反映高校的财务状况和运营效果的关键问题与薄弱环节。同时，由于缺乏有效的权重设置和计分方法，也难以确保评价结果的客观性和公正性。

3. 评价结果难以转化为实际行动

即使高校财务绩效评价的结果客观、公正，但如果无法转化为实际行动来改进高校的财务状况和运营效果，那么评价体系的意义也将大打折扣。然而，目前许多高校在执行财务绩效评价时忽视了对评价结果的转化和应用，导致评价结果无法发挥其应有的作用。

高校应加大对财务绩效评价体系的执行和监管力度，完善评价体系的设计和内容，提高评价指标的针对性和实用性，并加强对评价结果的转化和应用。同时，还应建立健全监督机制和反馈渠道，确保评价结果的客观性和公正性，为高校的可持续发展提供有力支持。

五、现有高校财务评价体系的持续改进

（一）现有高校财务评价体系的概述

目前，高校财务评价体系已逐渐成为高校管理的重要组成部分，其目标是全面、准确地反映高校的财务状况，为高校的发展提供决策支持。然而，随着高校管理模式的不断变革和市场环境的日益复杂，现有财务评价体系也面临着一些挑战和问题。因此，对现有财务评价体系进行持续改进，以适应高校发展的需要，已成为当前高校财务管理的重要任务。

（二）评价指标的优化

评价指标是衡量高校财务绩效的关键，在持续改进的过程中，应关注评价指标的优化。

1. 财务指标与非财务指标的平衡

在评价指标体系中，应确保财务指标与非财务指标之间的平衡。财务指标能够直

观地反映高校的财务状况,而非财务指标则能够反映高校在教学、科研、社会服务等方面的绩效。通过平衡这两种指标,可以全面评价高校的财务绩效,为高校的发展提供更为准确的指导。

2. 指标的针对性和实效性

评价指标应具有针对性和实效性,能够真实地反映高校的实际情况。在设定指标时,应充分考虑高校的特色、发展目标和市场需求等因素,确保指标能够准确反映高校的财务绩效。同时,还应关注指标的实效性,确保指标能够真正为高校的发展提供指导。

3. 指标的动态调整

随着高校的发展和市场环境的变化,评价指标也应进行动态调整。这包括根据高校的实际情况和发展目标,适时调整指标的权重和评价标准;根据市场环境的变化,及时引入新的评价指标,以更好地反映高校的财务绩效。

(三) 评价标准的完善

评价标准是衡量高校财务绩效的依据,在持续改进的过程中,应关注评价标准的完善。

1. 明确评价标准的依据

评价标准的制定应基于科学的理论和方法,以确保评价结果的客观性和公正性。在制定评价标准时,应充分考虑高校的实际情况和发展目标,确保评价标准能够真实反映高校的财务绩效。

2. 建立多层次的评价标准

在评价标准的制定中,应建立多层次的评价标准。这包括基础标准、优秀标准和卓越标准等。通过多层次的评价标准,可以激励高校不断提升自身的财务绩效水平。

3. 加强评价标准的动态管理

评价标准也应进行动态管理。随着高校的发展和市场环境的变化,评价标准也应适时进行调整。这包括根据高校的实际情况和发展目标,适时调整评价标准的内容和要求;根据市场环境的变化,及时修订评价标准,以更好地适应高校发展的需要。

(四) 加强评价结果的运用和反馈

评价结果的运用和反馈是持续改进的重要环节。在评价结束后,应及时将评价结果反馈给高校相关部门和人员,并指导其进行改进和提升。

1. 建立反馈机制

建立有效的反馈机制，确保评价结果能够及时、准确地反馈给高校相关部门和人员。这包括通过报告、会议等形式向高校管理层和相关部门汇报评价结果，通过校园网、公告栏等渠道向全校师生公布评价结果。

2. 加强结果分析

对评价结果进行深入分析，找出高校在财务管理方面存在的问题和不足。这包括分析评价结果的差异和趋势，找出影响高校财务绩效的关键因素，结合高校的实际情况和发展目标，提出具体的改进建议和措施。

3. 促进持续改进

将评价结果作为高校财务管理的重要依据，推动高校财务管理的持续改进。这包括根据评价结果调整高校的财务管理策略；加强高校内部的财务管理培训和教育，鼓励高校之间进行财务管理方面的交流和合作等。

对现有高校财务评价体系进行持续改进，是适应高校发展需要的重要举措。通过优化评价指标、完善评价标准、加强评价结果的运用和反馈等措施，可以全面提升高校财务评价体系的科学性和有效性，为高校的发展提供有力支持。

第三节 现有体系对高校管理的实际影响

一、财务管理优化

（一）促进高校财务管理工作的规范化

在当前高等教育快速发展的背景下，高校财务管理工作的规范化显得尤为重要。规范化意味着财务管理流程、制度、标准的统一和明确，以确保各项财务活动在统一的框架内进行，避免财务混乱和违规操作。

首先，规范化的财务管理能够确保高校资金的安全和完整。通过建立完善的内部控制体系，明确财务审批权限和流程，可以有效防止资金流失，保障高校资产的安全。其次，规范化的财务管理有助于提高财务信息的准确性和可靠性。通过制定统一的财务制度和标准，规范财务信息的记录、报告和披露，可以减少财务信息的误差和歧义，为高校管理提供更为准确和可靠的决策依据。最后，规范化的财务管理还能够增强高校财务管理的透明度和公正性。通过公开财务信息，接受内外部审计和监督，可以增强高校财务管理的透明度和公正性，提升高校的社会声誉和公信力。

（二）推动高校财务管理工作的科学化

科学化是财务管理优化的另一个重要方向。科学化的财务管理需要建立完善的数据分析体系。通过对高校财务数据的收集、整理和分析，可以深入了解高校的财务状况和运营效果，为高校管理提供更为科学和准确的决策依据。例如，通过对高校收入、支出、资产、负债等财务指标的分析，可以了解高校的盈利能力、偿债能力、运营效率等方面的信息。

科学化的财务管理需要运用先进的财务管理技术和工具。随着信息技术的不断发展，财务管理技术和工具也在不断更新换代。高校可以运用财务管理软件、大数据分析、云计算等先进技术，提高财务管理的效率和效果。例如：通过财务管理软件可以实现财务信息的自动化处理和实时监控，从而提高财务信息的准确性和时效性；通过大数据分析可以挖掘财务数据中的潜在价值和规律，为高校管理提供更为深入和全面的决策支持。

科学化的财务管理还需要注重财务风险管理。高校在运营过程中面临着各种财务风险，如资金短缺、债务违约、投资失败等。通过建立完善的风险管理体系，能够识别、评估和控制财务风险，降低财务风险对高校运营的影响，确保高校财务的稳定和安全。

（三）提高教育资金的使用效率，优化资源配置

高校财务管理优化的最终目的是提高教育资金的使用效率，优化资源配置。通过规范化和科学化的财务管理，可以确保教育资金得到合理、高效的使用，为高校的教学、科研和社会服务等活动提供充足的资金支持。

通过优化资金筹集渠道和方式，可以降低筹资成本，提高筹资效率。高校可以通过发行债券、吸收社会捐赠、争取政府支持等方式筹集资金，以满足高校运营和发展的需求。同时，高校还需要根据自身的实际情况和市场环境，选择合适的筹资方式和时机，以降低筹资成本和风险。

通过优化资金分配和使用方式，可以提高资金的使用效率。高校可以根据自身的教学、科研和社会服务等活动需求，合理安排各项支出，确保资金真正用于高校的核心活动。同时，高校还需要注重资金的绩效管理和评估，对资金使用效果进行定期评估和反馈，以便及时调整资金分配和使用方式，提高资金的使用效率。

通过优化资源配置方式，可以实现资源的最大化利用。高校可以通过制定合理的

预算和计划，对各类资源进行科学、合理的配置，确保资源能够得到充分、有效的利用。同时，高校还需要注重资源的共享和合作，加强与外部组织和机构的合作与交流，实现资源的互补和共享，提高资源的整体效益。

财务管理优化对于促进高校财务管理工作的规范化和科学化、提高教育资金的使用效率、优化资源配置等方面具有重要意义。高校应该注重财务管理优化的实践和应用，不断提高财务管理的水平和效果，进而为高校的发展提供有力支持。

二、决策支持

在高校管理实践中，财务绩效评价体系的作用日益凸显。它不仅为管理层提供了科学、准确的财务信息支持，还有助于高校制定更加合理的发展战略和规划。

（一）提升财务信息透明度与准确性

高校财务绩效评价体系有助于提升财务信息的透明度与准确性。一个健全的评价体系要求高校对财务数据进行全面、细致、准确的记录和报告。这不仅包括财务报表的编制，还涵盖了财务分析、预算制定、成本控制等方面。通过这一体系，高校管理层能够清晰地了解学校的财务状况，掌握资金流动情况，为决策提供有力支持。此外，财务绩效评价体系的建立还促进了高校内部财务管理的规范化。在评价体系的指导下，高校需要建立健全财务管理制度，加强内部控制，确保财务数据的真实性和准确性。这不仅有利于提升高校财务管理的整体水平，也为外部监督提供了依据。

（二）优化资源配置与提高效益

高校财务绩效评价体系还有助于优化资源配置和提高效益。通过对高校财务绩效的评价和分析，管理层能够了解各项业务的成本效益和贡献度，发现资源利用中存在的问题和不足。在此基础上，高校可以根据实际情况调整资源配置策略，将有限的资源投入效益更高的领域，提高资源利用效率。同时，财务绩效评价体系还有助于高校加强成本控制。通过对各项费用的预算、核算和分析，高校可以及时发现成本超支或浪费的情况，并采取措施加以纠正。这不仅有利于降低高校的运营成本，提高经济效益，还有助于提升高校的竞争力。

（三）支持发展战略与规划的制定

高校财务绩效评价体系对发展战略与规划的制定具有重要影响。通过对高校财务绩效的评价和分析，管理层可以了解学校的财务状况、运营效率和效果以及未来的发展趋势，这些信息为高校制定发展战略和规划提供了有力支持。一方面，财务绩效评价体系有助于高校明确自身的优势和劣势。通过对财务指标和非财务指标的综合分析，高校可以了解自身在教育教学、科研创新、社会服务等方面的优势和不足。在此基础上，高校可以制定符合自身实际情况的发展战略和规划，实现可持续发展。另一方面，财务绩效评价体系还有助于高校制定可行的目标。通过对历史财务数据和行业发展趋势的分析，高校可以预测未来的发展趋势和潜在机会，这有助于高校制订符合实际、切实可行的目标和计划，为实现战略目标提供有力保障。

（四）加强风险管理与防范

高校财务绩效评价体系还有助于加强风险管理与防范。通过对高校财务绩效的评价和分析，管理层可以及时发现潜在的风险因素，并采取措施加以防范和应对。这有助于降低高校的财务风险，同时保持稳定的财务状况和良好的经营环境。

在风险管理中，财务绩效评价体系可以提供重要的信息支持。通过对财务数据的分析，管理层可以了解高校的资金流动性、负债水平、偿债能力等关键指标，并及时发现潜在的财务风险。同时，评价体系还可以提供风险预警和预测功能，帮助管理层提前制定应对策略，降低风险损失。

（五）促进内部沟通与协作

高校财务绩效评价体系还有助于促进内部沟通与协作。通过对财务绩效的评价和分析，管理层可以了解各部门、各学院在财务管理方面的表现和贡献度。这有助于促进各部门之间的沟通和协作，形成合力推动高校整体发展。同时，财务绩效评价体系还可以作为高校内部激励机制的一部分。通过对各部门、各学院的财务绩效进行评价和比较，可以发现优秀的团队和个人，并给予相应的奖励和激励。这有助于激发全体教职工的工作积极性和创造力，推动高校各项事业的蓬勃发展。

总之，现有高校财务绩效评价体系对高校管理具有多方面的实际影响。它提升了财务信息的透明度与准确性，优化了资源配置，提高了效益，支持了发展战略与规划的制定，加强了风险管理与防范，并促进了内部沟通与协作。因此，高校应该重视财务绩效评价体系的建设和完善，不断提升其科学性和有效性，为高校管理提供有力支持。

三、责任落实

在高校运营过程中，财务管理的责任落实不仅是保障财务稳健运作的基础，更是推动高校整体管理水平提升的关键。明确各级财务管理人员的职责和权限，确保财务管理的每一个环节都有人负责、有章可循，这对于提高财务管理工作的效率和效果至关重要。

（一）职责与权限的明确界定

在高校财务管理体系中，各级财务管理人员的职责和权限的明确界定是责任落实的首要前提，这包括校级财务管理部门、院（系）级财务管理单位以及具体财务岗位人员的职责划分。

1. 校级财务管理部门

作为高校财务管理的核心部门，校级财务管理部门负责制定全校的财务管理政策、制度和规章，并监督全校的财务运作情况。同时，该部门还需要对全校的财务数据进行汇总、分析和报告，为学校的决策提供数据支持。

2. 院系级财务管理单位

院系级财务管理单位是校级财务管理部门的具体执行单位，负责本院系的财务预算编制、执行、调整以及财务数据的收集、整理和报告。同时，该单位还需要与校级财务管理部门保持密切联系，及时汇报本院系的财务情况，确保财务工作的协调性和一致性。

3. 具体财务岗位人员

具体财务岗位人员是财务管理工作的直接执行者，他们需要严格按照财务管理制度和规章进行操作，确保每一笔财务交易的合法性和规范性。同时，他们还需要积极参与财务培训和学习，不断提升自身的专业素质和技能水平。

（二）责任落实对财务管理效率的影响

明确各级财务管理人员的职责和权限，有助于促进财务管理工作的责任落实和效率提升。在财务管理体系中，清晰界定的职责与权限对于促进责任落实、提升管理效率至关重要。当每位财务管理人员都明确知晓自己的角色和任务时，他们便能更加专注于执行，有效减少因职责模糊而产生的延误和冲突。

责任落实能够加速财务决策过程。明确的职责分工意味着每位管理者都能迅速在其专业领域内做出响应，为决策提供及时且精准的支持。这种快速响应机制缩短了决策周期，降低了决策成本，进而提高了财务管理的整体效率。

此外，责任落实还强化了财务监督与风险防控。通过赋予各级管理人员明确的监督职责，可以确保对财务活动的全面、实时监控。一旦发现潜在风险或违规行为，责任人能够立即采取行动，防止问题扩大，从而保障财务安全，增强财务管理的稳健性。

同时，责任落实促进了财务团队的高效协作。明确的职责分工让团队成员更加了解彼此的工作内容和进度，便于他们进行高效的沟通和协作。这种紧密的团队合作不仅提升了财务工作的效率和质量，还为企业的持续稳健发展提供了有力支撑。

四、风险防控

(一) 潜在风险与问题的识别

在高校财务管理中，潜在风险与问题的及时发现是确保财务安全的首要步骤。这些风险和问题可能来源于多个方面，包括内部控制不足、预算编制不合理、资产管理漏洞、资金流动风险以及外部环境变化等。为了有效识别这些风险和问题，高校需要建立一套完善的风险识别机制。

高校应定期进行财务风险评估，对财务管理过程中的各个环节进行全面、系统的审查和分析。这包括对内部控制制度的执行情况进行检查，对预算编制和执行的合理性进行评估，对资产管理的效率和安全性进行评估，以及对资金流动的合规性和风险性进行评估等。高校应加强对外部环境变化的关注和分析，及时捕捉和应对外部环境变化给财务管理带来的挑战。例如，政策调整、市场变化、经济波动等因素都可能对高校的财务状况产生重大影响。因此，高校需要建立一套灵敏的外部环境监测机制，以便及时发现和应对这些变化。

(二) 风险预警机制的建立

在识别出潜在风险和问题后，高校需要建立一套完善的风险预警机制。这个机制应该能够及时发现并报告潜在的风险和问题，以便高校能够及时采取措施进行防范和应对。高校应建立财务预警指标体系。这个指标体系应该包括一系列反映高校财务状况和风险水平的指标，如资产负债率、流动比率、速动比率、应收账款周转率等。通过对这些指标进行定期监测和分析，高校可以及时发现财务状况的异常变化，并采取应对措施。

高校应建立财务风险报告制度。这个制度应该规定各级财务管理人员需要定期向上级报告财务情况和潜在风险。通过这种方式，高校可以确保各级管理人员都能够及时了解财务状况和风险情况，并采取应对措施。高校还可以利用现代信息技术手段，如大数据、人工智能等，建立财务预警模型。这些模型可以通过对大量历史数据的分析和挖掘，预测未来可能出现的财务风险和问题，并提前发出预警信号。这有助于高校更加准确地识别潜在风险和问题，并提前采取相应的措施进行防范和应对。

(三) 风险防控措施的加强

在建立了风险预警机制后，高校还需要加强风险防控措施，以确保财务安全。这些措施应该包括内部控制制度的完善、预算编制和执行的规范化、资产管理的精细化以及资金流动的合规性等方面。

高校应加强内部控制制度的建设和完善。内部控制制度是确保高校财务管理规范、有效的重要保障。高校应该建立一套完善的内部控制制度体系,包括财务管理制度、审计制度、风险评估制度等,并确保这些制度得到严格执行。同时,高校还应加强对内部控制制度的监督和检查,确保其得到有效执行。高校应规范预算编制和执行过程。预算编制是高校财务管理的重要环节之一。高校应该根据自身的实际情况和发展需求,制定科学合理的预算方案,并严格按照预算方案执行。同时,高校还应加强对预算执行情况的监督和检查,确保预算资金得到合理、有效的使用。

高校还应加强资产管理。资产管理是高校财务管理的重要组成部分,高校应该建立健全资产管理制度体系,加强对各类资产的登记、保管、使用和处置等方面的管理。同时,高校还应加强对资产使用情况的监督和检查,确保资产得到合理、有效的利用。高校应确保资金流动的合规性。资金流动是高校财务管理的核心内容之一。高校应该建立健全资金管理制度体系,规范资金的筹集、使用、监管等环节。同时,高校还应加强对资金流动的监督和检查,确保资金流动的合规性和安全性。

风险防控是高校财务管理的关键保障。高校应该建立完善的风险识别机制、风险预警机制和风险防控措施体系,及时发现并应对潜在的风险和问题,确保高校财务安全。同时,高校还应加强对财务管理的监督和检查力度,确保各项财务管理制度得到有效执行和落实。

五、社会声誉提升

(一) 高校社会声誉与财务管理绩效的关系

高校的社会声誉与财务管理绩效之间存在密不可分的关系。财务管理绩效作为高校内部管理的重要组成部分,其高效、透明和可持续的发展能够直接提升高校的社会声誉;而社会声誉的提升,则能进一步促进高校的发展,吸引更多的社会资源和优秀人才,形成良性循环。

(二) 优化财务管理以提升社会声誉

1. 加强内部控制

内部控制是财务管理的基础。通过建立完善的内部控制体系,高校可以确保财务信息的真实性和准确性,提高财务管理效率。同时,内部控制还能有效防范财务风险,保障高校的资产安全,为高校的社会声誉提供有力保障。

2.提高资金使用效率

高校的资金来源广泛，包括政府拨款、学费收入、社会捐赠等。通过优化财务管理，高校可以合理规划和使用资金，确保资金的有效利用。例如，高校可以加强预算管理，制订合理的预算计划，确保资金的收支平衡；同时，高校还可以加强成本控制，减少不必要的开支，提高资金的使用效率。这些措施都有助于提升高校的社会声誉，展现高校在财务管理方面的专业性和高效性。

3.提高财务透明度

财务透明度是提升高校社会声誉的重要因素之一。通过加强财务信息的披露和公开，高校可以让社会各界更加了解高校的财务状况和经营成果。这不仅可以提升高校的社会公信力，还可以吸引更多的社会资源和优秀人才支持高校的发展。高校可以通过建立财务信息公开平台、定期发布财务报告等方式提高财务透明度。

（三）绩效评价工作对社会声誉的推动作用

1.明确发展目标和方向

绩效评价工作可以帮助高校明确自身的发展目标和方向。通过设定合理的绩效指标和评价标准，高校可以清晰地看到自身在各个方面的发展状况，从而制定更加符合实际的发展规划。这有助于提升高校的社会声誉，展现高校在战略规划方面的前瞻性和科学性。

2.激励内部改进和创新

绩效评价结果可以作为高校内部改进和创新的依据。通过对绩效评价结果的分析和反馈，高校可以发现自身在财务管理和其他方面存在的问题和不足，从而制定相应的改进措施。同时，绩效评价还可以激励高校内部员工积极创新、追求卓越，为高校的发展贡献更多力量。这些措施都有助于提升高校的社会声誉，展现高校在内部管理方面的活力和创新力。

3.提高社会信任度

绩效评价工作的公正性和客观性可以提高高校的社会信任度。通过公开、透明的绩效评价过程和结果展示，高校可以让社会各界更好地了解自身在财务管理和绩效评价方面的专业性和高效性。这有助于提升高校的社会声誉，吸引更多的社会资源和优秀人才支持高校的发展。同时，提高社会信任度还可以为高校在未来发展中赢得更多的合作机会和支持。

（四）吸引社会资源和优秀人才支持高校发展

随着高校社会声誉的提升，越来越多的社会资源和优秀人才开始关注和支持高校的发展，这包括政府、企业、社会组织和个人等方面的资源和人才。这些资源和人才可以为高校提供资金、技术、设备、人才等方面的支持，推动高校在教学、科研、社会服务等方面取得更加卓越的成果。同时，这些资源和人才还可以为高校带来更加广阔的合作机会和发展空间，促进高校与社会的深度融合和共同发展。

通过优化财务管理和绩效评价工作，高校可以提升自身的社会声誉和影响力。这不仅有助于吸引更多的社会资源和优秀人才支持高校的发展，还可以为高校在未来的发展中赢得更多的合作机会和支持。因此，高校应高度重视财务管理和绩效评价工作，不断加强自身的内部管理和优化外部合作，为高校的发展注入更多的活力和动力。

第六章 高校财务绩效评价体系框架构建

第一节 高校财务绩效评价体系框架构建的原则与目标

一、原则确立

(一) 科学性原则

在高校财务绩效评价体系的框架构建中,科学性原则占据了至关重要的地位。这一原则旨在确保评价体系的客观性和准确性,从而能够真实、全面地反映高校的财务状况和运营绩效。以下将详细阐述科学性原则在高校财务绩效评价体系框架构建中的具体体现和重要性。

科学性原则首先要求评价体系具备客观性和中立性。这意味着在构建评价体系时,必须摒弃主观偏见和利益干扰,以客观事实为依据,确保评价结果的公正性和可信度。为了实现这一目标,评价体系的制定者需要充分了解高校的实际情况,深入研究财务管理的特点和规律,结合国内外先进的财务管理理论和实践经验,科学合理地设置评价指标和权重。其次,科学性原则强调评价体系的全面性和系统性。高校的财务状况和运营绩效是一个复杂的系统,涉及多个方面和环节。因此,评价体系必须能够全面覆盖高校的财务管理活动,包括资金筹集、运用、管理和监督等方面。同时,评价体系还需要具备系统性,将各个评价指标和环节有机地联系起来,形成一个完整的评价系统。只有这样,才能确保评价结果的全面性和准确性,为高校管理层提供全面、深入的财务信息支持。最后,科学性原则还注重评价体系的可操作性和实用性。评价体系的制定不仅要考虑理论上的合理性,还要兼顾实际操作中的可行性。评价指标的设置需要简单明了、易于理解,以便于高校管理层和财务人员的实际操作。同时,评价体系还需要具备实用性,能够真正反映高校的财务状况和运营绩效,为高校管理层提供有价值的决策支持。

一是评价指标的科学性。评价指标是评价体系的核心，其科学性直接影响到评价结果的准确性和可信度。因此，在设置评价指标时，必须遵循科学的方法和程序，结合高校的实际情况，选择具有代表性的指标，并确保指标之间的逻辑关系合理、权重分配恰当。

二是评价方法的科学性。评价方法的选择直接关系到评价结果的客观性和准确性。在构建评价体系时，需要采用科学、合理的评价方法，如财务分析、数据模型、比较分析等，以确保评价结果的客观性和准确性。

三是评价周期的科学性。评价周期的选择需要根据高校的实际情况和需要来确定。过长的评价周期可能会导致评价结果滞后于高校的实际情况，影响评价的有效性；而过短的评价周期则可能会增加评价的难度和成本。因此，在制定评价周期时，需要综合考虑各种因素，以确保评价周期的科学性和合理性。

科学性原则在高校财务绩效评价体系框架构建中具有重要的地位和作用。只有遵循科学性原则，才能确保评价体系的客观性和准确性，为高校管理层提供科学、准确的财务信息支持，推动高校财务管理的规范化、科学化发展。

（二）系统性原则

在高校财务绩效评价体系框架的构建过程中，系统性原则占据着举足轻重的地位。这一原则强调在评价过程中必须全面考虑高校财务活动的各个环节，确保评价体系的完整性和准确性。

系统性原则要求我们在构建高校财务绩效评价体系时，必须深入理解和分析高校财务活动的各个方面。高校财务活动是一个复杂而庞大的系统，涉及资金的筹集、使用、管理和监督等环节。因此，在构建评价体系时，我们不能仅仅关注某个单一的环节或指标，而应当从整体上把握高校财务活动的全貌，以确保评价体系的全面性和系统性。

首先，系统性原则要求我们在选择评价指标时，要充分考虑高校财务活动的各个环节。这些指标应当能够全面反映高校财务活动的各个方面，包括资金筹集能力、资金使用效率、资产管理水平、成本控制能力、财务风险防范能力等。同时，这些指标之间应当相互关联、相互制约，形成一个有机的整体，以全面、准确地评价高校的财务绩效。其次，系统性原则要求我们在构建评价体系时，要注重评价方法的科学性和合理性。评价方法应当能够客观地反映高校财务活动的实际情况，避免主观臆断和偏见。同时，评价方法还应当具有可操作性和可比性，以便不同高校之间进行横向比较和纵向分析。只有这样，我们才能确保评价结果的客观性和公正性，为高校财务管理提供有力的支持。再次，系统性原则还要求我们在评价过程中注重数据的收集和分析。数据是评价的基础，只有准确、全面的数据才能支撑起一个有效的评价体系。因此，在评价过程中,我们应当重视数据的收集和分析工作,确保数据的真实性和可靠性。同时,我们还应当运用现代信息技术手段,对数据进行深入挖掘和分析,发现高校财务活动中存在的问题和不足,为改进财务管理工作提供有益的参考。最后,系统性原则要求我们在评价过程中要注重与其他管理活动的协同和配合。高校财务活动与其他管理活动之间存在着密切的联系和互动关系。因此,在评价过程中,我们应当注重与其他管理活动的协同和配合,确保评价结果的全面性和准确性。例如,在评价资金筹集能力时,我们应当考虑高校科研、教学等活动的实际情况和需求;在评价资金使用效率时,我们应当考虑高校内部管理机制的完善程度和执行情况等因素。

系统性原则在高校财务绩效评价体系框架的构建中发挥至关重要的作用。只有全面考虑高校财务活动的各个环节,注重评价方法的科学性和合理性,注重数据的收集和分析工作,以及与其他管理活动的协同和配合,我们才能构建出一个全面、准确、客观的高校财务绩效评价体系,为高校财务管理提供有力支持。

(三)可操作性原则

在构建高校财务绩效评价体系框架时,可操作性原则是一项至关重要的指导原则。这一原则确保了评价方法和指标不仅科学、合理,而且易于理解和实施,从而使得整个评价体系更具实用性和有效性。

可操作性原则要求我们在设计财务绩效评价体系时,必须充分考虑评价的实际操作难度和可行性。这意味着我们应避免使用过于复杂或难以理解的指标和方法,而是要选择那些简单明了、易于操作的评价工具。同时,我们也需要确保评价过程不会给高校的日常管理和运营带来过多的负担,从而确保评价工作的顺利进行。

评价方法和指标的选择应该符合高校的实际情况。不同的高校在财务状况、运营模式和管理需求等方面存在差异,因此,我们需要根据高校的具体情况来选择合适的评价方法和指标。这样不仅可以确保评价结果的准确性和可靠性,还可以提高评价工作的针对性和实用性。评价过程应该尽可能简单明了。我们应该避免使用过于复杂或烦琐的评价流程,要尽可能地简化评价步骤,降低评价难度。这可以通过优化评价流程、减少不必要的环节、使用标准化的评价工具等方式来实现。同时,我们也应该加强对评价人员的培训和指导,确保他们能够熟练掌握评价方法和技能,从而提高评价工作的效率和质量。评价结果的呈现也应该易于理解和使用。我们应该采用直观、清晰的方式呈现评价结果,如使用图表、报告等形式来展示数据和分析结果。同时,我们也应该提供详细的解释和说明,从而帮助用户更好地理解和应用评价结果。这不仅可以提高评价工作的透明度和公正性,还可以促进用户对评价工作的信任和支持。

一是要充分考虑数据的可获取性和可靠性。评价工作离不开数据的支持，因此，我们需要确保所需数据能够及时、准确地获取。同时，我们也需要对数据进行严格的质量控制，确保其真实、可靠、有效。

二是要注重评价体系的动态性和适应性。高校的财务状况和管理需求会随着时间的推移而发生变化，因此，我们需要确保评价体系能够及时适应这些变化。这可以通过定期更新评价方法和指标、优化评价流程等方式来实现。

三是要加强评价结果的反馈和应用。评价工作的最终目的是提高高校的财务管理水平，因此，我们需要加强对评价结果的反馈和应用。这可以通过制定改进措施、优化管理流程、加强内部控制等方式来实现，从而推动高校财务管理工作持续改进和提升。

可操作性原则是构建高校财务绩效评价体系框架的重要原则之一。通过确保评价方法和指标易于理解和实施，我们可以提高评价工作的实用性和有效性，为高校的财务管理提供有力的支持和保障。

（四）动态性原则

在构建高校财务绩效评价体系框架时，动态性原则是不可或缺的一部分。这一原则强调评价体系应具备足够的灵活性和适应性，以应对高校财务活动的不断变化和复杂性的增加。随着教育环境的演变、政策导向的调整以及高校自身发展战略的更新，财务活动也在发生深刻的变化。因此，一个有效的财务绩效评价体系必须能够捕捉到这些变化，并及时做出相应的调整。

动态性原则的实质在于确保评价体系的持续性和前瞻性。持续性意味着评价体系不是一次性的、静态的，而是一个长期、持续的过程。它要求高校在财务绩效评价的过程中，不仅要关注当前的财务状况和绩效表现，还要对未来可能的财务趋势和变化进行预测和规划。这种持续性保证了评价体系能够持续地为高校提供有价值的财务信息，支持高校的决策制定和战略规划。

前瞻性则是动态性原则的另一个重要方面，它要求评价体系不仅能够反映高校当前的财务状况和绩效表现，还能够预见未来的发展趋势和挑战。在构建评价体系时，高校需要充分考虑未来可能发生的变化和不确定性因素，如政策调整、市场变化、技术进步等，以确保评价体系在未来仍然具有指导意义和实用价值。

为了实现动态性原则，高校在构建财务绩效评价体系时需要注意以下三个方面。首先，高校要建立一个灵活的评价框架，允许其根据需要进行调整和优化。这个框架应该具有足够的弹性和可扩展性，以适应不同情况下的评价需求。其次，要采用多种评价方法和指标，以全面反映高校的财务状况和绩效表现。不同的评价方法和指标可以从不同的角度揭示高校的财务特征和优势,以提高评价的准确性和可靠性。最后,要加强与高校其他管理系统的协调和配合,确保财务绩效评价体系能够与其他管理系统相互补充、相互促进。

在具体实践中,高校可以通过以下几个方面来贯彻动态性原则。首先,要定期对财务绩效评价体系进行审查和更新。这包括对评价框架、评价方法和指标进行重新评估和调整,以适应新的评价需求。其次,要加强与高校内部其他部门的沟通和协作。财务部门应该与其他部门保持密切联系,了解他们的需求和期望,以便更好地为他们提供财务支持和服务。同时,其他部门也应该积极参与财务绩效评价工作,提供必要的信息和数据支持。最后,要加强对外部环境的研究和分析。高校应该密切关注政策变化、市场趋势和技术发展等外部因素的变化情况,以便及时调整财务绩效评价体系并制定应对措施。

动态性原则是构建高校财务绩效评价体系框架的重要原则之一。它要求评价体系具有足够的灵活性和适应性,以有效应对复杂多变的高校财务活动。通过贯彻动态性原则并加强与其他管理系统的协调和配合,高校可以建立一个全面、准确、可靠的财务绩效评价体系,为高校的决策制定和战略规划提供有力支持。

(五)导向性原则

在构建高校财务绩效评价体系框架的过程中,导向性原则是一个至关重要的指导原则。这一原则确保了评价体系不仅仅是一个静态的评估工具,更是一个能够动态引导高校财务活动向更健康、更高效方向发展的机制。

导向性原则的核心在于,评价体系不仅要反映高校财务活动的现状,更要能够前瞻性地指导未来的发展方向。它要求评价体系在设计之初就考虑到高校的战略目标、长期规划以及可持续发展的需求,确保评价结果的实用性和前瞻性。

导向性原则要求评价体系的设计要充分体现高校的使命和愿景。高校的使命和愿景是其存在和发展的根本动力,也是其财务活动的最终归宿。因此,评价体系必须紧紧围绕这些核心要素展开,以确保评价结果能够真实反映高校在履行使命、实现愿景过程中的财务绩效。导向性原则强调评价体系要关注高校的长期利益和可持续发展。高校作为社会的重要组成部分,其财务活动不仅要满足当前的教学、科研等需求,更要考虑到未来的发展潜力和可持续性。因此,评价体系必须能够全面、准确地评估高校在资源配置、风险管理、创新能力等方面的表现,为高校的长期发展提供有力支持。

导向性原则还要求评价体系要具有激励和约束作用。通过设立明确的评价标准和指标体系，可以激励高校在财务活动中更加注重效率、效益和合规性，同时也可以通过评价结果对高校的财务活动进行必要的约束和规范，确保其在健康、有序的轨道上运行。

在具体实施中，导向性原则需要贯穿评价体系的各个环节。在评价标准的制定上，要充分考虑高校的实际情况和发展需求，确保标准的科学性和合理性；在评价指标的选择上，要紧密结合高校的使命和愿景，确保指标的相关性和有效性；在评价方法的运用上，要注重定量分析和定性分析相结合，确保评价结果的全面性和准确性。

导向性原则是构建高校财务绩效评价体系框架的重要原则之一。它要求评价体系不仅能够真实地反映高校财务活动的现状，更能够前瞻性地指导未来的发展方向。通过遵循这一原则，可以确保评价体系在高校财务管理中发挥更大的作用，推动高校财务活动的健康发展。

二、目标定位

（一）提高高校财务管理效率

在构建高校财务绩效评价体系框架的过程中，一个核心的目标定位就是提高高校财务管理效率。这一目标旨在通过系统、全面的评价，深入剖析高校财务管理中的潜在问题，从而发现管理漏洞，并据此优化资源配置，确保财务资源的高效利用。

提高高校财务管理效率的重要性不言而喻。高效的财务管理不仅有助于高校日常运营的稳定和有序，更能够为学校的长远发展提供坚实的财务保障。随着高校规模的不断扩大和办学活动的日益复杂，财务管理的难度和挑战也在不断增加。因此，构建一个科学、合理的财务绩效评价体系，对于提高高校财务管理效率具有至关重要的意义。

高校财务管理中可能存在的漏洞，如资金使用不当、预算编制不合理、成本控制不严格等，都可能对学校的财务状况产生负面影响。财务绩效评价体系通过对高校财务数据的深入分析，能够揭示这些潜在问题，为管理层提供决策支持。在发现管理漏洞的基础上，财务绩效评价体系还能够为高校提供资源配置的优化方案。通过评价体系的各项指标和数据分析，高校可以清晰地了解到各个部门和项目在资源使用上的效率和效果。这有助于高校根据实际需求，合理分配资源，确保每一份资源都能得到充分利用，从而提高财务管理的整体效率。

为了实现这一目标定位，高校财务绩效评价体系需要具备以下几个特点：一是全面性。评价体系需要覆盖高校财务管理的各个方面，包括预算管理、收支管理、资产管理、负债管理等。只有全面评价，才能发现所有潜在的漏洞，为管理层的决策提供全面的信息支持。二是客观性。评价体系应该以客观事实为依据，避免主观臆断和偏见。评价过程中，需要采用科学的方法和手段，确保评价结果的公正性和可信度。三是动态性。高校的财务管理活动是一个动态的过程，需要不断地进行调整和优化。因此，评价体系也需要具备动态性，能够随着高校财务管理的变化而不断更新和完善。四是可操作性。评价体系需要具有可操作性，方便高校管理层和财务人员的实际操作。评价指标的设置应该简单明了、易于理解，以确保评价过程顺利进行。

总之，提高高校财务管理效率是高校财务绩效评价体系框架构建的重要目标定位。通过系统、全面的评价，发现管理漏洞，优化资源配置，实现财务资源的高效利用，为高校的长远发展提供坚实的财务保障。

（二）促进高校财务可持续发展

在构建高校财务绩效评价体系框架时，其核心目标之一是促进高校财务的可持续发展，确保财务活动紧密贴合并服务于高校的长期战略目标。这一目标定位不仅是对高校财务管理活动的方向性指引，也是推动高校整体事业持续健康发展的关键所在。

高校财务的可持续发展意味着在保持财务稳健的同时，要能够支持高校在人才培养、科学研究、社会服务等方面的长远发展需求。因此，财务绩效评价体系框架的构建必须紧密围绕这一核心目标，以确保评价体系的各项指标和要素都能有效地促进高校财务的可持续发展。

首先，财务绩效评价体系框架的构建应当注重与高校长期战略目标的衔接。高校的战略目标通常包括提升教学质量、加强科研创新、扩大社会影响等方面。在构建财务绩效评价体系时，需要深入分析这些战略目标对财务活动的具体要求，将财务绩效评价指标与战略目标相结合，确保财务活动能够紧密支持战略目标的实现。

其次，财务绩效评价体系框架的构建应当注重财务风险的防范和控制。高校在运营过程中面临着多种财务风险，如资金短缺、债务风险、投资风险等。为了保障财务的可持续发展，必须建立健全的风险防范机制，对财务风险进行及时预警和有效应对。在构建财务绩效评价体系时，需要将风险防范和控制作为重要的评价内容，通过设置合理的风险指标和评价标准，引导高校加强财务风险管理，从而确保财务活动的稳健运行。

再次，财务绩效评价体系框架的构建还需要注重财务资源的优化配置。高校财务资源是有限的，如何将其合理地配置到各个领域，以最大化地发挥其效益，是财务绩效评价体系需要重点考虑的问题。在构建评价体系时，需要深入分析高校各项事业对财务资源的需求情况，根据事业发展的轻重缓急和优先顺序，合理分配财务资源。同时，还需要注重财务资源的创新和利用,通过引入新技术、新方法等手段,提高资源的利用效率和效益。

最后,财务绩效评价体系框架的构建还需要加强对财务绩效的监测和评估。通过对财务绩效的定期监测和评估,可以及时发现高校财务活动中存在的问题和不足,为改进财务管理工作提供有益参考。同时,还可以根据评估结果对财务活动进行调整和优化,确保其与长期战略目标保持一致。这样的监测和评估机制可以确保高校财务活动的持续优化和改进,为高校的长期发展提供有力的财务支持。

促进高校财务可持续发展是高校财务绩效评价体系框架构建的目标定位。通过构建与长期战略目标相衔接的财务绩效评价体系,加强财务风险防范和控制,优化财务资源配置,以及加强对财务绩效的监测和评估,可以确保高校财务活动的稳健运行和持续优化,为高校的长期发展提供坚实的财务基础。

(三)提高高校财务透明度

在构建高校财务绩效评价体系框架的过程中,提高高校财务透明度是一个核心目标定位。这一目标的设定旨在通过提高信息公开度,使高校的财务状况更加透明,从而接受广泛的社会监督,确保财务活动的规范性和公正性。

高校作为教育和科研的重要机构,其财务状况的透明度不仅直接关系到学校本身的声誉和形象,更对广大师生、校友以及社会各界产生深远影响。因此,提高高校财务透明度,以及信息公开度,成为构建高校财务绩效评价体系框架的重要目标之一。

高校应明确财务信息公开的范围和内容,这包括但不限于年度财务报告、预算执行情况、资金使用情况、重大投资项目等关键财务信息。通过定期发布这些信息,高校可以让公众更加清晰地了解其财务状况,从而建立起对学校的信任。高校应建立多渠道的财务信息公开机制。除了传统的官方网站发布外,高校还可以通过社交媒体、新闻发布会等渠道公开财务信息。这些渠道的建立,不仅有利于扩大信息公开的覆盖面,还能提高信息的传播速度和效率。高校应加强对财务信息公开的监管和评估,这包括对信息公开的内容、时间、频率等进行定期检查,进而确保信息的准确性和及时性。此外,高校还应建立反馈机制,及时回应公众对财务信息的疑问和关切,进一步提高财务信息的透明度。

公开高校财务透明度的目标定位,不仅有助于提升高校的公信力和形象,还能促进高校与社会的互动和合作。通过公开财务信息,高校可以吸引更多的社会资源和支持,为学校的发展提供更多的动力。同时,社会监督的引入也能促使高校更加规范地进行财务管理,避免不必要的财务风险和损失。

在实现这一目标的过程中,高校还需要注意以下三点:一是要确保财务信息的真实性和准确性。这是提高财务透明度的前提和基础，任何虚假或误导性的信息都会损害学校的声誉和形象。二是要注重保护个人隐私和商业秘密。在公开财务信息的过程中，高校应遵守相关法律法规，确保不泄露个人隐私和商业秘密。三是要加强财务人员的培训和管理。财务人员的素质和能力直接影响到财务信息的质量和透明度，因此，高校应加强对财务人员的培训和管理，提高他们的业务素质和职业道德水平。

增强高校财务透明度是构建高校财务绩效评价体系框架的重要目标之一。通过提高信息公开度、建立多渠道的财务信息公开机制、加强监管和评估以及注重保护个人隐私和商业秘密等措施，我们可以实现这一目标，推动高校财务管理的规范化和健康发展。

（四）辅助决策制定

在高校财务绩效评价体系框架的构建中，辅助决策制定的目标定位是确保评价体系不仅是一个衡量和监控的工具，更是高校管理层进行决策时的重要参考和依据。这一目标定位的实现，对于高校财务工作的持续优化、战略目标的达成以及长期发展具有深远的意义。

财务绩效评价体系作为高校管理的重要组成部分，其根本目的是为管理层提供全面、准确、及时的财务信息，帮助管理层做出更为科学、合理的决策。为了实现这一目标，评价体系需要涵盖高校的各个方面，包括收入、支出、资产、负债等财务数据，以及各个部门的运营情况和绩效成果。通过对这些数据的收集、整理和分析，评价体系可以揭示高校的财务状况、运营效率和风险状况，为管理层的决策提供有力支持。

在辅助决策制定的过程中，财务绩效评价体系需要关注高校的战略目标和长期规划。高校的战略目标是其发展的方向和动力源泉，而长期规划则是实现战略目标的具体路径和步骤。因此，评价体系需要紧密围绕这些目标和规划来构建，以确保评价结果能够与管理层的决策需求相契合。通过对战略目标和长期规划的深入分析，评价体系可以帮助管理层更好地把握高校的发展方向和重点任务，为制定长期战略决策提供有力支持。

同时，财务绩效评价体系需要具备前瞻性和预测性。高校的发展环境在不断变化，未来的财务状况和绩效表现也会受到多种因素的影响。因此，评价体系需要能够预测未来的发展趋势和潜在风险，为管理层提供预警和决策参考。通过运用先进的财务分析方法和工具，评价体系可以对高校的未来财务状况进行预测和模拟，帮助管理层提前发现潜在的问题和风险，并制定应对措施。

此外，财务绩效评价体系还需要注重信息的可比性和可理解性。可比性是指不同部门、不同时间段的财务数据能够进行横向和纵向比较,以便管理层能够清晰地了解高校在不同时间、不同领域的财务状况和绩效表现。可理解性则是指财务信息能够被管理层轻松理解,无须过多的专业解释和说明。为了实现这两个目标,评价体系需要采用简洁明了的语言和图表,以及统一的计算方法和口径,确保信息的准确性和一致性。

为了实现辅助决策制定的目标定位,高校需要采取一系列措施来加强财务绩效评价体系的建设。首先,高校需要明确评价体系的定位和作用,并将其纳入高校管理的整体框架中。其次,高校需要建立完善的财务数据收集和分析机制,确保评价体系的数据来源可靠、准确。同时,高校还需要加强财务人员的培训和专业素养的提升,确保他们具备足够的财务知识和分析能力。最后,高校需要不断完善和优化评价体系,根据高校的发展情况和外部环境的变化及时调整评价方法和指标,确保评价结果的准确性和可靠性。

辅助决策制定是高校财务绩效评价体系框架构建的重要目标定位。通过构建一个全面、科学、有效的财务绩效评价体系,高校可以为管理层提供全面、准确、及时的财务信息,帮助管理层做出更为科学、合理的决策。同时,高校还需要加强对评价体系的建设和完善工作,确保评价体系能够持续为高校的发展做出贡献。

(五)激励员工积极性

在构建高校财务绩效评价体系框架时,一个重要的目标定位是通过绩效评价激发员工的工作热情和创新能力。这一目标不仅有助于提高高校财务工作的效率和质量,还有助于培养一支积极向上、富有创造力的财务团队,为高校的长期发展提供有力支持。

高校财务绩效评价体系的核心在于将员工的个人绩效与高校的整体目标紧密结合起来。通过设定明确、可衡量的绩效指标,员工可以清晰地了解自己的工作重点和目标,从而有针对性地开展工作。当员工意识到自己的工作成果将直接影响到个人的绩效评价时,他们会更加投入地工作,更加努力地追求高质量的完成度。

这种绩效评价的激励作用不仅体现在物质层面,更重要的是,它能够激发员工的精神动力。当员工看到自己的努力得到了认可时,他们的自信心和成就感会得到极大提升,进而产生更加强烈的工作热情。这种热情不仅能够让员工在工作中保持高昂的斗志,还能够促使他们不断探索新的工作方法和思路,推动财务工作的创新和发展。

同时,财务绩效评价体系还能够促进员工之间的交流和合作。在评价过程中,员工可以相互学习、借鉴彼此的工作经验和方法,共同提高工作水平。这种交流和合作不仅能够增强团队的凝聚力,还能够激发员工的创新思维和灵感,推动财务工作不断向前发展。

为了实现这一目标定位,高校在构建财务绩效评价体系时需要注意以下几点:首先，要确保绩效评价指标的科学性和合理性。评价指标应该与高校的整体目标和财务工作特点紧密相关，能够全面、准确地反映员工的工作成果和贡献。同时，指标的设置应该具有可操作性和可衡量性，便于员工理解和执行。其次，要注重绩效评价的公正性和公平性。评价过程应该公开透明，避免主观性和偏见的影响。同时，要建立健全的申诉机制，让员工有机会对评价结果提出异议和申诉，进而确保评价的公正性和公平性。最后，要关注绩效评价的反馈和改进。评价结束后，高校应该及时向员工反馈评价结果，帮助他们了解自己的工作表现和不足之处。同时，要鼓励员工根据评价结果进行自我反思和改进，从而不断提升工作能力和绩效水平。

通过绩效评价激发员工的工作热情和创新能力是高校财务绩效评价体系框架构建的重要目标定位。通过设定明确、可衡量的绩效指标，注重评价的公正性和公平性，以及关注评价的反馈和改进，可以激发员工的工作热情和创新思维，推动高校财务工作的不断发展。

第二节 高校财务绩效评价体系框架的基本结构与要素

一、基本结构概述

（一）输入

在高校财务绩效评价体系框架的构建中，输入部分是至关重要的。这一部分主要涵盖了高校财务活动的起点和基础，即资金来源和投资。理解并准确评估这些输入因素，对于构建一个全面、有效的财务绩效评价体系而言，具有决定性作用。

资金来源是高校财务活动的重要基石，它代表了高校获取和使用资金的方式和渠道，直接影响着高校的运营和发展。资金来源的多样性、稳定性和可持续性，是衡量高校财务状况的重要指标。高校的资金来源主要包括政府拨款、学费收入、科研项目经费、社会捐赠等。每一种资金来源都有其特定的特点和使用要求，因此，在评价高校的财务状况时，需要充分考虑这些资金来源的实际情况，以确保评价结果的准确性和可靠性。

政府拨款作为高校资金来源的重要组成部分，其稳定性和规模直接影响着高校的运营和发展。政府拨款的多少往往与高校的教学质量、科研水平和社会声誉等因素密切相关。因此，在评价高校的财务状况时，需要关注政府拨款的变化趋势和稳定性，以判断高校在获取政府支持方面的能力和潜力。

学费收入是高校经费的另一重要来源。随着高等教育普及化程度的提高，学费收入在高校财务中的比重逐渐增加。学费收入的多少往往与高校的招生规模、专业设置、教学质量等因素密切相关。因此，在评价高校的财务状况时，需要关注学费收入的变化趋势和稳定性，进而判断高校在吸引和保留学生方面的能力和潜力。

科研项目经费是高校资金来源的重要组成部分，对于推动高校科研工作的发展具有重要意义。科研项目经费的多少往往与高校的科研实力、科研方向、科研投入等因素密切相关。因此，在评价高校的财务状况时，需要关注科研项目经费的规模和来源，以判断高校在科研方面的投入和成果。

社会捐赠作为高校资金来源的补充，对于提升高校的知名度和影响力具有重要作用。社会捐赠的多少往往与高校的社会声誉、校园文化、公益活动等因素密切相关。因此，在评价高校的财务状况时，需要关注社会捐赠的规模和频率，以判断高校在获取社会资源方面的能力和潜力。

除了资金来源，投资也是高校财务活动的重要组成部分。高校的投资活动主要包括基础设施建设、教学科研设备购置、股权投资等。这些投资活动对于提升高校的教学质量和科研水平具有重要意义。在评价高校的投资活动时，需要关注投资的规模、方向、回报等因素，以判断高校在投资决策方面的合理性和有效性。

高校财务绩效评价体系框架的输入部分主要包括资金来源和投资两个方面。这些输入因素是高校财务活动的起点和基础，对于评价高校的财务状况和绩效具有决定性作用。在构建财务绩效评价体系时，需要充分考虑这些输入因素的特点和要求，以确保评价体系的全面性和有效性。

（二）过程

在构建高校财务绩效评价体系框架的过程中，其核心是涵盖预算管理、收支管理、资产管理等关键财务活动。这些环节相互关联、相互制约，共同构成了高校财务绩效评价体系的基本结构。

预算管理作为高校财务活动的起点，其重要性不言而喻。预算管理旨在通过科学、合理的预算编制和执行，确保高校财务资源的有效配置和使用。在预算管理中，高校需要全面考虑各项事业的发展需求，结合长期战略目标，合理分配财务资源。预算编制过程须严谨、细致，确保各项预算指标具有可操作性和可衡量性。预算执行过程中，需要建立有效的监控机制，确保预算的严格执行和及时调整。

与预算管理紧密相连的是收支管理。高校的收支管理涉及学费、科研项目经费、政府拨款等多元化的收入来源，以及教职工薪酬、设备购置、教学科研支出等多方面的支出。在收支管理中，高校需要建立完善的收入核算和支出审批制度，确保各项收支的合规性和真实性。同时，高校还需要注重收支平衡，通过优化收入结构、控制支出规模等措施，确保财务稳健运行。

资产管理作为高校财务活动的另一重要环节，其目标是实现资产的高效利用和保值增值。高校的资产包括固定资产、流动资产、无形资产等形式。在资产管理中，高校需要建立健全的资产管理制度，明确资产的购置、使用、处置等流程。同时，高校还需要注重资产的保值增值，通过加强资产的投资和运营，提高资产的使用效率和效益。

在构建高校财务绩效评价体系框架时，预算管理、收支管理、资产管理等环节需要相互融合、相互支撑。预算管理为收支管理和资产管理提供了预算指导和约束，以确保各项财务活动的合规性和有效性。收支管理则通过优化收入结构、控制支出规模等措施，为预算管理提供实际执行的反馈和调整依据。资产管理则通过提高资产的使用效率和效益，为预算管理和收支管理提供物质基础和支撑。此外，高校财务绩效评价体系框架的构建还需要注重与其他管理活动的协同和配合。高校作为一个复杂的组织体系，其各项管理活动之间相互关联、相互影响。在构建财务绩效评价体系时，需要充分考虑其他管理活动的需求和特点，确保财务绩效评价体系能够与其他管理活动相互衔接、相互支持。

高校财务绩效评价体系框架的基本结构涵盖了预算管理、收支管理、资产管理等关键财务活动。这些环节相互关联、相互制约，共同构成了高校财务绩效评价体系的核心内容。在构建过程中，需要注重各环节的融合和协同，确保财务绩效评价体系能够全面、准确地反映高校的财务绩效状况，为高校的长期发展提供有力的财务支持。

（三）输出

在构建高校财务绩效评价体系框架时，输出作为其核心组成部分，涵盖了教学科研成果、社会服务以及学生培养等多个维度。这些输出不仅反映了高校的综合实力，也是高校财务管理效果的直接体现。

教学科研成果作为高校的核心输出之一，是衡量高校学术水平和创新能力的重要指标。高校通过投入大量资源支持教学和科研工作，旨在培养高素质人才，推动学科发展和科技创新。财务绩效评价体系应当关注教学科研成果的数量、质量以及影响力，通过设立相应的评价指标，如科研项目经费占比、高水平论文发表数量、科研成果转化率等，全面反映高校在教学科研方面的产出和效益。

社会服务是高校的另一重要输出。高校作为社会的智库和人才库，具有为社会提供服务和支持的职责。高校可以通过提供科技咨询、政策研究、文化传承等服务，推动社会进步和发展。在财务绩效评价体系中，应当重视高校社会服务的贡献度和影响力，通过设立相关评价指标，如社会服务收入占比、社会服务项目数量、社会满意度等，全面反映高校在社会服务方面的成果和效益。

学生培养既是高校的根本任务，也是高校财务绩效评价体系中不可或缺的一部分。高校通过提供优质的教育资源和教学服务，旨在培养具有创新精神和实践能力的高素质人才。财务绩效评价体系应当关注学生培养的全面性、有效性和可持续性，通过设立相关评价指标，如学生就业率、毕业生满意度、创新创业成果等，全面反映高校在学生培养方面的成绩和效果。

在构建高校财务绩效评价体系框架时，我们应当注重教学科研成果、社会服务和学生培养等多个维度的平衡发展。这要求我们在设立评价指标时，既要考虑高校的核心竞争力，也要关注高校的社会责任和使命。同时，我们还需要注重评价体系的科学性和合理性，确保评价结果的客观性和公正性。

具体而言，高校财务绩效评价体系框架应当包括以下三个方面的基本结构：一是评价指标的设定。评价指标应当全面反映高校在教学科研、社会服务和学生培养等方面的输出和效益，包括数量指标和质量指标。同时，评价指标的设定应当具有可操作性和可衡量性，以便于数据的收集和分析。二是评价方法的确定。评价方法应当科学、合理、公正，能够全面反映高校的实际情况和财务状况。在评价方法的选择上，我们可以借鉴国内外先进的评价方法和经验，结合高校的实际情况进行创新和优化。三是评价结果的呈现。评价结果应当以直观、清晰的方式呈现，包括文字、图表等形式。同时，评价结果还应当包括详细的分析和解释，以帮助用户更好地理解和应用评价结果。

高校财务绩效评价体系框架的构建应当注重教学科研成果、社会服务和学生培养等多个维度的平衡发展，以确保评价体系的科学性和合理性。通过全面、客观、公正的评价，我们可以更好地了解高校的财务状况和运营效果，为高校的可持续发展提供有力的支持和保障。

（四）反馈

在高校财务绩效评价体系框架的构建中，反馈机制是一个至关重要的组成部分。它确保了高校对输出结果进行评价，并形成一个闭合的反馈循环，从而持续优化和改进评价体系的效能。反馈机制不仅为高校管理层提供了对财务绩效的深入了解，还促进了体系内部的自我修正和完善。

财务绩效评价体系框架的基本结构应包含一个完整的反馈循环，这个循环始于评价目标的设定，经过数据的收集、分析和输出，最终到达评价结果的反馈和应用。在这个过程中，反馈机制发挥着桥梁和纽带的作用，将评价结果反馈到评价体系的各个环节，促进体系的持续优化。

反馈机制确保了评价结果的准确性和可靠性。在评价过程中，大量的财务数据和绩效信息被收集和分析，形成了最终的评价结果。然而，这些结果是否准确、可靠，能否真实地反映高校的财务绩效状况，需要通过反馈机制进行验证和修正。通过与实际财务数据和绩效表现进行对比分析，可以发现评价过程中可能存在的偏差和误差，进而对评价体系进行修正和完善。

反馈机制促进了评价体系的持续优化。在反馈循环中，评价结果不仅为管理层提供了决策支持，还为评价体系的改进提供了依据。通过对评价结果的深入分析，可以发现评价体系的不足之处和需要改进的地方。这些反馈信息可以促使评价体系的各个环节进行自我调整和优化，以适应高校财务活动的变化和发展需求。

反馈机制也增强了评价体系的灵活性和适应性。高校的财务活动受到多种因素的影响，如政策调整、市场环境变化、内部管理改革等。这些因素的变化可能导致高校财务绩效的波动和变化。通过反馈机制，评价体系可以及时发现这些变化，并做出相应的调整和改进。这种灵活性和适应性使得评价体系能够更好地适应高校财务活动的变化和发展需求。此外，反馈机制还有助于提高评价体系的透明度和公信力。通过反馈机制，评价体系的各个环节都受到严格的监督和检验，确保评价结果的公正性和客观性。同时，评价结果也被公开透明地呈现出来，接受各方面的监督和评价。这种透明度和公信力不仅增强了评价体系的权威性和可信度，还促进了高校内部的财务管理和治理水平的提升。

为了构建有效的反馈机制，高校需要采取一系列措施。首先，需要明确反馈的目标和目的，确保反馈信息能够准确地反映评价体系的效能和存在的问题。其次，需要建立完善的反馈渠道和机制，确保反馈信息能够及时、准确地传递到评价体系的各个环节。再次，还需要加强对反馈信息的分析和处理能力，以便能够及时发现和解决问题。最后，需要加强对反馈机制本身的监督和评估，确保其能够持续有效地发挥作用。

反馈机制是高校财务绩效评价体系框架的基本结构之一，它确保了评价结果的准确性和可靠性，促进了评价体系的持续优化和灵活适应，提高了评价体系的透明度和公信力。通过构建有效的反馈机制，高校可以建立一个科学、全面、有效的财务绩效评价体系，为高校的发展提供有力的支持和保障。

二、关键要素分析

（一）财务指标

在构建高校财务绩效评价体系框架的过程中，财务指标无疑是关键要素之一。这些指标通过量化分析，能够直观地反映高校的财务状况和运营绩效，为管理层提供决策依据。以下是对高校财务绩效评价体系中关键财务指标的分析。

财务指标作为评价高校财务绩效的重要工具，其选取和设计需要充分考虑高校的运营特点和财务需求。收入增长率是衡量高校财务状况的重要指标之一。它反映了高校在一定时期内收入的增长情况，体现了学校运营能力和市场吸引力。收入增长率的稳定增长，意味着高校在扩大招生规模、提高教学质量、增加科研项目等方面取得了积极成效，有助于提升学校的整体实力和声誉。

资产负债率也是高校财务绩效评价体系中的关键指标，它反映了高校负债总额与资产总额的比例关系，体现了学校的债务风险程度。适度的资产负债率能够为高校提供必要的资金支持，促进学校的快速发展。然而，过高的资产负债率则可能增加学校的偿债压力，甚至引发财务风险。因此，在评价高校的资产负债率时，需要综合考虑学校的负债结构、债务来源以及偿债能力等因素，以确保学校的财务稳健运营。

除了收入增长率和资产负债率外，高校财务绩效评价体系中还包括其他重要的财务指标。例如，净资产收益率是衡量高校资产利用效率的重要指标，它反映了学校在一定时期内净利润与净资产的比率，体现了学校资产的盈利能力。净资产收益率的提高，意味着学校资产利用率的提高和运营绩效的改善。再如，经费自给率是衡量高校自主筹资能力的指标，它反映了学校自筹经费收入占总收入的比例，体现了学校经费来源的多元化程度。经费自给率的提高，意味着学校在筹集资金方面更具自主性，能够更好地应对外部环境的变化和挑战。此外，还有一些具体的财务指标，如教学科研经费占比、人员经费占比等，也能够在一定程度上反映高校的财务状况和运营绩效。这些指标的设置和运用，需要根据高校的实际情况和财务需求进行灵活调整，以确保评价体系的科学性和有效性。

财务指标作为高校财务绩效评价体系框架的关键要素，其选取和设计需要充分考虑高校的运营特点和财务需求。通过合理运用这些财务指标，可以全面、客观地评价高校的财务状况和运营绩效，为管理层提供决策支持。同时，这些财务指标也是高校财务管理和决策的重要依据，有助于提升学校的财务管理水平和运营效率。

（二）非财务指标

在高校财务绩效评价体系框架的构建中，非财务指标扮演着至关重要的角色。与财务指标侧重于量化数据的分析不同，非财务指标更多地关注无法直接以货币衡量的方面，如师生满意度、社会影响力等。这些非财务指标虽然不如财务指标直观，但它们对于全面评估高校的财务绩效、反映高校的长期发展潜力和社会效益具有重要意义。

师生满意度作为非财务指标的重要组成部分，是衡量高校教学质量、服务质量和管理水平的重要指标。师生的满意度直接反映了他们对高校各项工作的认可度，是高校教学质量和服务质量的重要反馈。一个财务绩效评价体系如果仅仅关注财务指标，而忽略师生满意度这一非财务指标，那么这样的评价体系是片面的、不完整的。因此，在构建高校财务绩效评价体系框架时，必须将师生满意度纳入其中，通过问卷调查、座谈会等方式收集师生对学校工作的意见和建议，以便及时发现问题并加以改进。

除了师生满意度以外，社会影响力也是高校财务绩效评价体系中非财务指标的重要组成部分。高校作为社会的重要组成部分，其社会影响力不仅关系到高校的声誉和形象，更关系到高校在社会发展中的作用和贡献。社会影响力的评估可以从多个角度进行，如高校在科学研究、文化传承、社会服务等方面的贡献和影响力，以及高校在推动社会进步、促进经济发展等方面的作用。这些社会影响力的评估结果不仅可以反映高校在社会发展中的地位和作用，还可以为高校制定未来的发展战略提供参考依据。

将非财务指标纳入高校财务绩效评价体系框架中，不仅有助于全面评估高校的财务绩效，还有助于促进高校的可持续发展。首先，非财务指标能够反映高校的软实力和长期发展潜力，为高校提供更为全面的发展信息。其次，非财务指标能够引导高校关注师生需求和社会需求，推动高校在教学、科研、服务等方面不断创新和改进。最后，非财务指标还能够促进高校与社会的互动和交流，增强高校的社会责任感和使命感。

然而，将非财务指标纳入高校财务绩效评价体系框架中也面临一些挑战。首先，非财务指标的量化难度较大，需要采用多种方法进行综合评估。其次，非财务指标的收集和分析需要耗费大量的时间和精力，同时，需要建立专门的机构和人员来负责。最后，非财务指标的评价结果可能受到主观因素的影响，需要采用科学、客观的评价方法来确保评价结果的公正性和准确性。

非财务指标是高校财务绩效评价体系框架中的关键要素之一。通过纳入师生满意度、社会影响力等非财务指标，可以全面评估高校的财务绩效和发展潜力，为高校的可持续发展提供有力支持。同时，高校也需要注意非财务指标量化难度大、收集分析复杂等问题，应采取科学、客观的评价方法来确保评价结果的公正性和准确性。

（三）权重分配

在构建高校财务绩效评价体系框架的过程中，权重分配是一项至关重要的任务。权重分配旨在根据高校的特点和发展目标，对各项评价指标进行合理的量化，以体现其在整个评价体系中的重要性和影响力。这一过程不仅关乎评价体系的科学性和公正性，也直接影响高校财务管理的决策和导向。

权重分配的前提是对高校特点和发展目标的深入理解。高校作为教育机构，其根本任务是培养人才，同时也承担着科学研究、社会服务等多重使命。因此，在权重分配时，必须充分考虑这些因素，以确保评价体系能够全面、准确地反映高校的财务状况和运营效果。

我们需要认识到教学科研成果在高校中的重要地位。作为高校的核心竞争力之一，教学科研成果的数量和质量直接影响高校的声誉和排名。因此，在权重分配中，教学科研成果应当占据较大的比重。这包括科研项目经费占比、高水平论文发表数量、科研成果转化率等指标，这些指标能够客观地反映高校在教学科研方面的投入和产出情况。社会服务作为高校的另一项重要职能，也应当在权重分配中得到充分体现。高校通过提供科技咨询、政策研究、文化传承等服务，为社会发展做出了重要贡献。因此，在权重分配时，应当考虑社会服务项目的数量、质量以及社会满意度等因素，确保高校在社会服务方面的贡献得到应有的认可。

此外，学生培养作为高校的根本任务，在权重分配中同样占据重要地位。高校通过提供优质的教育资源和教学服务，旨在培养具有创新精神和实践能力的高素质人才。因此，在权重分配时，应当关注学生培养的全面性、有效性和可持续性，包括学生就业率、毕业生满意度、创新创业成果等指标，这些指标能够直观地反映高校在学生培养方面的成绩和效果。

然而，权重分配并非一成不变的过程。随着高校发展目标的调整和外部环境的变化，各项评价指标的重要性和影响力也会发生相应变化。因此，我们需要定期对权重分配进行评估和调整，以确保评价体系的时效性和适用性。

在权重分配的具体操作上，可以采用定量分析和定性分析相结合的方法。通过收集和分析历史数据，确定各项指标的基础权重；同时，结合专家意见和实际情况，对基础权重进行适当调整。在调整过程中，需要充分考虑各项指标之间的相关性和独立性，以确保权重分配的合理性和公正性。

总之，权重分配是高校财务绩效评价体系框架的关键要素之一。通过合理的权重分配，我们可以确保评价体系能够全面、准确地反映高校的财务状况和运营效果，为高校的可持续发展提供有力的支持和保障。同时，我们也需要不断关注高校发展目标的调整和外部环境的变化，对权重分配进行定期评估和调整，以确保评价体系的时效性和适用性。

（四）评价标准

在高校财务绩效评价体系框架的构建中，评价标准和评分方法作为关键要素，其确立直接决定了评价体系的科学性和有效性。评价标准是评价过程中用以衡量财务绩效的准则，而评分方法则是根据这些标准对财务绩效进行量化评估的手段。两者相互依存，共同构成了评价体系的核心。

评价标准的制定需要考虑到高校的实际情况和战略目标。不同的高校在办学规模、学科设置、资金来源等方面存在差异，因此，评价标准应当具有针对性和灵活性。例如，在教学经费的投入方面，研究型大学可能更加注重科研项目的支持，而教学型大学则可能更加注重教学设备的购置和更新。因此，评价标准应能够反映出这些差异，确保评价结果的公正性和客观性。

在制定评价标准时，需要关注以下三个方面的因素：一是财务稳定性，包括高校的资产负债率、现金流状况等，以衡量高校的财务安全状况；二是运营效率，包括各项经费的使用效率、资产的周转率等，以评估高校在资源利用方面的能力；三是发展潜力，包括科研投入、新校区建设等长期投资项目，以反映高校在未来发展方面的潜力和能力。

评分方法的选择同样重要。评分方法应当能够准确、客观地反映高校的财务绩效状况，并且易于操作和理解。常见的评分方法包括加权评分法、层次分析法、模糊综合评价法等。这些方法各有优缺点，高校可以根据自身实际情况和需求进行选择。

在选择评分方法时，需要考虑以下几个方面的因素：一是评分的准确性，即评分方法能否真实的反映了高校的财务绩效状况；二是评分的客观性，即评分方法是否受到主观因素的影响；三是评分的可操作性，即评分方法是否易于操作和理解；四是评分的可比性，即评分结果能否在不同高校之间进行横向比较。评价标准和评分方法的制定还需要考虑到数据的可获得性和可靠性。高校财务绩效评价体系需要大量的财务数据作为支撑，因此，数据来源的准确性和可靠性至关重要。高校需要建立健全数据收集、整理和分析机制，确保评价数据的准确性和完整性。

同时，评价标准和评分方法的制定也需要不断地进行修订和完善。随着高校财务活动的变化和外部环境的发展，原有的评价标准和评分方法可能不再适用。因此，高校需要定期对评价标准和评分方法进行审查和修订，确保其能够持续适应高校财务活动的变化和发展需求。

评价标准和评分方法是高校财务绩效评价体系框架的关键要素，制定合理、科学的评价标准和评分方法对于确保评价体系的公正性、客观性和有效性具有重要意义。高校应当根据自身实际情况和需求制定评价标准和评分方法，并不断地进行修订和完善，以适应高校财务活动的变化和发展需求。

（五）数据来源

在高校财务绩效评价体系框架的构建中，数据来源的准确性和可靠性是至关重要的。没有准确可靠的数据支持，任何评价体系都将失去其有效性，无法为高校财务管理提供有价值的参考和指导。

数据的准确性和可靠性首先体现在数据的来源上。高校财务绩效评价体系需要依赖多元化的数据来源，包括财务报表、会计凭证、银行对账单、税务申报表等。这些原始数据是评价体系的基石，其准确性直接影响到评价结果的可靠性。因此，高校必须建立严格的数据采集和审核机制，确保所采集的数据真实、完整、准确。除了数据来源的可靠性，数据的准确性还受到数据处理和分析过程的影响。在数据采集完成后，高校需要运用专业的财务软件和工具对数据进行处理和分析，以提取出有用的信息。在这个过程中，高校需要确保数据处理和分析的准确性和可靠性，避免因操作失误或软件故障而导致数据失真。

为了保障数据的准确性和可靠性，高校还需要建立严格的数据质量控制机制。这包括定期对数据进行复核和校验，以确保数据的完整性和一致性；对异常数据进行深入分析和调查，找出原因并采取措施进行纠正；对数据处理和分析过程进行监控和评估，及时发现并解决问题。

此外，高校还需要关注数据的时效性和动态性。财务数据是随着时间而不断变化的，因此，高校需要确保评价数据能够及时反映高校的财务状况和绩效表现。同时，高校还需要关注数据的动态性，即数据在不同时间点的变化趋势和规律，这有助于高校更好地了解自身的财务状况和绩效表现，为未来的决策提供参考。

在保障数据来源的准确性和可靠性的同时，高校还需要注重数据的可解释性和可比较性。可解释性是指数据能够被清晰地解释和理解，以便高校能够根据数据结果制定具体的改进措施。可比较性则是指数据能够在不同时间、不同部门或不同高校之间进行比较和分析，以便高校能够了解自身的优势和不足，为未来的发展提供参考。

数据来源的准确性和可靠性是高校财务绩效评价体系框架的关键要素之一。高校需要建立严格的数据采集、审核、处理和分析机制，以确保评价数据的真实、完整、准确和可靠。同时，高校还需要关注数据的时效性和动态性，以及数据的可解释性和可比较性，为高校的财务管理提供有力的数据支持。

第三节 高校财务绩效评价体系框架构建的步骤与方法

一、步骤梳理

（一）明确评价目的和范围

在构建高校财务绩效评价体系框架的过程中，明确评价目的和范围是一项至关重要的前置工作。这不仅有助于确保评价活动的针对性和有效性，还能为后续的评价指标选择、数据收集和分析等环节提供明确的指导。

明确评价目的是整个评价过程的首要步骤。评价目的应该与高校的战略目标、管理需求和政策导向紧密相连。具体而言，评价目的可能包括以下三个方面：一是评估高校财务绩效的现状，了解学校在财务管理和资源配置方面的优势和不足；二是分析高校财务绩效的变化趋势，预测未来可能面临的风险和挑战；三是为高校管理层提供决策支持，帮助学校优化资源配置，提升财务绩效水平。

在明确评价目的的同时，还需要界定评价的范围。评价范围应该根据评价目的和高校的实际情况进行确定，以确保评价活动的全面性和针对性。一般来说，评价范围可以涵盖以下几个方面：一是高校的财务状况，包括资产负债表、利润表等财务报表的内容；二是高校的运营绩效，包括教学、科研、社会服务等方面的绩效表现；三是高校的风险管理情况，包括财务风险、经营风险等方面的评估；四是高校的内部控制和合规性情况，包括财务管理制度的执行、合规性检查等方面。

在界定评价范围时，需要充分考虑高校的特点和实际情况。不同高校在办学规模、学科设置、资金来源等方面存在差异，因此，评价范围也应该根据具体情况进行适当调整。同时，评价范围还需要考虑评价资源的可行性和效率性，避免过度扩张或缩小评价范围导致评价效果不佳。

在明确评价目的和范围之后，就需要制订具体的评价计划和时间表。评价计划应该包括评价活动的具体步骤、数据收集和分析方法、评价标准等方面的内容。时间表则应该明确评价活动的时间节点和进度安排，确保评价活动能够按照计划有序进行。

此外，在构建高校财务绩效评价体系框架的过程中，还需要注意以下三点：一是保持评价活动的客观性和公正性，避免主观臆断和偏见的影响；二是注重评价结果的实用性和可操作性，确保评价结果能够为高校管理层提供决策支持；三是加强评价活动的监督和反馈机制，及时发现问题并进行改进。

总之，明确评价目的和范围是构建高校财务绩效评价体系框架的重要步骤。通过明确评价目的和范围，可以为后续的评价指标选择、数据收集和分析等环节提供明确的指导，确保评价活动的针对性和有效性。同时，还需要注意保持评价活动的客观性和公正性，注重评价结果的实用性和可操作性以及加强评价活动的监督和反馈机制。

（二）收集和分析相关资料

在高校财务绩效评价体系框架的构建过程中，收集和分析相关资料是至关重要的一环。这一步骤不仅为后续的评价体系设计提供了坚实的基础，也是确保评价体系能够全面、准确反映高校财务绩效的必要前提。

收集资料是构建财务绩效评价体系的第一步。这一过程涉及多个方面，包括高校的财务报表、预算执行情况、收支明细、资产管理记录等财务数据。同时，还需要收集与高校发展相关的非财务数据，如师生满意度调查结果、社会影响力评估报告等。这些数据的收集可以通过多种途径进行，如查阅高校内部文档、与相关部门沟通、使用第三方调研机构等。为了确保数据的准确性和完整性，在收集数据的过程中需要进行严格的数据校验和核对。

在收集到足够的数据之后，就需要进行数据的分析工作。数据分析的目的是从海量的数据中提取出有价值的信息，为财务绩效评价体系的构建提供有力支持。在数据分析过程中，需要运用各种统计方法和技术手段，对数据进行深入挖掘和剖析。

要对财务数据进行分析。通过对财务报表的解读，可以了解高校的财务状况、收入结构、支出构成等基本情况。同时，需要对预算执行情况进行分析，评估预算的合理性、有效性和执行情况。此外，还需要对收支明细进行深入研究，找出收支不平衡的原因，提出改进措施；要对非财务数据进行分析。非财务数据虽然不如财务数据直观，但它们能够提供更为丰富的信息。通过对师生满意度调查结果的分析，可以了解师生对高校的满意度和期待，为教学质量的提升提供参考；通过对社会影响力评估报告的研究，可以了解高校在社会中的声誉和地位，为高校的长远发展制定战略方向。

在数据分析的过程中，还需要注意数据的综合性和系统性。财务数据和非财务数据是相互关联的，需要将它们结合起来进行综合分析。同时，还需要注意数据的时效性，及时收集和分析最新的数据，以反映高校的最新发展动态。

此外，数据分析还需要注重方法的科学性和客观性。在数据分析的过程中，需要运用科学的统计方法和技术手段，以确保分析结果的准确性和可靠性。同时，还需要避免主观因素对分析结果的影响，保持分析的客观性和公正性。

在收集和分析相关资料的过程中，可能会遇到各种问题和挑战。例如，数据的不完整性和不准确性可能会影响分析结果的准确性；数据的复杂性和多样性可能会增加分析的难度。因此，在收集和分析资料时，需要保持耐心和细心，对遇到的问题进行及时解决和应对。

收集和分析相关资料是高校财务绩效评价体系框架构建的关键步骤之一。通过收集全面的数据，运用科学的方法进行分析，可以为财务绩效评价体系的构建提供有力支持，确保评价体系能够全面、准确地反映高校的财务绩效和发展潜力。

（三）设计评价指标体系

在构建高校财务绩效评价体系框架的过程中，设计评价指标体系是至关重要的一环。一个科学合理的评价指标体系能够全面、准确地反映高校的财务状况和运营效果，为高校的可持续发展提供有力支持。以下是设计评价指标体系时需要考虑的步骤和要素。

明确评价目标。在设计评价指标体系之前，我们需要清晰地界定评价目标，这包括明确评价的对象、范围和目的，以确保评价指标体系的针对性和实用性。例如，我们可能希望评价高校在教学、科研、社会服务以及学生培养等方面的财务绩效，以便为高校的管理和决策提供参考。梳理关键领域。在明确评价目标后，我们需要梳理高校财务管理的关键领域。这些领域可能包括资金筹集、预算分配、资产管理、成本控制、风险管理等方面。通过对这些关键领域的分析，我们可以确定评价指标体系的基本框架。

然后，确定具体指标。在基本框架的基础上，我们需要进一步确定具体的评价指标。这些指标应当能够全面、客观地反映高校在关键领域的财务绩效。例如，在教学方面，我们可以选取教师科研经费占比、教学设施投入率、学生满意度等指标；在科研方面，我们可以选取科研项目经费占比、高水平论文发表数量、科研成果转化率等指标；在社会服务方面，我们可以选取社会服务收入占比、社会服务项目数量、社会满意度等指标；在学生培养方面，我们可以选取学生就业率、毕业生满意度、创新创业成果等指标。

在确定具体指标时，我们需要考虑指标的可行性和可量化性。这意味着我们需要选择那些能够收集到数据并进行量化分析的指标，以确保评价结果的客观性和公正性。同时，我们还需要注意指标之间的相关性和独立性，避免指标之间的重复和冗余。此外，为了确保评价指标体系的科学性和合理性，我们还需要进行指标权重的确定。指标权重反映了各项指标在评价体系中的重要性和影响力。在确定权重时，我们可以采用专家咨询、问卷调查等方法，收集各方面的意见和建议，以确保权重的合理性和公正性。

构建完整的评价指标体系。在确定了具体指标和权重后,我们需要将它们整合成一个完整的评价指标体系。这个体系应当具有清晰的结构和明确的层次,能够全面、系统地反映高校的财务绩效。同时,我们还需要为评价体系制定详细的操作指南和解释说明,以确保评价工作的顺利进行。

设计评价指标体系是高校财务绩效评价体系框架构建的关键步骤之一。通过明确评价目标、梳理关键领域、确定具体指标和权重以及构建完整的评价指标体系,我们可以为高校的财务管理和决策提供有力支持,推动高校的可持续发展。

(四)确定评价方法和流程

在高校财务绩效评价体系框架的构建过程中,确定评价方法和流程是至关重要的一环。这一环节不仅涉及评价工作的具体执行方式,更关系到整个评价体系的科学性和有效性。以下是对确定评价方法和流程的详细步骤梳理。

1. 明确评价目标

评价目标应当与高校的战略规划和发展需求紧密相连,以确保评价工作能够真正反映高校的财务绩效状况,并为高校的发展提供有价值的参考。

2. 选择评价指标

评价指标是评价体系的核心,其选择应当基于高校的实际情况和战略目标。评价指标应当全面、客观、可量化,并能够反映高校的财务稳定性、运营效率和发展潜力。在选择指标时,可以借鉴国内外高校财务绩效评价先进的经验,同时结合高校自身的特点进行调整和优化。

3. 制定评价方法

评价方法是评价工作的具体操作方式,其选择应当根据评价指标的特点和评价目标的要求进行。常见的评价方法包括加权评分法、层次分析法、模糊综合评价法等。每种方法都有其独特的优点和适用范围,高校需要根据自身情况选择最适合的方法。在制定评价方法时,还需要考虑数据的可获得性和可靠性,以确保评价工作的顺利进行。

4. 设定评价流程

评价流程是评价工作的具体步骤和顺序,其设定应当确保评价工作的系统性和规范性。评价流程一般包括数据收集、数据处理、指标计算、结果分析和报告撰写等环节。在每个环节中,都需要明确具体的操作要求和注意事项,以确保评价工作的准确性和有效性。

5. 建立反馈机制

反馈机制是评价工作的重要组成部分，它能够将评价结果反馈给相关部门和人员，促进评价体系的持续改进和优化。反馈机制应当包括结果公示、意见征集、问题整改等环节，确保评价结果能够得到充分利用和转化。

6. 持续优化和完善

财务绩效评价体系是一个动态的系统，需要随着高校的发展和外部环境的变化进行持续优化和完善。高校应当定期对评价体系进行审查和评估，及时发现和解决存在的问题，确保评价体系的科学性和有效性。同时，高校还应当积极借鉴国内外先进的评价理念和方法，不断提升评价体系的水平。

确定评价方法和流程是高校财务绩效评价体系框架构建的重要步骤。通过明确评价目标、选择评价指标、制定评价方法、设定评价流程、建立反馈机制和持续优化完善等步骤的有机结合，可以构建一个科学、规范、有效的财务绩效评价体系，进而为高校的发展提供有力支持。

（五）实施评价和监控

在高校财务绩效评价体系框架的构建过程中，实施评价和监控是不可或缺的步骤。这一步骤旨在确保评价体系的有效运行，及时发现问题并进行调整，从而不断提高财务管理的效率和质量。

实施评价是财务绩效评价体系框架构建的核心环节。在评价过程中，高校需要明确评价的目标和范围，设定合理的评价指标和标准。这些指标和标准应当与高校的战略目标、财务管理目标和日常工作紧密相关，能够全面、客观地反映财务绩效的各个方面。通过收集、整理和分析相关数据，高校可以对财务绩效进行量化评价，从而了解财务工作的实际状况和效果。

在评价过程中，高校还需要注重数据的准确性和可靠性。数据的准确性和可靠性是评价结果的基石，只有基于真实、准确的数据，才能得出客观、公正的评价结论。因此，高校需要建立严格的数据采集、审核和校验机制，以确保数据的真实性和完整性。同时，高校还需要对数据进行深入分析和挖掘，发现数据背后的规律和趋势，为财务决策提供有力支持。

除了实施评价外，监控也是财务绩效评价体系框架构建中不可或缺的步骤。监控的目的是对财务绩效进行持续跟踪和观察，及时发现问题并采取措施进行解决。通过监控，高校可以了解财务工作的实时动态和变化趋势，及时发现异常情况并进行预警。同时，监控还可以帮助高校了解评价体系的运行情况和效果，为评价体系的改进和优化提供依据。

在实施评价和监控的过程中，高校需要注重以下几个方面：首先，要建立完善的评价机制和流程。评价机制和流程应当明确、规范、易于操作，能够确保评价工作的有序进行。同时，评价机制还应当具备灵活性和适应性，能够根据不同的情况和需求进行调整和优化。其次，要注重评价的公正性和客观性。评价工作应当遵循公正、公平、客观的原则，避免主观性和偏见的影响。评价人员应当具备专业的知识和技能，能够准确、全面地评价财务绩效的各个方面。再次，要加强沟通和协作。实施评价和监控需要涉及多个部门和人员，以及需要各方之间的密切沟通和协作。高校应当建立有效的沟通机制，确保信息的畅通和共享。同时，各部门和人员之间应当加强协作，共同推进评价工作的顺利进行。最后，要注重持续改进和优化。评价和监控是一个持续的过程，需要不断地进行改进和优化。高校应当定期对评价体系进行评估和反思，发现问题并进行改进。同时，高校还应当关注财务管理的新趋势和新变化，及时调整和优化评价体系，确保评价体系始终保持先进性和有效性。

实施评价和监控是高校财务绩效评价体系框架构建的重要步骤。通过实施评价和监控，高校可以全面、客观地了解财务绩效的实际情况和效果，及时发现问题并进行解决，从而不断提高财务管理的效率和质量。

二、方法选择

（一）定量评价法

在高校财务绩效评价体系框架的构建中，定量评价法是一种至关重要的方法。这种方法的核心就在于通过深入的数据分析，将复杂的财务信息转化为具体的量化指标，从而对高校财务绩效进行准确、客观的评价。

定量评价法的优势在于其能够提供清晰、具体的量化结果，使得评价过程更加科学、客观。在高校财务绩效评价中，定量评价法可以通过对财务报表的深入分析，提取出关键财务指标，如收入增长率、资产负债率、净资产收益率等，这些指标能够直接反映高校的财务状况和运营绩效。通过对这些指标的计算和分析，可以清晰地看出高校在财务方面的优势和不足，为管理层提供决策支持。

然而，定量评价法并非孤立存在，它需要与定性评价法相结合，共同构成完整的评价体系。定性评价法侧重于对财务绩效的定性分析和描述，能够揭示财务指标背后的原因和动机，为定量评价提供深入的理解和解释。因此，在构建高校财务绩效评价体系框架时，需要综合考虑定量评价法和定性评价法的优缺点，根据具体情况灵活运用。

在实施定量评价法时，需要注意以下几点。首先，要确保数据的准确性和完整性。财务数据的准确性和完整性是定量评价的基础，任何数据错误或遗漏都可能影响评价结果的准确性。因此，在收集数据时，需要采取科学、规范的方法，以确保数据的真实性和可靠性。其次，要选择合适的财务指标。财务指标的选择应该根据评价目的和高校的实际情况进行确定。不同的高校在办学规模、学科设置、资金来源等方面存在差异，因此需要根据具体情况选择合适的财务指标。同时，财务指标的选择还需要考虑评价资源的可行性和效率性，避免过度扩张或缩小评价范围而导致评价效果不佳。最后，要注重数据分析的深度和广度。数据分析是定量评价的核心环节，需要运用统计学、财务学等相关知识进行深入的分析和挖掘。在数据分析的过程中，需要关注指标之间的关联性和变化趋势，揭示高校财务绩效的内在规律和特点。同时，还需要将数据分析结果与高校的战略目标、管理需求和政策导向相结合，为管理层提供有针对性的建议和改进措施。

定量评价法在高校财务绩效评价体系框架构建中发挥着重要作用。通过深入的数据分析和量化评价，可以客观、准确地反映高校的财务状况和运营绩效，为管理层提供决策支持。在实施定量评价法时，需要注意数据的准确性和完整性，选择合适的财务指标，以及注重数据分析的深度和广度。

（二）定性评价法

在高校财务绩效评价体系框架的构建中，定性评价法作为一种重要的方法，发挥着不可或缺的作用。定性评价法通过专家评分、问卷调查等方式，获取主观评价，为全面、深入地理解高校的财务绩效提供了独特的视角。

定性评价法在高校财务绩效评价中的应用，首先体现在专家评分这一环节。专家评分是指邀请具有丰富经验和专业知识的学者、研究人员或行业内的权威人士，对高校的财务绩效进行主观评价。这种评价方法能够充分利用专家的专业知识和经验，对高校的财务状况、运营效率、风险管理等方面进行深入分析和评估。通过专家评分，可以获得对高校财务绩效的全面、深入的认识，从而为高校的发展提供有价值的建议和指导。

专家评分的过程需要遵循一定的原则和程序。首先，需要明确评价的目标和范围，确定评价的标准和指标。其次，需要选择合适的专家，确保他们具备足够的专业知识和经验，能够对高校的财务绩效进行客观、公正的评价。在评分过程中，需要保证评分过程的公正性和透明度，避免主观因素对评分结果的影响。最后，需要对评分结果进行汇总和分析，形成对高校财务绩效的综合评价。

除了专家评分以外，问卷调查也是定性评价法中常用的一种方法。问卷调查是指通过设计问卷、发放问卷、收集问卷数据等步骤，获取大量受访者对高校财务绩效的主观评价。问卷调查的优点在于能够广泛收集不同群体的意见和看法，从多个角度反映高校的财务绩效。同时，问卷调查还具有操作简单、成本较低等优点，适合在较大范围内进行。

在设计问卷时，需要充分考虑受访者的背景和特点，确保问卷问题具有针对性和代表性。同时，还需要注意问题的清晰度和易懂性，避免受访者产生误解或混淆。在发放问卷时，需要选择合适的样本群体，以确保样本的多样性和代表性。在收集问卷数据时，需要严格保证数据的真实性和准确性，避免数据造假或失真。

通过问卷调查收集到的数据，可以进行深入的分析和挖掘。首先，可以对不同群体的评价进行横向比较，了解不同群体对高校财务绩效的看法和态度。其次，可以对不同指标的评价进行纵向比较，分析高校在财务绩效方面的优势和不足。最后，还可以将问卷调查结果与专家评分结果相结合，形成对高校财务绩效的全面、深入的评价。

需要注意的是，定性评价法虽然具有独特的优势，但也存在一定的局限性。由于定性评价法主要依赖于主观评价，其评价结果的客观性和公正性可能会受到一定程度的影响。同时，由于定性评价法需要大量的时间和人力投入，其成本也相对较高。因此，在构建高校财务绩效评价体系框架时，需要综合考虑各种方法的优缺点，选择最适合的评价方法。

（三）平衡计分卡法

在构建高校财务绩效评价体系框架的过程中，平衡计分卡法作为一种全面而系统的评价方法，具有显著的优势。该方法的核心在于将高校的财务绩效与战略目标紧密结合，通过综合考虑财务指标和非财务指标，实现全面而深入的评价。

平衡计分卡法最初是由罗伯特·卡普兰和大卫·诺顿两位学者共同提出的，旨在帮助企业从多个维度出发，将战略目标转化为具体的绩效评价指标。在高校财务绩效评价中，平衡计分卡法的应用同样具有重要意义。它不仅能够帮助高校全面评估财务绩效，还能确保高校的各项活动都与战略目标保持一致。

在平衡计分卡法的指导下，高校财务绩效评价体系框架的构建需要从四个维度出发：财务、客户（利益相关者）、内部业务流程以及学习与成长。这四个维度相互关联、相互支持，共同构成了高校财务绩效评价体系的基本框架。

财务维度是平衡计分卡法的基础，它关注高校的财务状况和运营效果，通过设定具体的财务指标，如经费收入、支出结构、资产负债等，来评估高校的财务绩效。这些财务指标能够直观地反映高校的财务状况和运营效果，为高校的管理和决策提供有力支持。客户（利益相关者）维度关注高校与其利益相关者之间的关系。高校的利益相关者包括学生、教职工、政府、社会等。在这个维度上，高校需要设定具体的绩效评价指标，如学生满意度、教职工满意度、政府和社会认可度等，以评估高校在满足利益相关者需求方面的表现。这些指标能够反映高校在服务质量、品牌形象和社会声誉等方面的绩效，为高校的战略规划和品牌建设提供参考。内部业务流程维度关注高校内部运营的效率和效果。在这个维度上，高校需要设定具体的绩效评价指标，如教学质量、科研产出、行政管理效率等，以评估高校在内部运营方面的表现。这些指标能够反映高校在教学、科研和行政管理等方面的绩效，为高校的教学改革、科研创新和行政管理优化提供指导。

学习与成长维度关注高校未来的发展潜力和竞争力。在这个维度上，高校需要设定具体的绩效评价指标，如教职工培训投入、科研创新投入、信息化建设投入等，以评估高校在人才培养、科研创新和信息化建设等方面的投入和成果。这些指标能够反映高校在人才培养、科研创新和信息化建设等方面的潜力和竞争力，为高校的长远发展提供有力支持。

通过综合考虑这四个维度的绩效评价指标，平衡计分卡法能够帮助高校实现全面而深入的财务绩效评价。这种评价方法不仅能够反映高校的财务状况和运营效果，还能够关注高校在利益相关者关系、内部运营以及未来发展潜力等方面的表现。因此，平衡计分卡法在高校财务绩效评价体系框架的构建中具有重要的应用价值。

（四）标杆管理法

在高校财务绩效评价体系框架的构建过程中，选择一种合适的方法至关重要。标杆管理法作为一种被广泛采用的比较评价手段，以其独特的优势，在高校财务绩效评价中发挥着重要的作用。

标杆管理法的核心在于寻找并学习行业或先进高校的优秀做法和经验。这一过程不仅要求高校深入了解行业内的最佳实践，还需要对先进高校的财务管理模式进行深入研究。通过对比分析，高校可以明确自身在财务管理方面的优势和不足，从而有针对性地制定改进措施。

在实施标杆管理法时，高校需要遵循一定的步骤。首先，高校需要明确评价的目标和范围，确定要评价的财务指标和绩效领域。其次，高校需要收集相关的行业信息和先进高校的数据，作为比较的基准。这包括财务数据、管理制度、业务流程等方面的信息。再次，高校需要对收集到的数据进行整理和分析，找出与标杆之间的差距和原因。最后，高校需要根据分析结果，制定具体的改进措施并付诸实践。

标杆管理法在高校财务绩效评价中的应用具有多重意义。首先，通过横向比较评价，高校可以清晰地认识到自身在财务管理方面的优势和不足，从而有针对性地制定改进措施。这有助于高校提高财务管理水平，优化资源配置，提升办学效益。其次，标杆管理法有助于高校学习行业或先进高校的优秀做法和经验，推动本校财务管理的创新和发展。通过借鉴先进的管理理念和方法，高校可以不断提升自身的财务管理水平，实现财务管理的持续改进。最后，标杆管理法有助于加强高校之间的交流与合作。通过比较评价，高校可以相互学习、相互借鉴，共同推动财务管理水平的提升。然而，在实施标杆管理法时，高校也需要注意一些问题。首先，高校需要确保数据的准确性和可靠性。数据是标杆管理法的基础，如果数据不准确或不可靠，那么评价结果就会失去意义。因此，高校需要建立健全的数据收集、整理和分析机制，以确保数据的准确性和可靠性。其次，高校需要注重持续改进。标杆管理法不是一次性的活动，而是一个持续的过程。高校需要不断关注行业或先进高校的发展动态，及时调整自身的财务管理策略，实现财务管理的持续改进。最后，高校需要注重团队合作和文化建设。标杆管理法的实施需要高校内部各部门的协作和配合，形成一种积极向上、追求卓越的文化氛围。

标杆管理法作为一种有效的比较评价手段，在高校财务绩效评价体系框架的构建中发挥着重要的作用。同时，标杆管理法还有助于高校学习先进的管理经验和方法，推动财务管理的创新和发展。在实施标杆管理法时，高校需要注意数据的准确性和可靠性、持续改进，以及团队合作和文化建设等方面的问题。

参考文献

[1] 吕素昌，孙永杰，徐娜娜.高校财务管理绩效评价研究[M].北京：北京工业大学出版社，2020.

[2] 龙麒任.高职院校财务绩效评价指标体系的构建研究[M].北京：中国商务出版社，2018.

[3] 薛玮渭.高校财务管理与绩效评价研究[M].长春：吉林大学出版社，2023.

[4] 邵明.新时期高校财务管理绩效评价体系构建研究[M].吉林出版集团股份有限公司，2021.

[5] 吴图雅.高校财务管理绩效评价体系构建研究[M].北京：北京工业大学出版社，2019.

[6] 孙开宝.高校财务绩效评价与财务管理研究[M].徐州：中国矿业大学出版社，2014.

[7] 苏钰雅，杨冬云.基于层次分析法的高校财务绩效评价体系研究：以S高校为例[J].商业会计，2022(7)：91-94.

[8] 王桢鑫，姚利辉，曹立新.基于平衡计分卡的高校财务绩效评价体系研究[J].商业会计，2019(14)：109-112.

[9] 章伟军.平衡记分卡视角下的高校财务绩效评价体系研究[J].中国管理信息化，2016，19(2)：31-32.

[10] 尚婷婷，任英.高校科研经费财务绩效评价体系研究[J].国际商务财会，2023(4)：44-47.

[11] 武媚.基于高校财务管理绩效评价体系建设研究[J].佳木斯大学学报(自然科学版)，2023，41(2)：166-168.

[12] 张莉.关于高校财务管理绩效评价体系的研究[J].内蒙古科技与经济，2022(5)：59-60.

[13] 刘江琴.高校财务预算绩效评价体系优化研究[J].吉林工程技术师范学院学报，2021，37(9)：91-94.

[14] 杨乔斯.基于BSC与KPI法对高校预算绩效评价体系的研究[J].经济管理文摘，2021(12)：193-194.

[15] 黄长应.高校财务绩效评价体系构建研究[J].行政事业资产与财务，2018(5)：15-16.

[16] 刘红伶.高校财务绩效评价体系的构建与应用研究[J].大众投资指南，2019(22)：44-45.

[17] 伍海泉，宋佳航.高校财务绩效评价指标体系研究[J].会计之友，2016(18)：100-105.

[18] 刘金霞.基于平衡计分卡的高校财务绩效评价指标体系研究[J].财会学习，2019(6)：78，80.

[19] 刘喜梅，廖文军.地方高校财务管理绩效评价体系研究[J].湖南工程学院学报(社会科学版)，2017，27(1)：76-81.

[20] 朱夏玲.建立高校财务绩效评价指标体系的研究[J].财经界，2015(36)：229，383.

[21] 富敏.高校财务绩效评价指标体系的构建研究[J].中国乡镇企业会计，2015(12)：89-90.

[22] 李梦苏，贺强.高校财务绩效评价指标体系构建研究[J].东北财经大学学报，2013(6)：108-111.

[23] 张兆亮.高校财务绩效评价指标体系的构建研究[J].重庆科技学院学报(社会科学版)，2010，10(6)：101-102，107.

[24] 赵善庆.高校财务绩效综合实力评价指标体系研究[J].无锡商业职业技术学院学报，2010，10(2)：19-22.

[25] 侯玉燕，肖广华.高校财务绩效评价研究综述[J].嘉应学院学报，2022，40(4)：34-38.

[26] 梁立文.高校财务预算执行绩效评价研究[J].商业会计，2020(17)：70-73.

[27] 李靖.关于高校财务绩效评价指标体系的构建策略探析[J].山西青年，2022(13)：160-162.

[28] 安静.高校预算绩效评价体系设计研究[J].环渤海经济瞭望，2023(8)：147-150.

[29] 顾效瑜，朱学义.基于高校财务绩效视角的科技绩效评价研究[J].会计之友，2021(23)：112-118.